Michael König

Das
URWORT

Die Physik Gottes

WILHELM HEYNE VERLAG
MÜNCHEN

Für Christina

Verlagsgruppe Random House FSC® N001967
Das für dieses Buch verwendete
FSC®-zertifizierte Papier *Holmen Book Cream*
liefert Holmen Paper, Hallstavik, Schweden.

Taschenbucherstausgabe 2/2013

2. Auflage
Copyright © 2010 by Scorpio Verlag GmbH & Co.KG Berlin · München
Copyright © 2013 dieser Ausgabe by Wilhelm Heyne Verlag, München,
in der Verlagsgruppe Random House GmbH
Printed in Germany 2013
Umschlaggestaltung: Guter Punkt, München
Umschlagkonzept und Motiv: David Hauptmann,
Hauptmann & Kompanie Werbeagentur, Zürich
Herstellung: Helga Schörnig
Satz: C. Schaber Datentechnik, Wels
Druck und Bindung: GGP Media GmbH, Pößneck

ISBN 978-3-453-70201-1

http://www.heyne.de

Inhaltsverzeichnis

Einleitung

Wir leben in einer Welt, die sich rasant verändert. Neue Technologien haben uns das Informationszeitalter beschert. Die Erkenntnisse der Physik wirkten – wie schon beim Aufkommen des Industriezeitalters – hierbei wie für die allgemeine Entwicklung der Zivilisation als Schrittmacher.

Technische Gegenstände und Einrichtungen des täglichen Lebens, die aus unserem Alltag nicht mehr wegzudenken sind, etwa das Telefon, das Auto, das Radio, der Fernseher, der Computer, das Internet, basieren auf Erkenntnissen, die auf Physiker des 19. und 20. Jahrhunderts zurückgehen. Die meisten Menschen verwenden diese Errungenschaften geradezu selbstverständlich und können sich ihr Leben und ihre Welt ohne sie gar nicht mehr vorstellen. Und sie sind sich kaum bewusst darüber, dass wir über diese Möglichkeiten erst seit einer relativ kurzen Zeit verfügen.

Wir reden nun zu Beginn des 21. Jahrhunderts bereits vom Übergang in das Bewusstseinszeitalter. Auf vielen Ebenen findet ein Umdenken statt, denn durch den hemmungslosen Umgang mit den Ressourcen unseres Planeten haben wir uns bereits viele Probleme eingehandelt. Ganzheitliche und holistische Denk- und Sichtweisen setzen sich zunehmend durch, sowohl in der Wirtschaft, der Gesellschaft als auch in den Naturwissenschaften.

Wird auch dieser Übergang in das Bewusstseinszeitalter durch neue Erkenntnisse in der Physik stimuliert? In der Tat befassen sich immer mehr Physiker mit Fragestellungen, die den Geist und das Bewusstsein zum Gegenstand physikalischer Grundlagenforschung machen. Hier kommt neben der Biophysik auch der Quantenphysik und insbesondere der Physik der Elementarteilchen und deren Wechselwirkungen eine besondere Bedeutung zu. Ist Bewusstsein auf der

Ebene von Elementarteilchen verankert? Gibt es stabile Teilchen mit einer quasi unbegrenzten Lebensdauer und einem Gedächtnis? Überdauert menschliches Bewusstsein, da es an materielle Strukturen wie Elektronen gebunden ist, so auch den physischen Tod?

Die Erkenntnisse der modernen Physik werden durch genaue Naturbeobachtung und logische Schlussfolgerungen gewonnen. Die Physik bedient sich dabei in einem Ausmaß wie keine andere Wissenschaft der Sprache der Mathematik. Von physikalischen Theorien wird erwartet, dass sie in einer widerspruchsfreien Weise mathematisch formuliert sind. Eine Theorie im Sinne der Physik beinhaltet ein mathematisches Modell, mit dem bestimmte beobachtbare Prozesse beschrieben werden können.

Dieses Buch ist jedoch bewusst so verfasst, dass auch der naturwissenschaftliche Laie den dargelegten Gedankengängen folgen kann. Auf mathematische Formeln wird durchgängig verzichtet. Der naturwissenschaftlich versierte Leser wird auf die herangezogene Fachliteratur aufmerksam gemacht. Dennoch wird der Leser mit den für die hier formulierten Gedanken notwendigen physikalischen Begriffen vertraut gemacht, oder er wird sich diese wieder in Erinnerung rufen. Wenn wir damit ein naturwissenschaftlich fundiertes Verständnis des menschlichen Bewusstseins und des Verhältnisses des Menschen zu Gott gewinnen können, so ist dies allemal der kleinen Mühe wert, sich auch durch die ersten etwas abstrakteren Kapitel dieses Buches zu arbeiten.

Von besonderer Bedeutung für ein naturwissenschaftliches Verständnis ist eine genaue Beschreibung der Welt, in der wir leben und unsere Erfahrungen sammeln. Dazu werden wir uns mit der Struktur von Raum und Zeit ebenso vertraut machen wie mit der Materie, die im Raum vorhanden ist, und mit den Kräften bzw. Wechselwirkungen, die zwischen materiellen Teilchen wirken.

Zur genauen Beschreibung der physikalisch messbaren Eigenschaften von Teilchen ist ein Verständnis ihrer inneren metrischen Struktur erforderlich. Es wird sich zeigen, dass dies nur gelingen kann, wenn angenommen wird, dass sich »hinter den Teilchen« weitere Dimensionen befinden, die sich von den uns vertrauten drei Dimensionen des Raumes und der Dimension der Zeit unterscheiden. Aus den messbaren Eigenschaften von Teilchen lassen sich schließlich auch die Eigenschaften dieser weiteren Dimensionen herleiten. Wir werden sehen, dass neben dem Raum und der Zeit, in denen wir leben, weitere raumzeitliche Partialstrukturen existieren, und dass diese in besonderer Weise mit dem uns vertrauten Raum verbunden bzw. mit diesem verschränkt sind.

Wir werden einige physikalische Theorien und Modellvorstellungen kennen lernen, die in den vergangenen Jahrzehnten entwickelt wurden und in denen solche transdimensionalen Partialstrukturen eine wichtige Rolle spielen. Die physikalischen Eigenschaften dieser Partialstrukturen und ihr Ineinanderwirken lassen die grundlegenden Merkmale und Wirkprozesse des Bewusstseins erkennen und führen zu anschaulichen Modellvorstellungen materieller und geistiger Strukturen.

Berühmte Physiker, darunter Nobelpreisträger wie Albert Einstein und Werner Heisenberg, haben immer wieder ihre persönliche Überzeugung zum Ausdruck gebracht, dass sie die Existenz eines höheren Wesens oder Bewusstseins annehmen. In der Tat zeigen die Ergebnisse der modernen Biophysik und Astrophysik, dass es wesentlich näherliegt, von der Existenz eines höheren, steuernden Bewusstseins oder Gottes auszugehen, als anzunehmen, dass die Biosphäre auf unserem Planeten nur das Ergebnis einer Zufallsentwicklung ist. Durch die Beobachtungen der modernen Physik ist Evidenz für die Existenz Gottes und die Existenz höheren Bewusstseins gefunden worden.

In diesem Buch führt sich Gott nun selbst als Wirkgröße im Rahmen einer neuen Strukturtheorie in die Welt der Physik ein. Ausgehend von Gott baut sich eine Welt mit genau den Eigenschaften auf, die wir in der Natur beobachten können. So offenbart Gott die unverfälschte göttliche Matrix – das Urwort –, womit alle Wirkgrößen des Universums auf einige quantisierte Elementarstrukturen zurückgeführt werden können.

Zentrale Fragen der physikalischen Grundlagenforschung können dadurch beantwortet werden, wie zum Beispiel die Herkunft und die Eigenschaften der dunklen Energie, der dunklen Materie und der Gravitation. Es zeigt sich, dass wir in einem Kosmos kontinuierlicher Schöpfung und Evolution leben und erst einen Bruchteil der gesamten Wirklichkeit erkannt haben. Gott erweist sich als Quelle aller Energie und allen Seins. Aus Gott geht ein Ozean aus Bewusstsein – Energie, Liebe und Information – hervor, aus dem alle raumzeitlichen und zeitlosen Strukturen und die darin enthaltenen Energien entstehen.

Daraus kann auch ein tieferes Verständnis der Lebensprozesse in biologischen Organismen, der Evolution des Lebens, der Natur der Psyche und des Bewusstseins des Menschen, der Struktur der menschlichen Seele und des Geistes sowie des Verhältnisses des Menschen zu Gott gewonnen werden. Die bisher nur in Religionen und Weisheitslehren beschriebenen unterschiedlichen Daseinsbereiche wie Diesseits und Jenseits sowie der Himmel mit all ihren spezifischen Eigenheiten können nun als Partialstrukturen mit physikalischer Evidenz beschrieben werden. Essenzielle Aussagen der Religionen und Weisheitslehren finden dadurch ihre Bestätigung und verschmelzen mit den Ergebnissen der modernen Physik zu einem einheitlichen Ganzen.

Woher kommen wir, und wohin gehen wir? Diese brennenden Fragen nach dem Sinn der menschlichen Existenz werden hier umfassender und nachhaltiger beantwortet, als es eine dogmatisch geprägte Religion zu leisten vermag. Schließlich entdecken wir, dass der Mensch in seiner gegenwärtigen, physisch sterblichen Form erst einen Teil seines Entwicklungspotenzials ausgeschöpft und verwirklicht hat.

Kapitel 1

Von Raum und Zeit und Materie

Die Entwicklung der Physik bis zur Gegenwart

Beginnen wir mit einem kleinen Überblick: die moderne Naturwissenschaft von der Antike über den Beginn der Neuzeit bis zur Gegenwart. Von der klassischen Mechanik, begründet durch Isaac Newton, reicht der Bogen bis zur Relativitätstheorie Albert Einsteins und zur Quantentheorie Max Plancks. Der bereits in der Antike vermutete Aufbau der Materie aus Teilchen wurde durch die moderne Physik des 20. Jahrhunderts bestätigt. Die Physiker entdeckten, dass alle in der Natur vorkommenden Kräfte auf wenige Wechselwirkungen zwischen Elementarteilchen zurückgeführt werden können.

1.1 Galilei – Newton – Einstein – Quantenphysik

»So zuverlässig die Wissenschaft arbeitet, so bedenklich gestaltet sich die Frage nach dem Fundament, auf dem sich ihr Gebäude erhebt. Denn eine voraussetzungslose Wissenschaft gibt es nicht. Aus Nichts lässt sich nichts folgern, auch nicht mit den exaktesten Methoden. Die große Frage nun, an welche Grundprinzipien die exakte Wissenschaft anzuknüpfen hat, ist von jeher der Gegenstand der tiefsinnigsten Forschung der Philosophen aller Zeiten und Länder gewesen. Aber es hat sich immer wieder gezeigt, dass eine Antwort im abschließenden Sinn nicht zu finden ist.«

Max Planck, Begründer der Quantenphysik

Zu allen Zeiten war das Interesse des Menschen sehr groß, den inneren Aufbau der Materie und die Welt, in der er lebt, zu verstehen. Der Mensch lernte die Materie bis zu einem gewissen Grad intuitiv und aus praktischer Erfahrung zu beherrschen. Schon früh verstand er es, Legierungen wie Bronze und Messing herzustellen und Eisen zu gewinnen und zu schmieden. Der Mensch erhoffte sich aber auch, zu einem tieferen Verständnis seiner selbst und seiner Beziehung zur Welt, die ihn umgibt, zu gelangen.

So wurden bereits im alten Ägypten in den geistigen Schulen Modellvorstellungen vom Aufbau der Materie entwickelt und von den Priestern von Generation zu Generation weitergegeben. In den Jahrhunderten vor der Zeitenwende kannten griechische Philosophen noch einen Teil der altägyptischen Weisheiten. Von den alten Griechen ist überliefert, dass sie die »Elemente« Feuer, Erde, Luft und Wasser für die Bausteine der Materie hielten und die Entstehung aller Stoffe als Kombination dieser vier Grundelemente betrachteten.

Zwar hat sich mittlerweile herausgestellt, dass die Materie nicht aus den antiken vier Elementen besteht, sondern aus

92 verschiedenen chemischen Elementen. Doch wurde die antike Auffassung, dass alle Stoffe durch Kombination der Elemente entstehen, durch die moderne Chemie bestätigt. Bemerkenswert, dass die Griechen aus der rein philosophischen Betrachtung heraus zu solch grundlegenden Erkenntnissen über die Struktur der Materie gelangen konnten. Sie prägten auch bereits den Begriff des Atoms, des Unteilbaren – ahnten also, dass die Materie nicht beliebig oft teilbar ist, sondern dass es kleinste gleichartige Bausteine gibt, aus denen alle Körper aufgebaut sind. Dies ist wohl einer der ersten Ansätze zu einer Quantisierung der Materie.

Die Denker der Antike waren sich sehr wohl bewusst, dass in der Natur Gesetzmäßigkeiten und Ordnungsstrukturen wirksam sind. Sowohl in winzig kleinen wie auch in astronomischen Größenordnungen vermutete man Strukturen von hoher Symmetrie.

In der Antike stellte man sich die Atome als regelmäßig geformte geometrische Körper vor – sogenannte platonische Körper – und Himmelssphären als ineinandergeschachtelte platonische Körper. Eine solche von antiken Vorstellungen geprägte Sichtweise findet sich noch bei Johannes Kepler zu Beginn des 17. Jahrhunderts.

Bis zur Entwicklung der modernen Naturwissenschaften wie Physik und Chemie war es jedoch noch ein weiter Weg. Über viele Jahrhunderte hinweg wurde die Entwicklung systematischer Wissenschaften durch die vorherrschenden dogmatischen Glaubensvorstellungen blockiert. Im 15. und 16. Jahrhundert war es die vorherrschende Lehrmeinung, dass die Erde der Mittelpunkt des Universums sei und sich alle Himmelskörper um die Erde drehten. Die Meinung deckte sich mit den Beobachtungen des täglichen Lebens. Die Gestirne, einschließlich Sonne und Mond, schienen sich um die Erde herumzubewegen.

Und so setzte sich die Vorstellung durch, dass die Planeten an kristallenen Sphären befestigt, konzentrisch um die Erde angeordnet und ineinandergeschachtelt seien. So bahnte sich die erste große wissenschaftliche Revolution in der neueren Geschichte an.

Nach den Vorbereitungen durch Nikolaus Kopernikus (1473–1543), Tycho Brahe (1546–1601), Johannes Kepler (1571–1630) und Galileo Galilei (1564–1642) und anderen großen und mutigen Forschern hatte man in Mitteleuropa zögernd die Auffassung gewonnen, dass die römisch-katholische Kirche und der von ihr viele Jahrhunderte lang favorisierte Aristoteles (um 300 v. Chr.) über das Verhalten der Natur keine exakte Auskunft geben konnten.

Kopernikus schockierte seine Zeitgenossen mit der für sie abenteuerlich anmutenden Theorie, dass nicht die Erde, sondern die Sonne das Zentrum des Universums sei. Demnach sei die Erde nur ein Planet, der sich wie alle anderen Planeten auch auf einer Kreisbahn um die Sonne bewege. Für einen mittelalterlich geprägten Menschen war das durchaus revolutionär, wo man doch täglich sehen konnte, wie sich alle Himmelskörper – einschließlich der Sonne – um die Erde drehten …

Der dänische Astronom Tycho Brahe kam durch seine Beobachtungen allerdings zu dem Ergebnis, dass sich die Planeten nicht auf Kreisbahnen bewegten, vielmehr diese Bahnen komplizierter Natur waren. Brahes Beobachtungsdaten der Planeten waren aufgrund seiner für damalige Verhältnisse außergewöhnlich präzisen Messinstrumente genauer als alle anderen bis dato bekannten Bahndaten.

Johannes Kepler konnte aus Tycho Brahes Aufzeichnungen die Bewegungsgesetze der Planetenbahnen herleiten, später bekannt als Keplersche Gesetze. Kepler entdeckte, dass sich die Planeten auf elliptischen Bahnen um die Sonne bewegten. Tycho Brahe wiederum konnte anhand seiner Beobachtungsdaten eines Kometen zeigen, dass dieser die Umlaufbahnen mehrerer Planeten kreuzte, was im krassen Widerspruch zu der Vorstellung von kristallenen festen Sphären stand, an denen die Planeten »befestigt« sein sollten.

Galileo Galileis Entdeckung der Jupitermonde durch den ersten astronomischen Einsatz eines Fernrohrs zu Beginn des 17. Jahrhunderts sprengte endgültig das mittelalterliche Weltbild der starren Himmelssphären. Die Fallexperimente Galileis am schiefen Turm von Pisa waren ein Meilenstein in der Entwicklung der beobachtenden Experimentalphysik.

Allmählich entwickelten sich systematische Methoden, um die der Natur innewohnenden Gesetzmäßigkeiten zu ergründen – durch Experimente und sorgfältige Beobachtungen, verbunden mit logischem Denken. Eine Vielzahl von Naturgesetzen wurde gefunden und mathematisch formuliert, deren universelle Gültigkeit oft angezweifelt, aber schließlich doch anerkannt wurde.

Fortan wurden nur noch solche Beobachtungen und Forschungsergebnisse als wissenschaftlich akzeptiert angesehen, die unabhängig von Person und Standpunkt gemacht werden konnten. Für die Erforschung der unbelebten Natur ist ein solches Gebot der Reproduzierbarkeit sicher sehr nützlich, denn es begünstigt die klare und widerspruchsfreie Formulierung von grundlegenden Naturgesetzen.

So hat das Fallgesetz nicht nur seine Gültigkeit am schiefen Turm von Pisa, wo Galilei es durch Experimente fand, sondern an jedem Ort der Erdoberfläche. Das von Newton gefundene Gravitationsgesetz stellt eine Verallgemeinerung von Galileis Fallgesetz dar. Auch die Keplerschen Gesetze wurden später in der Form des Newtonschen Gravitationsgesetzes verallgemeinert. Mit ihm lassen sich die Bewegungen vieler Himmelskörper, zum Beispiel das System Erde – Mond, das Sonnensystem und etliche Lichtjahre weit entfernte Doppelsternsysteme, in erster Näherung recht gut beschreiben.

Die bedeutendsten Impulse zur weiteren Entwicklung der Physik bis zum Ende des 19. Jahrhunderts gingen im 17. und 18. Jahrhundert von dem englischen Physiker Isaac Newton aus. Er begründete die klassische Mechanik, ein Teilgebiet der Physik, das sich mit den Bewegungsvorgängen von Körpern unter der Einwirkung verschiedenster Kräfte beschäftigt. Um die Bewegungen von Körpern mathematisch zu beschreiben, definierte Newton die Begriffe »absoluter Raum« und »absolute Zeit«. Der absolute Raum Newtons entspricht unserer dreidimensionalen Wahrnehmung der Wirklichkeit, die uns umgibt. Dieser Raum ist nach Newton prinzipiell in allen drei Raumrichtungen, der Länge, Breite und Höhe, unendlich weit ausgedehnt. Die von Newton postulierte absolute Zeit sollte an jedem Ort im absoluten Raum gleich sein. Für die Größenordnungen, in denen sich unser Leben auf diesem Planeten abspielt, und bei den Geschwindigkeiten und Kräften, die auf die Objekte unseres täglichen Lebens einwirken, liefert die klassische Mechanik Newtons stets Ergebnisse, die mit den beobachteten Daten gut übereinstimmen.

Auch heute noch wird ein Ingenieur, der eine technische Maschine konstruieren will, die Gesetze der klassischen Mechanik anwenden. Die Vorstellung eines absoluten Raumes, der von allen in ihm enthaltenen Objekten unabhängig ist, und einer an jedem Ort gleichmäßig verstreichenden Zeit wurde von den Physikern bis zum Ausgang des 19. Jahrhunderts als universell gültig betrachtet. In der Newtonschen Mechanik wurden erstmals die Begriffe der Masse, des Raumes und der Zeit klar herausgearbeitet, um den zeitlichen Ablauf der Bewegung von Massen im Raum mathematisch exakt beschreiben zu können. Newtons Gravitationsgesetz stellt auch das erste Wechselwirkungsgesetz in der Physik dar, denn es beschreibt die Anziehungskräfte, also die Schwerkraft bzw. Gravitation, zwischen zwei Massen.

Im 19. Jahrhundert wurden in der Physik und auch in der Chemie noch weitere große Entdeckungen gemacht, die unser Leben bis in die Gegenwart maßgeblich beeinflussen. Der bereits in der Antike vermutete elementare Aufbau der Materie wurde offensichtlich. Man erkannte, dass sich chemische Grundstoffe nur in bestimmten ganzzahligen Massenverhältnissen verbinden. Damit konnten die Forscher an die antiken Vorstellungen der griechischen Philosophen anknüpfen.

Der Engländer John Dalton nannte diese kleinsten Teilchen *Atome*. Bald darauf wurde von Dimitri Mendelejeff und Lothar Meyer das Periodensystem der chemischen Elemente entdeckt. Heute wissen wir, dass die gesamte in der Natur vorkommende Materie aus 92 verschiedenen Atomsorten, den chemischen Elementen – von Wasserstoff bis Uran –, aufgebaut ist.

Einer der bedeutendsten Erfolge der Physik des 19. Jahrhunderts war die Formulierung der Theorie des Elektromagnetismus von James Clerk Maxwell. Damit war die Grundlage geschaffen für das Verständnis aller elektrischen und magnetischen Effekte – elektrostatische Entladungen, elektrischer Strom, Magnetfelder und elektromagnetische Wellen. Es wurde auch erkannt, dass sichtbares Licht aus elektromagnetischen Wellen besteht.

Ein Großteil aller Naturbeobachtungen des Menschen basiert auf visueller Wahrnehmung, also der Verarbeitung von optischen Reizen durch die Augen und das Gehirn. Große Entdeckungen in der Astronomie geschahen über Jahrhunderte hinweg auf rein visuellem Wege, verbunden mit immer leistungsstärkeren optischen Teleskopen.

Das sichtbare Licht stellt aber nur einen kleinen Ausschnitt aus dem gesamten Spektrum der elektromagnetischen Wellen dar. Man stelle sich ein Riesenklavier vor mit 24 Oktaven, das dem Spektrum der elektromagnetischen Wellen entspräche – dann entspräche nur eine Oktave in der Mitte dieses Klaviermanuals dem Spektrum des für den Menschen sichtbaren Lichts.

Von herausragender Bedeutung war die Entdeckung der Absorptionslinien im Spektrum der Sonne durch Joseph Fraunhofer im Jahr 1814. Damit war die Grundlage der Spektralanalyse geschaffen, die heutzutage aus vielen Forschungsbereichen nicht mehr wegzudenken ist. Mittlerweile haben sich die Astrophysiker künstliche »Augen« für nahezu alle Bereiche der elektromagnetischen Wellen geschaffen, zum Beispiel Radioteleskope, Infrarotteleskope, optische Teleskope oder Weltraum-Röntgenteleskope.

Basierend auf den Grundlagen der Spektralanalyse gelang es französischen Astrophysikern 1995 am Observatorium St. Michel in der Haute-Provence erstmals, einen Planeten außerhalb unseres Sonnensystems, der um einen viele Lichtjahre entfernten Stern kreist, zu entdecken. Inzwischen sind mehrere hundert solcher Exoplaneten, die andere Sterne umlaufen, entdeckt worden. Alles, was wir über die Struktur des Universums wissen, verdanken wir den elektromagnetischen Wellen.

Eine Theorie ist so lange eine gute Theorie, wie sie im Einklang mit allen Beobachtungen steht und in der Lage ist, die Wirklichkeit so zu beschreiben, wie sie beobachtet wird.

Beobachtungen, die mit einer vorherrschenden Theorie nicht erklärt werden können, führen zu Widersprüchen – sogenannte Paradoxa, die erst durch eine neue verallgemeinerte Theorie, die die alte Theorie als Spezialfall enthält, aufgelöst werden.

So wurde durch die Verbesserung von astronomischen Beobachtungsmethoden im 19. Jahrhundert die Periheldrehung des Merkur entdeckt, die durch das Gravitationsgesetz Newtons nicht beschrieben werden kann. Die Periheldrehung ist eine ständige Drehung des jeweils sonnennächsten Bahnpunktes (Perihel) der elliptischen Umlaufbahnen der Planeten.

Eigentlich müsste der Merkur nach dem Newtonschen Gravitationsgesetz auf einer elliptischen Bahn laufen, die wieder in sich zurückführt. Tatsächlich verschiebt sich die Bahn aber mit jedem Umlauf um einen kleinen Winkel, sodass über viele Umläufe des Merkur dessen Bahn eine Rosette beschreibt. Beim Merkur, der der Sonne am nächsten steht, ist diese Periheldrehung im Vergleich zu den anderen Planeten am größten.

Diese und andere Widersprüche der Theorie der klassischen Mechanik mit Beobachtungen führten schließlich zur zweiten größeren Revolution in der neueren Geschichte der Physik, die im Übergang vom 19. ins 20. Jahrhundert stattfand. Es sind die Relativitätstheorie Albert Einsteins und die Quantentheorie Max Plancks, die die Entwicklung der Physik für die folgenden hundert Jahre prägen sollten.

Erst durch die spezielle Relativitätstheorie (1905) und die allgemeine Relativitätstheorie (1915) Albert Einsteins konnten die Periheldrehung des Merkur berechnet und andere Paradoxa der klassischen Mechanik aufgelöst werden. Allerdings musste die Physik dafür einen hohen Preis zahlen, denn die Vorstellung eines absoluten Raums und einer absoluten Zeit war nun erledigt und dahin.

In Einsteins Relativitätstheorie verschmelzen die drei Raumdimensionen und die Zeit zu einem sogenannten vierdimensionalen Raum-Zeit-Kontinuum. Auf den ersten Blick mag das ja gar nicht so dramatisch sein, denn hier werden Raum und

Zeit einfach mathematisch zusammengefasst. Zeit wird nun als Dimension verstanden, obwohl wir eigentlich keinen Freiheitsgrad in ihr haben: In den drei Raumrichtungen können wir uns mehr oder weniger frei bewegen, aber in der Zeit haben wir keine Möglichkeit der Richtungsänderung. Die Zeit vergeht eben, und sie »reißt« uns alle mit.

Richtig bizarr wird es allerdings, wenn uns die allgemeine Relativitätstheorie etwas von »Raumkrümmung« erzählt. Hier hilft uns unser dreidimensionales Vorstellungsvermögen nicht mehr weiter. Wenn wir uns einen dreidimensionalen Raum als zweidimensionale Fläche vorstellen, so entspricht eine ebene Fläche einem nicht gekrümmten Raum und eine gekrümmte Fläche, etwa die Oberfläche einer Kugel, einem gekrümmten Raum.

Der absolute Raum Newtons ist ein nicht gekrümmter, »ebener« Raum. In der Mathematik nennt man einen solchen Raum »euklidisch«. In einem solchen euklidischen Raum ist die kürzeste Verbindung zwischen zwei Raumpunkten immer eine Gerade. In der allgemeinen Relativitätstheorie ist der Raum aber nichteuklidisch, das heißt die kürzeste Verbindung zwischen zwei Raumpunkten ist nicht immer eine Gerade, sondern im Allgemeinen eine Kurve. Der Grad der Raumkrümmung ist auch nicht überall gleich, sondern ortsabhängig.

Die allgemeine Relativitätstheorie zeigt, dass die Anwesenheit einer Masse eine Krümmung des Raumes verursacht. Materie verformt die metrische Struktur des Raumes in ihrer Umgebung. In einem Satz zusammengefasst lautet die wichtigste Aussage der allgemeinen Relativitätstheorie: *Die Massen sagen dem Raum, wie er sich zu krümmen hat, und die Krümmung des Raumes sagt den Massen, wie sie sich zu bewegen haben.*

Genau diese Raumkrümmung ist die Ursache für die Periheldrehung des Merkur. Die Sonne bewirkt durch ihre Masse die Raumkrümmung in ihrer Umgebung. Dabei nimmt die Raumkrümmung mit zunehmendem Abstand von der Sonne stetig ab. Daher ist die Periheldrehung beim Merkur, dem sonnennächsten Planeten, am größten und wird bei den anderen Planeten der Reihe nach kleiner.

Auch unsere normale Alltagsvorstellung von Zeit kommt in der Relativitätstheorie nicht ungeschoren davon. Überall auf der Welt scheint die Zeit doch gleichförmig zu vergehen, eine Stunde in München ist genauso lang wie eine Stunde in New York oder sonst wo. Einstein hat jedoch bereits in seiner speziellen Relativitätstheorie gezeigt, dass für zwei Beobachter die Zeit unterschiedlich schnell vergeht, wenn sie sich relativ zueinander mit einer sogenannten relativistischen Geschwindigkeit bewegen, die so groß ist, dass sie gegenüber der Lichtgeschwindigkeit nicht mehr vernachlässigt werden kann.

Wenn auch unser Alltagsleben von diesen relativistischen Effekten nicht unmittelbar tangiert wird, so haben die Elementarteilchenphysiker und auch die Astrophysiker doch nahezu ständig damit zu tun, weil sich einige ihrer Beobachtungsobjekte eben mit relativistischen Geschwindigkeiten bewegen.

Aus der allgemeinen Relativitätstheorie geht außerdem hervor, dass nicht nur der Raum, sondern auch die Zeit durch die Anwesenheit von Massen beeinflusst wird. Zwei identische Uhren »ticken« unterschiedlich schnell, wenn sie verschieden starken Gravitationsfeldern ausgesetzt werden – auf der Erde ticken Uhren langsamer als auf dem Mond. Die Relativitätstheorie hat die klassische Physik somit in einem Maße erschüttert, wie es seit dem Übergang vom geozentrischen zum heliozentrischen Weltbild nicht mehr der Fall war.

Es ist gut, wenn eine physikalische Theorie die Paradoxa von Vorgängertheorien auflösen kann, wie im Fall der Periheldrehung. Aber es ist noch besser, wenn eine Theorie Vorhersagen macht, die sich durch Beobachtungen bestätigen lassen. Auch dies hat die Relativitätstheorie geleistet.

1897 wurde als entscheidendes Ergebnis der Untersuchungen von Gasentladungen von dem Physiker Joseph J. Thomson das elektrisch negativ geladene Elektron als erstes echtes Elementarteilchen entdeckt. 1903 fand der Physiker Ernest Rutherford durch Experimente heraus, dass die Hauptmasse der Atome in einem zur Gesamtgröße des Atoms vergleichbar winzig kleinen, elektrisch positiv geladenen Atomkern konzentriert ist. Damit zeigte sich, dass die Atome ihren Namen eigentlich gar nicht verdienen, sondern dass sie über eine weiter erforschbare innere Struktur verfügen.

Einige Jahre später legte der dänische Physiker Niels Bohr ein erstes einfaches Atommodell vor, das bereits erstaunlich gut die bis dahin messbaren Eigenschaften der Atome beschreiben konnte. Es war nämlich schon bekannt, dass jedes Element bzw. jede Atomsorte ganz bestimmte Lichtwellen empfangen oder abstrahlen kann – die Physik spricht von Emissions- und Absorptionsspektren.

Im Jahr 1900 veröffentlichte Max Planck schließlich seine Quantentheorie. Planck zeigte, dass die Energie im Licht nur in bestimmten Portionen – er nannte sie Quanten – transportiert wird. Die Energie dieser Lichtquanten ist nur von der Frequenz, also der Spektralfarbe der Lichtstrahlung, abhängig. Violettes Licht hat eine höhere Frequenz als rotes Licht. So können wir uns an einem Lagerfeuer keinen Sonnenbrand holen, wohl aber durch die UV-Strahlung der Sonne. Die Quanten der UV-Strahlung transportieren pro Quant ausreichend viel Energie, um die Bindung in einem Molekül aufzubrechen oder sogar ein Atom zu ionisieren – ein Elektron wird durch das UV-Lichtquant aus der Atomhülle herausgekickt.

Normalerweise ist unser Körper in der Lage, solche Strahlenschäden wieder zu reparieren. Wird jedoch zu viel Energie von außen zugeführt, kommt es zu einem Strahlenkater. Dabei wird dann Zellgewebe so stark beschädigt, dass es abstirbt und durch neues Gewebe ersetzt werden muss – die Haut pellt ab nach einem Sonnenbrand. Die Lichtquanten eines gewöhnlichen Lagerfeuers haben hingegen nicht genug Energie, um einen Strahlenkater zu bewirken. Später nannten die Physiker diese Lichtteilchen bzw. allgemein die Quanten der elektromagnetischen Strahlung *Photonen*.

Die Physiker erkannten, dass alle Atome aus einem elektrisch positiv geladenen Atomkern und einer elektrisch negativ geladenen, aus einzelnen Elektronen aufgebauten Atomhülle bestehen. Weitere intensive Forschungen an der Struktur der Atome führten zum Verständnis des inneren Aufbaus der Atomkerne.

Bis Mitte der Dreißigerjahre war bekannt, dass sich der Kern aller Atome aus elektrisch positiv geladenen Protonen und elektrisch neutralen Neutronen aufbaut. Der Aufbau der atomaren Elektronenhülle wurde experimentell durch optische und Röntgenspektren eingehend untersucht und konnte um 1950 als weitgehend bekannt angesehen werden, ebenso wie sein Zusammenhang mit dem Periodensystem der Elemente.

In gleicher Weise gelangte man bis Mitte des 20. Jahrhunderts zu einem Verständnis der chemischen Bindung zweier oder mehrerer Atome zu einem Molekül durch die elektrischen Wechselwirkungen der äußeren Elektronen in den beteiligten Atomen. Neben der Atomphysik, welche die wesentlichen Vorgänge in der Elektronenhülle der Atome untersucht, entwickelte sich auch die Kernphysik, und so wurde ebenfalls die Struktur der Atomkerne entschlüsselt.

Als weiterer bedeutender Forschungszweig entwickelte sich die Festkörperphysik, die die Vielzahl der makroskopischen physikalischen Eigenschaften und den Aufbau fester Stoffe, zum Beispiel der Metalle, Halbleiter und Kristalle, untersucht und auf mikroskopische elementare Eigenschaften der Atome und ihrer gegenseitigen Anordnung zurückführt.

Den theoretischen Hintergrund und Rahmen zu den Untersuchungen über die Struktur der Materie bot die Quantenmechanik, die sich aus den bedeutenden Arbeiten von Planck, de Broglie, Schrödinger, Heisenberg, Born und vielen anderen entwickelte und die im Laufe der Jahrzehnte immer weiter verfeinert wurde. Aus der Erkenntnisflut, die aus den Labors der Physiker strömte, kristallisierte sich eine Reihe von grundsätzlichen Fragen heraus, die die Grundlagenforschung im Bereich der Physik bis in die Gegenwart beherrschen, etwa: Welche Teilchen sind die elementarsten Grundbausteine der Materie? Und: Welche Kräfte zwischen den Teilchen (Wechselwirkungen) sind elementare Grundkräfte, und lassen sich diese auf eine Urkraft zurückführen?

1.2 Die Wechselwirkungen und der Aufbau der Materie

Seit den Fünfzigerjahren steht die Elementarteilchenphysik in der physikalischen Grundlagenforschung weit oben, da man von ihr erwartet, dass sie diese Grundfragen beantworten kann. Mit immer größeren und leistungsfähigeren Teilchenbeschleunigern versuchen die Wissenschaftler, der Essenz der Materie auf die Spur zu kommen.

Die Vorgehensweise eines Elementarteilchenphysikers gleicht einem neugierigen Menschen, der versucht herauszubekommen, wie ein alter mechanischer Wecker funktioniert, und dabei keinen passenden Schraubenzieher zur Hand hat. So entschließt er sich, den Wecker mit voller Wucht gegen die Wand zu werfen, um dann aus den Bahnen der in alle Richtungen fliegenden Trümmer und Bruchstücke wie Zahnräder, Achsen, Federn, Schrauben zurückzurechnen, wie der Wecker zusammengesetzt war.

Bereits nach einigen Jahren entdeckten die Elementarteilchenphysiker einen zunächst unübersichtlichen Teilchenzoo. Durch Sortieren nach messbaren Eigenschaften wie etwa Masse, elektrische Ladung, Spin (Rotation), magnetisches Moment gelang es jedoch, diesen Teilchenzoo zu ordnen.

Neben den genannten physikalischen Eigenschaften gibt es noch weitere Unterscheidungsmerkmale, mit denen sich Elementarteilchen charakterisieren und klassifizieren lassen. So kann man zwischen stabilen und instabilen Teilchen unterscheiden. Stabile Teilchen haben eine faktisch unendliche Lebensdauer. Dazu gehören die Teilchen, aus denen herkömmliche Materie aufgebaut ist. Dies sind die Protonen und die Elektronen.

Instabile Teilchen haben meist eine so kurze Lebensdauer, dass sie für die normalen physikalischen Prozesse in unserem Lebensraum keine nennenswerte Bedeutung haben. Sie treten als kurzlebige, eben instabile Zustände auf, die schließlich in stabile Teilchen zerfallen.

Protonen und Neutronen, die Teilchen des Atomkerns, sind etwa gleich schwer und etwa zweitausendmal schwerer als ein Elektron. Da Protonen eine elektrisch positive Ladung und Elektronen eine elektrisch negative Ladung tragen, besteht zwischen ihnen eine Anziehungskraft – die elektrostatische Anziehung zwischen ungleichnamigen Ladungen.

In halbklassischer Vorstellung bewegen sich die Elektronen auf Kreisbahnen (Bohrsches Atommodell) bzw. elliptischen Bahnen (Sommerfeldsches Atommodell) um den Atomkern – wie die Planeten um die Sonne. Diese einfachen Modelle beschreiben die Verhältnisse im Atom recht gut, können aber einige weitere Eigenschaften der Atome nicht erklären.

Die Quantenmechanik liefert für die Elektronen in der Atomhülle keine wohl bekannten Bahnen, sondern sogenannte Orbitale. Dabei handelt es sich nicht mehr um wohl definierte Bahnen, sondern um wolkenartige Verteilungen der Wahrscheinlichkeit, wo sich die Elektronen aufhalten. Für das Elektron kann in der Quantenmechanik eben nur berechnet werden, mit welcher Wahrscheinlichkeit es sich zu einem bestimmten Zeitpunkt an einem bestimmten Ort aufhält.

Der Aufenthaltsort und die Geschwindigkeit eines Elektrons (allgemeiner: eines Quantenobjekts) können jedoch nicht gleichzeitig mit beliebiger Genauigkeit angegeben werden, wie Heisenberg mit seiner »Unschärferelation« zeigte. Quantenobjekte sind eben so klein, dass der Einfluss des Beobachters auf das Quantenobjekt nicht mehr vernachlässigt werden kann.

Wenn wir einen Gegenstand des täglichen Lebens, etwa eine Blumenvase, betrachten, wird sich der Gegenstand durch die Beobachtung nicht verändern. Beobachten wir aber ein kleines Quantenobjekt, etwa ein einzelnes Atom, so wird durch die Beobachtung das Atom beeinflusst. Zum Beobachten müssen wir ja etwas von dem Atom »sehen«. Also muss das Atom Lichtteilchen abstrahlen oder reflektieren, damit wir es sehen können. Bei der Abstrahlung oder Reflexion von Lichtteilchen wird durch den Rückstoß aber die Lage des Atoms verändert. Also beeinflusst unsere Beobachtung in diesem Fall den Bewegungszustand des Atoms.

Alle stabile Materie, ob gasförmig, flüssig oder fest, ist aus Atomen und diese wiederum aus Protonen und Neutronen

(Atomkern) und Elektronen (Atomhülle) aufgebaut. Dies gilt sowohl für die Erde und alle auf ihr befindlichen biologischen Lebewesen als auch für alle anderen Planeten, Sterne und sonstigen Himmelskörper sowie die verdünnte Materie (Staub, Gas) zwischen ihnen.

Seit den Sechzigerjahren wurde bei Experimenten in Teilchenbeschleunigern entdeckt, dass Protonen und Neutronen eigentlich keine Elementarteilchen sind, sondern wiederum aus anderen Teilchen zusammengesetzt sind, den Quarks. Je drei Quarks bilden ein Proton oder ein Neutron. Allerdings konnten Quarks noch nie als einzelne Teilchen isoliert werden. Sie treten vielmehr in Zweier- und Dreiergruppen auf – ein Umstand, der bei unserer späteren Diskussion noch von Bedeutung sein wird.

Eine weitere Gruppe von Teilchen stellen die Neutrinos dar. Sie entstehen in großer Zahl bei Kernreaktionen, zum Beispiel im Inneren der Sonne und allgemein bei Zerfallsprozessen von instabilen Teilchen. Allerdings ist die Wechselwirkung der Neutrinos mit anderen Teilchen sehr schwach. Nahezu ungehindert fliegen sie durch den ganzen Erdball. Nur ein winziger Bruchteil der Neutrinos kann in speziellen Neutrinodetektoren nachgewiesen werden. Lange Zeit war unklar, ob sie eine Masse besitzen oder nicht. Erst vor kurzem gelang der Nachweis, dass eine bestimmte Neutrinosorte eine zwar sehr kleine, aber von Null verschiedene Masse besitzt.

Schließlich gibt es noch Teilchen, die definitiv keine Masse besitzen: die Photonen. Sie sind die Quanten der elektromagnetischen Strahlung, wie bereits Max Planck in seiner Quantentheorie zeigte. Die Photonen sind auch Wechselwirkungsteilchen, das heißt, sie vermitteln zwischen anderen Teilchen, zum Beispiel den Elektronen, die elektrostatische Abstoßung.

Um verstehen zu können, wie Elementarteilchen komplexere Strukturen wie etwa Atome und Moleküle aufbauen, muss man die Kräfte studieren, die zwischen ihnen wirken. Hier hat sich in der Physik neben dem »Kraft«-Begriff (wie bei Schwerkraft) der Begriff der Wechselwirkung etabliert. Gegenwärtig lassen sich alle in der Natur vorkommenden Prozesse auf vier elementare Kräfte bzw. Wechselwirkungen zurückführen: die Gravitations-Wechselwirkung (Schwerkraft), die elektromagnetische Wechselwirkung, die elektroschwache Wechselwirkung und die starke Wechselwirkung.

Die *Gravitation* vermittelt die abstandsabhängige Anziehungskraft zwischen Massen. Damit haben sich Newton in seinem Gravitationsgesetz und Einstein in seiner allgemeinen Relativitätstheorie beschäftigt. Sie hat eine unendliche Reichweite und bestimmt die makroskopische, also mit dem Auge sichtbare Struktur des Universums. Die Gravitation ist etwa dafür verantwortlich, dass wir nicht in den Weltraum hinausgeschleudert werden oder dass die Planeten sich um die Sonne bewegen. Sie ist also zwischen allen massetragenden Teilchen wirksam.

Im mikroskopischen Bereich der Atome ist die Gravitation jedoch im Vergleich zu den anderen Wechselwirkungen sehr schwach. Wenn Teilchen mit sehr großer Geschwindigkeit, also mit hoher Bewegungsenergie, fliegen, kann die Gravitation zwischen ihnen nicht mehr vernachlässigt werden.

Heute ist es die Gravitation, die den Astrophysikern und Elementarteilchenphysikern am meisten Kopfzerbrechen bereitet, denn es wurde noch kein Wechselwirkungsteilchen (Graviton) entdeckt, das die Gravitationskraft vermittelt. Dennoch ist es unstrittig, dass es ein solches Wechselwirkungsteilchen der Gravitation geben muss.

Die *elektromagnetische Wechselwirkung* vermittelt die abstandsabhängige elektrostatische Abstoßung zwischen gleichnamigen bzw. Anziehung zwischen ungleichnamigen elektrisch geladenen Teilchen (Coulombsches Gesetz) und den Energie- und Informationstransport mit Lichtgeschwindigkeit durch elektromagnetische Wellen wie zum Beispiel das sichtbare Licht.

Klar erkennbar ist die Bedeutung der elektromagnetischen Wechselwirkung für den Aufbau und die Stabilität der äußeren Atom- und Molekularstrukturen, da die chemischen Bindungen durch Überlappung der Ladungen (Elektronen) in der Atomhülle zustande kommen. Die elektromagnetische Wechselwirkung hat eine quasi unendliche Reichweite, und wir werden sehen, dass ihr im Rahmen moderner physikalischer Modellvorstellungen eine überragende Bedeutung zukommt.

Die *elektroschwache Wechselwirkung* hat nur eine extrem kurze Reichweite und ist für einige Eigenschaften der Atomkerne von Bedeutung. Damit kann man Zerfallsprozesse in Atomkernen beschreiben. Es existiert eine vereinheitlichte Theorie der elektromagnetischen und der elektroschwachen Wechselwirkung, weshalb manche Theoretiker diese beiden Wechselwirkungen auch als *eine* Wechselwirkung auffassen.

Die *starke Wechselwirkung* vermittelt eine Anziehungskraft kurzer Reichweite zwischen schweren Teilchen wie den Protonen und den Neutronen untereinander. Die starke Wechselwirkung ist im Größenordnungsbereich der Atomkerne stärker als die elektrostatische Abstoßung der Protonen. Nur deshalb können Atomkerne aus einer Vielzahl von Protonen (1 bis 92) und Neutronen existieren. Sonst würden die elektrisch positiv geladenen Protonen im Atomkern sich abstoßen, und der Atomkern würde auseinanderfliegen.

Die starke Wechselwirkung zwischen den Kernteilchen, den Protonen und Neutronen, hat daher die Funktion eines Klebstoffes. Die Wechselwirkungsquanten der starken Wechselwirkung werden somit als Gluonen bezeichnet (engl. to glue = kleben). Damit ist die starke Wechselwirkung verantwortlich für die Stabilität der Atomkerne.

Ohne die starke Wechselwirkung gäbe es im Universum nur Wasserstoffatome, da sie nur ein Proton enthalten. Atomkerne mit mehr als einem Proton könnten also ohne die starke Wechselwirkung nicht existieren.

Das Ziel der Grundlagenforscher ist es nun, die Zahl der elementaren Teilchen auf ein Minimum zu reduzieren und die vier Grundkräfte in einer vereinheitlichten Theorie zusammenzufassen.

Kapitel 2

Was sind Teilchen?

Transdimensionen und Partialstrukturen

In diesem Kapitel geht es recht physikalisch zu, und der in der Physik weniger bewanderte Leser wird sicherlich sehr herausgefordert, auch wenn auf jegliche Formeln verzichtet wird. Es geht um die Frage, welche innere Struktur bestimmte Elementarteilchen haben. Nur so lassen sich die physikalisch messbaren Eigenschaften der Teilchen, zum Beispiel die elektrische Ladung und die Masse, beschreiben. Da die herrschenden Modelle der Physik hierauf keine befriedigenden Antworten geben, befassen wir uns auch mit weniger bekannten Ansätzen, insbesondere der beiden Physiker Jean Émile Charon und Burkhard Heim. Es zeigt sich, dass die Existenz weiterer Dimensionen angenommen werden muss. Dadurch wird es erstmals möglich, auch geistige bzw. bewusstseinsrelevante Prozesse zu beschreiben. Die Frage nach der Existenz Gottes und eines höheren Bewusstseins wird durch die Ergebnisse der modernen Physik bereits nahegelegt.

2.1 Die Geometrisierung von Teilchenstrukturen

Aus der Vielzahl der in den vergangenen Jahrzehnten gesammelten experimentellen Daten aus Teilchenbeschleunigern entwickelte sich das Standardmodell der Elementarteilchenphysik. Es bringt zunächst einmal eine gewisse Ordnung in den Teilchenzoo, aus dem die uns bekannte Materie zusammengesetzt ist.

So wurde der innere Aufbau der Protonen und Neutronen auf die Quarks zurückgeführt. Neben den Quarks gelten noch die Elektronen sowie die Neutrinos als elementare Bausteine der Materie. All diese Teilchen existieren in verschiedenen »Generationen«, wobei die Teilchen der ersten Generation die stabilen Teilchen sind, aus denen die gewöhnliche Materie aufgebaut ist. Die Teilchen der zweiten und dritten Generation sind kurzlebige, angeregte Teilchenzustände, die in Teilchen der ersten Generation zerfallen.

Im Standardmodell der Elementarteilchenphysik ist die Gravitation nicht integriert. Viele Parameter des Standardmodells gehen daher nicht aus der Theorie hervor, sondern können nur anhand von experimentellen Daten bestimmt werden. Aus diesem Grund ist das Standardmodell der Elementarteilchenphysik eigentlich keine echte physikalische Theorie in dem Sinne, dass man von ihr erwarten kann, dass alle beobachteten Eigenschaften und Messgrößen auch berechnet werden können.

Eine Theorie, die ein umfassendes Verständnis vom Aufbau der Materie hat, sollte in der Lage sein, nur unter Zuhilfenahme weniger Naturkonstanten wie etwa der Lichtgeschwindigkeit, der Planckschen Konstante, der Gravitationskonstante und der elektrischen Elementarladung alle beobachtbaren Teilcheneigenschaften zu berechnen. Hingegen handelt es sich bei dem Standardmodell der Elementarteilchenphysik um einen Flickenteppich von verschiedenen Teilformalismen, in denen derzeit etwa zwanzig nicht aus der Theorie herleitbare Parameter verwendet werden, die nur aus experimentellen Daten ermittelt werden können. Zu diesen nicht theoretisch herleitbaren Parametern gehören unter anderen die Teilchenmassen (Quarks und Leptonen) und die Stärke der jeweiligen Wechselwirkungen.

Eine »Theorie«, die so viele »Fittingparameter«, wie die Physiker sagen, enthält, kann nicht für sich in Anspruch nehmen, sie »bilde eine Art Weltformel, nach der in der Vergangenheit von theoretischen Physikern wie Albert Einstein oder Werner Heisenberg ohne Erfolg gesucht wurde« (Harald Fritzsch, 2004). Eine solche »Theorie« kann nur vorläufigen Charakter haben. Sie kann sich auch keineswegs messen mit der Relativitätstheorie eines Albert Einstein oder der Quantenphysik eines Werner Heisenberg.

Unser Wissen über die physikalischen Eigenschaften der Elementarteilchen basiert einzig und allein auf experimentell gemessenen Daten. Die Masse, die Ladung, das magnetische Moment und der Spin des Elektrons können gemessen werden. Die herrschende Mainstream-Physik hingegen kann diese Größen nicht aus einer Theorie heraus berechnen und kann auch keine Antworten auf die Fragen geben, *warum* ein Elektron eine Masse und eine Ladung hat und *was* überhaupt Masse und Ladung sind.

Über den inneren Aufbau und die geometrische Struktur des Elektrons weiß die Mainstream-Physik überhaupt nichts. In der Theorie der Supergravitation werden Elementarteilchen, insbesondere das Elektron, als punktförmig betrachtet, also ohne jegliche räumliche Ausdehnung und Struktur. Das Problem, dass eine endliche Masse, die auf einem Volumen gleich Null (Punkt) konzentriert wird, zu einer unendlichen Dichte führt, wird durch geeignete mathematische Tricks wegnormiert. Dies belegt, dass die Struktur der Materie mit dieser Theorie auch nicht verstanden werden kann.

Da sich der Raum- und Zeitbegriff in der Relativitätstheorie grundlegend von der Konzeption eines absoluten Raumes und einer absoluten Zeit unterscheidet, wurde von einigen

Theoretikern seit Beginn des 20. Jahrhunderts auch darüber spekuliert, ob es noch weitere Dimensionen gibt, die sich zwar der direkten Beobachtung und einem direkten Zugang entziehen, aber dennoch auf irgendeine Art und Weise an das vierdimensionale Raum-Zeit-Kontinuum ankoppeln.

Der Ansatz, weitere Dimensionen in die Physik einzuführen, um alle beobachtbaren Teilcheneigenschaften zu beschreiben, wird heute von der Mehrheit der Physiker als grundsätzlich richtig und zielführend betrachtet. Gestritten wird in der Forschergemeinde nur darüber, wie viele Dimensionen wofür gebraucht werden.

Den ersten bescheidenen theoretischen Vorstoß in diese Richtung machten Theodor Kaluza und Oskar Klein in den Zwanzigerjahren (siehe Walter Thirring, 1998). Sie versuchten, durch Einführung einer weiteren Dimension eine Vereinheitlichung der Theorien der Gravitation und des Elektromagnetismus herbeizuführen. Diese fünfte Dimension stellten sich die beiden jedoch nicht als unendlich ausgedehnte Dimension wie die drei Raumdimensionen vor, sie sollte vielmehr an jedem Raumpunkt des Einsteinschen Raum-Zeit-Kontinuums in Form einer ringförmig in sich geschlossenen Dimension ankoppeln.

Da sich diese Theorie jedoch nicht mit der bereits damals sehr erfolgreichen Quantentheorie verbinden ließ, geriet sie zunächst in Vergessenheit, bis sie in den Siebzigerjahren durch die Vertreter der Stringtheorie wieder aufgegriffen wurde.

Die Stringhypothese in all ihren verschiedenen Varianten wird seitdem in der Mainstream-Physik favorisiert, um die Struktur von Teilchen geometrisch zu beschreiben. Dabei stellt man sich ein Teilchen als einen vibrierenden eindimensionalen String (Saite) vor, wobei dieser String unendlich dünn ist, aber endlich lang. Eigentlich müsste man eher sagen, endlich kurz, denn die Strings sollen wirklich sehr, sehr kurz sein, größenordnungsmäßig um die 10^{-35} Meter (das ist ein Meter geteilt durch eine 1 mit 35 Nullen). Das ist so klein, dass es sich jedem messtechnischen Nachweis entzieht.

Eine weitere Variante der Stringtheorie sind die Branentheorien, bei denen Teilchen auch als mehrdimensionale schwingende Branen (abgeleitet von Membranen) dargestellt werden. In den Stringtheorien wird eine Vielzahl weiterer Dimensionen mathematisch eingeführt. Diese zusätzlichen Dimensionen sind aber dort nicht als unendlich ausgedehnte Dimensionen wie Länge, Breite und Höhe zu verstehen, sondern sie sind aufgerollt in dem Teilchenstring wie auf einer Spule – *kompaktifiziert*. Die Mathematik zur Beschreibung solcher kompaktifizierter Dimensionen wurde ja von Kaluza und Klein bereits entwickelt.

Mit zusätzlichen Dimensionen geizen die Stringtheoretiker nun wirklich nicht. Es sind bis zu 32 Dimensionen, die eine bestimmte Variante der Stringtheorie beansprucht, um alle messbaren Eigenschaften von Teilchen unterzubringen – ein recht hemmungsloser Gebrauch der Einführung weiterer Dimensionen.

Einige in den letzten Jahrzehnten gewonnene Erkenntnisse der Astrophysik bringen das Standardmodell der Elementarteilchenphysik in immer größere Erklärungsnot. Das Studium großer materieller Strukturen wie Galaxien und Galaxienhaufen führte zu dem Ergebnis, dass allein mit der Menge der sichtbaren Materie (Sterne inklusive braune Zwerge, Planeten und kleinere Himmelskörper, leuchtende Gasnebel) und der unsichtbaren Materie (schwarze Löcher und dunkle Staub- und Gaswolken) die Bewegungsvorgänge dieser Strukturen nicht erklärt werden können.

Aufgrund der beobachteten Dynamik von Galaxien muss angenommen werden, dass es eine dunkle Materie gibt, die nicht aus herkömmlichen Atomen oder deren Bausteinen (Quarks und Leptonen) besteht. Wir können diese rätselhafte dunkle Materie nicht direkt beobachten, weil sie keine Strahlung aussendet oder reflektiert, aber wir müssen ihre Existenz fordern, weil sie einen erheblichen Beitrag zur Gravitation leistet.

Nach Schätzungen führender Astrophysiker (siehe »Durch Welt und Himmel«, 2009) macht die sichtbare Materie nur vier Prozent der gesamten im Universum vorhandenen Energie und Masse aus. Über die restlichen 96 Prozent wissen wir so gut wie nichts. Wir wissen nur, dass diese dunkle Energie und Materie auch dort auftritt, wo sich herkömmliche Materie befindet. Ohne diese dunkle Materie können die Stabilität und die hohen Rotationsgeschwindigkeiten von Galaxien nicht erklärt werden.

Jüngste Untersuchungen von einigen hundert Supernovae zeigen außerdem, dass die Ausdehnungsgeschwindigkeiten in der Umgebung großer materieller Strukturen sich weiter beschleunigen, als ob die im Vakuum enthaltene dunkle Energie einen expansiven Druck ausübt. Der französische Astrophysiker Pierre-Olivier Lagage übt in diesem Zusammenhang Kritik am Standardmodell und fordert neue Ansätze zur Lösung dieser Paradoxa (siehe *Durch Welt und Himmel*, 2009). Die Mainstream-Physik steht hier nun wirklich schon lange genug auf dem Schlauch – oder sagen wir besser: auf dem String …

Ein weiteres ungelöstes Problem der Elementarteilchen- und der Astrophysik ist die Tatsache, dass es im beobachtbaren Universum anscheinend nur Materie und keine nennenswerten Mengen Antimaterie gibt. Denn zu jedem Teilchen gibt es auch ein Antiteilchen, Proton – Antiproton, Neutron – Antineutron, Elektron – Positron. Es könnte also genauso gut ein Antiwasserstoffatom geben, bestehend aus einem elektrisch negativ geladenen Atomkern mit einem Antiproton, und eine Antiatomhülle mit einem elektrisch positiv geladenen Positron.

Eine Erklärungsmöglichkeit stellt die Annahme dar, kurz nach dem Urknall habe es sowohl Materie als auch Antimaterie gegeben. Aufgrund von Fluktuationen sei aber etwas mehr Materie als Antimaterie entstanden. Da Materie und Antimaterie sich gegenseitig vernichten bzw. sich in elektromagnetische Strahlung umwandeln, wenn sie in unserer Raumzeit aufeinandertreffen, sei nur die Materie übrig geblieben.

Diese Asymmetrie der Materie ist befremdlich und lädt ein zu der Spekulation, ob es vielleicht eine Spiegelwelt oder Parallelwelt zu unserer Welt gibt, die dann vielleicht mit Antimaterie gefüllt ist und somit wieder ein Gleichgewicht herstellt. Hätte eine solche Parallelwelt irgendeine Verbindung zu unserer Welt und wenn ja, wie würde diese Verbindung aussehen?

Könnten hier einige weitere aufsehenerregende Entdeckungen in der Astrophysik die entscheidenden neuen Impulse zur Entwicklung einer umfassenderen Theorie liefern?

Es gibt innerhalb des Standardmodells bisher keinen befriedigenden Ansatz zur Beschreibung der Massen der Teilchen bzw. zur Beantwortung der Frage, warum bestimmte Teilchen eine Masse haben und andere nicht. Es fehlt also eine Theorie der Gravitation im Bereich der Elementarteilchen.

Die Einsteinsche allgemeine Relativitätstheorie mit ihrem Raum-Zeit-Kontinuum funktioniert zur Beschreibung der Gravitation makroskopischer Objekte (Monde, Planeten, Sterne, Galaxien), also im Bereich großer Skalen, sehr gut. Der große Erfolg der allgemeinen Relativitätstheorie besteht darin, dass sie die gravitative Wechselwirkung zwischen Massen auf deren Auswirkung auf die Geometrie bzw. Metrik der Raumzeit, das heißt durch Masse verursachte Krümmungen der Raumzeit, zurückführt.

Welchen Einfluss hat die Masse eines Teilchens auf seine raumzeitliche Umgebung? Gibt es hier Analogien zu den Raumkrümmungen in der Umgebung von Himmelskörpern? Zur Beantwortung dieser Fragen gibt es im Rahmen des Standardmodells der Elementarteilchenphysik noch keinen Ansatz, die Masse von Teilchen mit Hilfe einer Geometrisierung der Teilchenstrukturen zu beschreiben.

Ausgehend von den Formalismen der allgemeinen Relativitätstheorie entstand die Hypothese von den schwarzen Löchern.

Dabei handelt es sich um komprimierte Materie, die den Raum in ihrer Umgebung so stark krümmt, dass nichts mehr aus der Nähe dieser komprimierten Materie entweichen kann. Es ist, als würde sich ein Teil der Raumzeit aus dem Universum wegstülpen. Selbst Lichtteilchen können diesen Bereich nicht mehr verlassen – daher der Name »schwarzes Loch«.

Würde man mit einem Raumfahrzeug in die Nähe eines schwarzen Lochs fliegen, dürfte man dem schwarzen Loch keinesfalls zu nahe kommen. Je näher man kommt, umso höher wird die Fluchtgeschwindigkeit – also die erforderliche Geschwindigkeit, um dem Gravitationsfeld des schwarzen Lochs wieder zu entkommen.

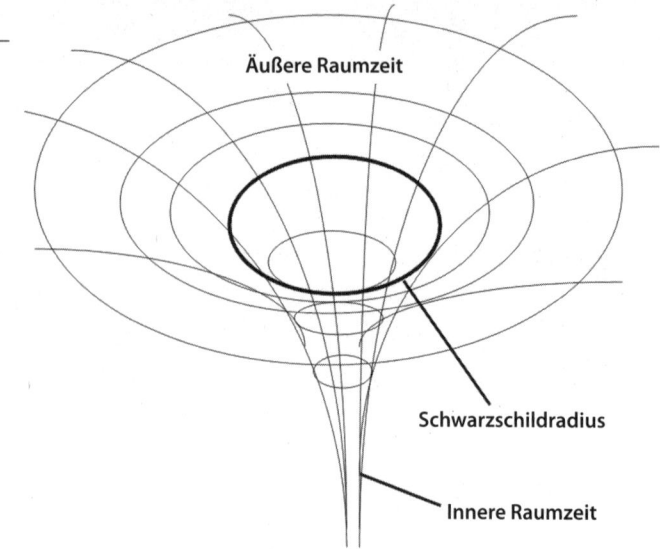

Schematische Darstellung eines schwarzen Lochs

Es gibt einen kritischen Abstand vom Schwerpunkt des schwarzen Loches, den sogenannten Schwarzschildradius, ab dem es kein Entrinnen mehr gibt. Dies ist der Abstand, bei dem das Raumfahrzeug, selbst wenn es sich mit Lichtgeschwindigkeit von dem schwarzen Loch entfernen würde, nicht mehr entrinnen könnte. Was sich im Inneren des schwarzen Lochs abspielt, kann von außen nicht mehr beobachtet werden.

Allerdings ermöglicht die allgemeine Relativitätstheorie eine mathematisch fundierte physikalische Beschreibung und damit auch die Möglichkeit der Interpretation der metrischen Verhältnisse im Inneren eines schwarzen Lochs. Das Innere eines schwarzen Lochs ist nach wie vor eine raumzeitliche, vierdimensionale Struktur, allerdings herrscht dort eine völlig andere Metrik. Das heißt, der ursprüngliche Charakter der drei Raumkoordinaten und der Zeit ist völlig anders als außerhalb.

Das Innere eines schwarzen Lochs ist keine Raum-Zeit, sondern ein Zeit-Raum. In der Tat zeigte John A. Wheeler, ein

Schüler Albert Einsteins, zusammen mit Charles W. Misner und Kip S. Thorne (1973), dass die drei Raumdimensionen zeitartige Eigenschaften bekommen und die Zeit raumartig wird. Der Raum im Inneren des schwarzen Lochs wird zu einem spaghettiartigen Faden auseinandergezogen.

Ein schwarzes Loch wird sich demnach nur noch durch sein weiterhin nach außen wirksames Gravitationsfeld bemerkbar machen. Lange galten die schwarzen Löcher nur als hypothetische Gebilde der allgemeinen Relativitätstheorie, doch mittlerweile haben die Astrophysiker tatsächlich eine ganze Reihe von echten schwarzen Löchern im Universum nachgewiesen.

Zuerst wurden solche schwarzen Löcher entdeckt, die als Endstadium in der Entwicklung eines Sterns gelten. Heute weiß man, dass ein Stern, wenn er nur über eine genügend große Ausgangsmasse verfügt, im letzten Stadium seines Sternenlebens als schwarzes Loch enden wird.

Grund für die Entstehung eines solchen schwarzen Lochs ist der sogenannte Gravitationskollaps. Solange ein gewöhnlicher Stern durch Kernfusionsprozesse in seinem Inneren Strahlung freisetzt, halten sich die nach innen wirkende Gravitation und der nach außen gerichtete Strahlungsdruck die Waage.

Wenn ein Stern aber all seine Materie durch Fusionsprozesse in schwere Atomkerne umgewandelt hat, nimmt der Strahlungsdruck ab, und es kommt schließlich zum Kollaps, bei dem ein großer Teil der Sternenmaterie implodiert. Je nach Ausgangsmasse endet der Stern dann nach einer Reihe unterschiedlich monströser Katastrophenszenarien vom aufgeblähten roten Riesen bis zur Supernova entweder als weißer Zwerg, als Neutronenstern oder als schwarzes Loch.

Das erste schwarze Loch, das entdeckt wurde, ist eine Komponente eines Doppelsternsystems im Sternbild Schwan (Cygnus X-1). Zuerst war dieses astronomische Objekt als starke Quelle für Röntgenstrahlung aufgefallen. Der optisch sichtbare Partnerstern dieses schwarzen Lochs bewegt sich dabei um den gemeinsamen Massenschwerpunkt des Doppelsternsystems.

Durch die Beobachtungen mit Weltraumteleskopen wurde

nachgewiesen, dass das schwarze Loch seinen sichtbaren Begleiter langsam »auffrisst«. Dabei kreist die durch das schwarze Loch angesaugte Materie auf immer schnelleren spiralförmigen Bahnen um das schwarze Loch. Die so beschleunigte Materie sendet charakteristische Strahlung aus, die wiederum auf den dunklen Begleiter schließen lässt. Schließlich verschwindet die angesaugte Materie wie in einem Wasserstrudel im Inneren des schwarzen Lochs.

Mittlerweile sind etliche weitere schwarze Löcher stellaren Ursprungs entdeckt worden. Sie sind im Durchschnitt etwa zehnmal so schwer wie unsere Sonne. Neben diesen zuerst entdeckten schwarzen Löchern stellaren Ursprungs gibt es noch eine weitere Klasse, die im Vergleich zu den zuerst entdeckten wahre Monster birgt. Es sind die schwarzen Löcher in den Zentren der Galaxien. Auch im Zentrum unserer Galaxis wurde ein schwarzes Loch durch Beobachtungen mit Radioteleskopen entdeckt. Seine Masse wird auf mehrere Millionen Sonnenmassen geschätzt.

Die Entdeckung der schwarzen Löcher ist eine der größten wissenschaftlichen Leistungen der Astrophysik des 20. Jahrhunderts und eine von vielen Bestätigungen der allgemeinen Relativitätstheorie.

Im Prinzip kann jede Masse, egal wie groß oder klein, zu einem schwarzen Loch werden. Die Masse muss nur stark genug komprimiert werden. Die Physiker können für jede Masse den Radius eines minimalen Kugelvolumens berechnen, bei dem der Raum so stark gekrümmt wird, dass sich die Masse hinter diesen Radius als schwarzes Loch zurückzieht.

Man kann diesen nach dem deutschen Astronomen und Physiker Karl Schwarzschild benannten Schwarzschildradius für jeden Himmelskörper und für jeden anderen beliebigen Körper berechnen. Schwarzschild zählte zu den ersten Physikern, die für konkrete Probleme der Astrophysik die allgemeine Relativitätstheorie Einsteins anwendeten.

Was für die Masse von Himmelskörpern gilt, muss letztlich auch für massetragende Teilchen gelten. Liegt hier der Schlüssel zum Verständnis der geometrischen Struktur von Elementarteilchen? Alles in der Welt hat Form und Gestalt. Ob astronomische Objekte wie Galaxien, Sterne, Planeten oder die Gegenstände unseres täglichen Lebens: Alles hat Form und Gestalt.

Welche Form und Gestalt haben dann Elementarteilchen? Kann die geometrische bzw. raumzeitliche Topologie von Teilchen auch aus den Formalismen der allgemeinen Relativitätstheorie hergeleitet werden, und ist es dann möglich, zum Beispiel die Masse eines Elektrons aus der Theorie zu berechnen? Schwarze Löcher sind reale Objekte, wie die allgemeine Relativitätstheorie vorhergesagt und die moderne Astrophysik schließlich entdeckt hat.

Jenseits der Mainstream-Physik – die komplexe Relativitätstheorie

Genau diese Fragen hat sich der französische Physiker Jean Émile Charon (1920-1998) bereits in den Sechzigerjahren gestellt. Ausgehend von der allgemeinen Relativitätstheorie Albert Einsteins und den Ansätzen der Quantenphysik hat er in den Siebziger- und Achtzigerjahren seine komplexe Relativitätstheorie entwickelt. Er ging von der Hypothese aus, dass die Elektronen (und deren Antiteilchen, die Positronen) eine »innere« Minischwarzlochstruktur haben, und er stellte einige Überlegungen dazu an, wie man eine solche Teilchenstruktur in einem mathematisch konsistenten Formalismus beschreiben könne.

Charon entwickelte ein Modell, mit dem sich das Elektron und alle anderen elektronenähnlichen Teilchen – wie etwa das Positron – beschreiben und ihre Massen und elektrische Ladungen berechnen lassen. Das Charonsche Elektronenmodell ist frei von jeglichen freien Parametern, die erst durch Experimente angepasst werden müssen wie im Standardmodell, es enthält lediglich die fundamentalen Naturkonstanten Lichtgeschwindigkeit, Planckkonstante, Gravitationskonstante und die Kreiszahl Pi.

Die Motivation Charons zur Einführung weiterer Transdimensionen bestand nicht allein darin, bisher nur durch das

Experiment ermittelbare Eigenschaften der Teilchen auch in einem konsistenten mathematischen Formalismus berechnen zu können, sondern auch die geistigen Eigenschaften und Aspekte in die physikalische Betrachtung mit einzubeziehen. In einem Plädoyer für eine ganzheitliche Sichtweise von Geist und Materie fordert er in seinem Buch »Der Geist der Materie« bereits 1977, dass die Physik sich nun endlich auch der Erforschung des Geistes widmen sollte.

Solche Ansichten führten dazu, dass sich die meisten seiner französischen Physikerkollegen von ihm distanzierten. Es galt damals und gilt bei manch einem Zeitgenossen leider noch heute als Tabu, die Eigenschaften des Geistes und des Bewusstseins mit den Methoden der Physik zu erforschen. Charon setzte sich über dieses Dogma hinweg und entwickelte seine komplexe Relativitätstheorie. Unter anderem ließ er sich bei seinem physikalischen Ansatz von einem französischen Wissenschaftskollegen (Charles-Noël Martin, 1958) inspirieren. In ihm fand Charon einen der ersten Physiker, der vermutete, dass einige Elementarteilchen eine Raumzeit besonderer Art einschließen.

Aus mathematischen Gründen wählte Charon für seine Theorie die Bezeichnung *komplexe Relativitätstheorie*. Darin führte er vier zusätzliche Dimensionen ein, die in der geometrischen Struktur bestimmter Elementarteilchen verborgen sind.

Die allgemeine Relativitätstheorie und die moderne Quantentheorie sind für ein vierdimensionales Raum-Zeit-Kontinuum formuliert worden, also für die drei Raumdimensionen und die Zeitdimension. Die Gleichungen der allgemeinen Relativitätstheorie behalten in der komplexen Relativitätstheorie ihre Gültigkeit.

Aus der allgemeinen Relativitätstheorie geht bereits hervor, dass durch starke Massen- oder Energiekonzentrationen die Struktur der äußeren Raumzeit deformiert bzw. gekrümmt wird. Diese Krümmung kann so stark werden, dass sich ein Teil der äußeren Raumzeit aus ihrer Umgebung herauskrümmt. Man kann sich das anschaulich vorstellen als Wassertropfen, der sich von einer glatten Wasseroberfläche wegstülpt und schließlich abtrennt.

Eine solche Region in der äußeren Raumzeit wird »schwarzes Loch« genannt. Seine physikalischen Eigenschaften sowie die Möglichkeiten seiner Entstehung werden bei der Behandlung der Elektronen und Positronen im Rahmen dieses Elektronenmodells noch ausführlich diskutiert. Dabei entsteht ein in sich geschlossener Raumzeit-Bereich oder, besser gesagt, eine »innere Raumzeit«, die von der äußeren Raumzeit unabhängig ist.

Die Schnittstelle bzw. der Berührungspunkt der inneren Raumzeit eines Elektrons mit der äußeren Raumzeit ist der Ort, an dem ein Elektron in der äußeren Raumzeit beobachtet werden kann. Man kann sich die Elektronen und Positronen daher als vierdimensionale Kugeln vorstellen, die auf einer vierdimensionalen Fläche – der äußeren Raumzeit – dahinkullern. Die Berührungspunkte dieser Kugeln mit der Fläche sind genau die Orte, an denen sich die jeweiligen Teilchen in der äußeren Raumzeit aufhalten und experimentell beobachtbar sind.

Ebene Fläche als äußere Raumzeit und Kugeloberfläche als innere Raumzeit

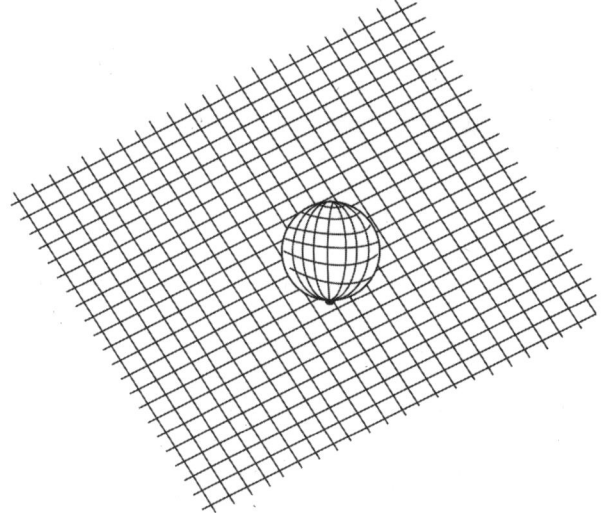

Die komplexe Relativitätstheorie zeigt nun, dass bestimmte Elementarteilchen, und zwar die elektrisch geladenen Elektronen und Positronen, aufgrund ihrer geometrischen Struktur über eine eigene innere Raumzeit verfügen. Diese innere Raumzeit hat Ähnlichkeiten mit der Struktur eines schwarzen Lochs. Zur Beschreibung dieser inneren Raumzeiten verwendet Charon die vier weiteren Dimensionen, die er in seiner Theorie eingeführt hat.

Elektronen und Positronen gehören zu einer bestimmten Klasse von Elementarteilchen – den sogenannten geladenen Leptonen. Von den geladenen Leptonen sind jedoch lediglich das Elektron und das Positron stabil. Daher wird sich hier die weitere Diskussion der geladenen Leptonen auf das Elektron und das Positron beschränken. Jedoch sei darauf hingewiesen, dass Charon mit seiner komplexen Relativitätstheorie alle geladenen Leptonen, also auch die kurzlebigen instabilen Leptonen, beschreiben kann.

Das Universum der komplexen Relativitätstheorie hat also insgesamt acht Dimensionen – eine für alle Objekte einheitliche vierdimensionale äußere Raumzeit, in der sich wie bisher alle physikalisch beobachtbaren Ereignisse abspielen, und eine für jedes Elektron und Positron individuelle vierdimensionale innere Raumzeit.

Die äußere Raumzeit und die innere Raumzeit werden wir später auch als Diesseits und Jenseits auffassen. Allgemein lassen sich die äußere Raumzeit und die innere Raumzeit auch als Partialstrukturen der achtdimensionalen Gesamtstruktur auffassen.

Dies ist wohl das bemerkenswerteste Ergebnis der komplexen Relativitätstheorie, dass eine bestimmte Klasse von Elementarteilchen, nämlich die geladenen Leptonen (Elektronen und Positronen), eine mikroskopisch kleine und, wie noch gezeigt werden wird, mit elektromagnetischer Energie (»Licht«) gefüllte innere Schwarzlochstruktur mit einer vom beobachtbaren Außenraum unabhängigen eigenen Raumzeit aufweist. Man kann auch sagen, dass die Elektronen die Dimensionspforten zwischen der äußeren und den inneren Raumzeiten sind.

Wie bereits erwähnt, zeigte John A. Wheeler, dass das Innere eines schwarzen Lochs eigentlich keine Raum-Zeit, sondern eher ein Zeit-Raum ist, dass also die drei Raumdimensionen zeitartige Eigenschaften und die Zeit raumartige Eigenschaften haben. Der Raum im Inneren des schwarzen Lochs wird zu einem spaghettiartigen Faden auseinandergezogen. Im Folgenden sollen aber die Bezeichnungen *äußere* und *innere* Raumzeit beibehalten werden.

In einem schwarzen Loch »vergeht« der Raum, alles wird von Raum »mitgerissen«, so wie in der äußeren Raumzeit alles von der Zeit »mitgerissen« wird. In der inneren Raumzeit eines schwarzen Lochs kann man demnach im Raum nicht an einem Ort verweilen, aber man kann in der Zeit an einem Zeitpunkt in der Vergangenheit verweilen oder jeden beliebigen Zeitpunkt ansteuern.

Diese Eigenschaften kennen wir aus unserem Bewusstsein, denn es ist uns möglich, uns an Vergangenes zu erinnern. An Erlebnisse und Erfahrungen, die wir im Laufe unseres Lebens hatten bzw. gemacht haben, können wir uns erinnern. Dabei steigen innere Bilder aus unserem Gedächtnis hervor. Wo kommen diese Bilder her, und wie sind sie in uns abgespeichert? Wenn Elektronen über eine innere Raumzeit verfügen, die mit einem Photonengas (einer Wolke aus Lichtteilchen) angefüllt ist, dann haben wir es bei den Elektronen offenbar mit den elementaren Trägern von Bewusstsein zu tun – und wir haben damit den Schlüssel zum Verständnis aller geistigen Phänomene.

Charon zeigte, dass die inneren Raumzeiten der Elektronen mit Lichtteilchen angefüllt sind, und damit ist auch die Substanz gefunden, aus denen die Bilder unseres Gedächtnisses bestehen: Jedes Elektron verfügt über ein individuelles Teilchengedächtnis in Form des Photonengases in der inneren Raumzeit. Bevor die Mechanismen des Elektronengedächtnisses näher erläutert werden können, müssen die anderen dabei beteiligten Teilchen noch eingeführt werden.

Im Folgenden betrachten wir aus der Sicht der komplexen Relativitätstheorie die physikalischen Eigenschaften und die Struktur der wichtigsten Elementarteilchen und ihre Funktion beim Aufbau der Materie. Es ergibt sich ein sukzessiver Aufbau, der bei den Neutrinos und Photonen beginnt, dann folgen die geladenen Leptonen und die Quarks, schließlich die stabilen Kernteilchen Proton und Neutron. Abschließend wird die Struktur der Atome und Moleküle erklärt.

Eine fundamentale Eigenschaft der Materie ist die Polarität. Zu jedem Teilchen gibt es ein Antiteilchen, das dieselbe Masse, denselben Spin und dieselbe Lebensdauer hat und sich in einigen Teilcheneigenschaften symmetrisch zum Teilchen verhält. Ein Beispiel ist das entgegengesetzte Ladungsvorzeichen beim Elektron und Positron.

Tritt ein Teilchen mit seinem Antiteilchen in Wechselwirkung, so lösen sich beide Teilchen auf. Dabei werden die im äußeren Raum-Zeit-Kontinuum vorhandenen Teilchenenergien in Photonen (Lichtteilchen) umgesetzt. Innerhalb der stabilen Materie (Protonen, Neutronen, Elektronen) des Universums in seinem jetzigen Entwicklungszustand existieren keine freien Antiteilchen (Antiprotonen, Antineutronen, Positronen). Sie können nur für kurze Zeit in Teilchenbeschleunigern durch die Wechselwirkungen hoher Energie erzeugt und sichtbar gemacht werden, bevor sie von den komplementären Teilchen eingefangen werden.

Die einfachsten und häufigsten Teilchen, aus denen prinzipiell alle anderen Teilchen aufgebaut werden, sind die Neutrinos und die Photonen. Sie können sich sowohl in der äußeren reellen Raumzeit als auch in inneren Raumzeiten von Elektronen und Positronen aufhalten.

In der Quantenphysik wird unterschieden zwischen Teilchen mit halbzahligem Spin, den sogenannten Fermionen, und Teilchen mit ganzzahligem Spin, den sogenannten Bosonen. Bei den Neutrinos handelt es sich um Fermionen und bei den Photonen um Bosonen.

Der französische Quantenphysiker Louis de Broglie (1892–1987) wurde bekannt durch seine Arbeiten über den Dualismus von Teilchen und Welle. So kann Licht (oder allgemeiner: elektromagnetische Strahlung) sowohl als Teilchenstrahlung (Photonen) als auch als Welle aufgefasst werden. Von ihm stammt der heute noch in der Quantenphysik geläufige Begriff der de-Broglie-Wellenlänge, denn de Broglie zeigte, dass auch massebehaftete Teilchen wie etwa Elektronen als Wellen dargestellt werden können (Welle-Teilchen-Dualismus).

Die von Photonen transportierte Energie lässt sich auch als elektromagnetische Welle auffassen. Eine solche elektromagnetische Welle transportiert die Energie in Form von Schwankungen der elektrischen und magnetischen Feldstärke, wobei die elektrischen und magnetischen Feldlinien senkrecht aufeinander und senkrecht zur Ausbreitungsrichtung der Welle ausgerichtet sind. Aus diesem Grund sind elektromagnetische Wellen transversale Wellen – sie schwingen also senkrecht zur Ausbreitungsrichtung.

In späteren Jahren beschäftigte sich de Broglie (1954) mit der Quantisierung des elektromagnetischen Feldes. Dabei entdeckte er, dass man Photonen auch aus der kombinierten Bewegung zweier umeinander rotierender Neutrinos darstellen kann. Damit lassen sich alle elektromagnetischen Strahlungen, also auch Licht, in Neutrinoströme zerlegen. Man kann also sagen, dass die Neutrinos die fundamentalen Teilchen sind, aus denen letztlich alle anderen Teilchen gebildet werden können.

Die Photonen stellen die kleinsten Einheiten der elektromagnetischen Strahlung dar, die Quanten des Elektromagnetismus. Photonen breiten sich immer mit Lichtgeschwindigkeit aus. Sie können also im Ruhezustand nicht existieren, da sie keine Masse haben. Die Energie, die ein Photon transportiert, ist quantisiert, wie Max Planck bereits zeigte.

Die energiereichsten, höchstfrequenten elektromagnetischen Strahlen (oder Wellen) bilden die harten Gammastrahlen, die beispielsweise in der kosmischen Strahlung vorkommen und bei radioaktiven Zerfallsprozessen im Atomkern freigesetzt werden. Dann folgen mit jeweils kleiner werdender Frequenz und größer werdender Wellenlänge die harten und weichen Röntgenstrahlen, ultraviolettes Licht, sichtbares Licht (das sind die sieben Regenbogenfarben), Infrarotlicht (Wärmestrahlung), Mikrowellen und schließlich die technisch interessanten Kurz-, Mittel- und Langwellen, die zur Übertragung terrestrischer Funksignale dienen (Fernsehen, Radio, Funk).

Neutrinos und Photonen sind die am häufigsten vorkommenden Teilchen im gesamten Universum. Da Neutrinos nur sehr schwach mit der übrigen Materie wechselwirken, durchdringen sie nahezu ungehindert auch große Materiestrukturen. So fliegt der größte Teil der Neutrinos ohne Energieverlust durch die Erde hindurch, und nur ein kleiner Bruchteil von ihnen wird an der Materie gestreut. Der Nachweis von Neutrinos in speziellen Detektoren gehört zu den experimentell aufwändigsten Vorhaben der Elementarteilchenphysik.

Die Elektronen und Positronen bilden im Stammbaum der stabilen Teilchen die den Neutrinos und Photonen folgende nächsthöhere Organisationsstufe. Tatsächlich werden Elektronen und Positronen aus Photonen mit ganz bestimmter Energiemenge aufgebaut. Wenn ein Photon in der äußeren Raumzeit einen charakteristischen Energiewert hat, kann dies zur Bildung eines Elektrons und eines Positrons führen. Dieser Vorgang wird in der Elementarteilchenphysik als Paarbildung bezeichnet.

Ab diesem charakteristischen Energiewert wird die äußere Raumzeit so stark gekrümmt, dass sich kleine schwarze Löcher mit eigenen unabhängigen inneren Raumzeiten bilden. Die winzigen schwarzen Löcher stellen dann das entstandene Elektron-Positron-Paar dar. Da man aufgrund der astrophysikalischen Gegebenheiten im Universum festgestellt hat, dass die Gesamtheit der Materie (Atome und Moleküle) elektrisch neutral ist, dass also genauso viele positive wie negative Ladungen existieren, können wir davon ausgehen, dass Elektronen und Positronen auch im Ursprung unseres Universums allesamt

Paarbildung

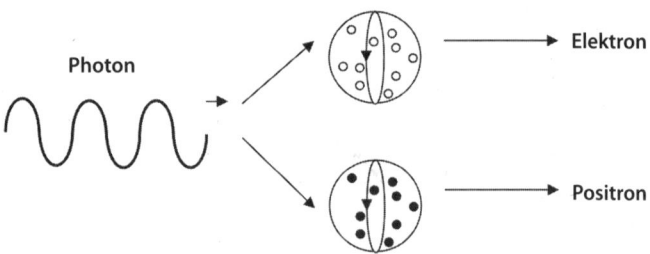

paarweise entstanden sind. Zu jedem Elektron gibt es daher immer auch ein Positron, das genauso alt ist wie sein Schwester- oder Bruderteilchen.

Bei dieser Teilchenentstehung wird Photonen- bzw. Antiphotonen-Energie, die zur Bildung dieser neuen Teilchen notwendig war, in den neu entstandenen inneren Raumzeiten des Elektrons und des Positrons eingeschlossen. Die Paarbildung findet aus Gründen der Impulserhaltung und der Raumkrümmung nur in der Nähe von schweren Teilchen statt, zum Beispiel in der Nähe eines Atomkerns. Im Bereich der starken Raumkrümmung kann sich die elektromagnetische Energie des Teilchen erzeugenden Photons sozusagen verwirbeln oder brechen, wodurch sich zwei symmetrische Raumzeit-Tropfen (Elektron und Positron) vom äußeren Raumzeit-Ozean wegkrümmen können.

Nach den Einsteinschen Feldgleichungen der allgemeinen Relativitätstheorie kann nicht nur eine Masse, sondern auch eine hohe Energiedichte eine Raumkrümmung bewirken. Die Raumkrümmung, die ein hartes Gamma-Quant bewirkt, das genügend Energie enthält, um einen Paarbildungsprozess auszulösen, kann in der Umgebung starker massebedingter Raumkrümmung, also zum Beispiel in der Nähe eines Atomkerns, zu einer Verwirbelung einer äußeren Raumzeit-Portion führen, wodurch Elektron und Positron entstehen.

Die Tatsache, dass die Paarbildung mit höherer Wahrscheinlichkeit (oder größerem Wirkungsquerschnitt, wie die Physiker sagen) in der Nähe von Atomkernen stattfindet, ist ein

Paarvernichtung

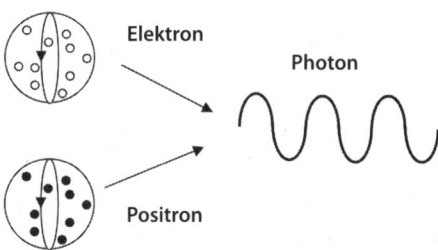

Elektron

Photon

Positron

deutlicher Hinweis auf die Richtigkeit der Annahme Charons, dass in der Umgebung von massebehafteten Teilchen die Raumzeit stark gekrümmt ist und dass die Struktur von Teilchen eben durch Raumzeit-Krümmungen bedingt ist.

Auch die Umkehrung dieses Prozesses der Paarbildung ist unter bestimmten Umständen möglich – die Paarvernichtung. Dabei zerstrahlt ein Elektron-Positron-Paar je nach Gesamtspin des Paares in zwei oder in drei äußere Photonen. Die negativen und positiven inneren Energiekomponenten der Neutrinos und Antineutrinos heben sich dabei gegenseitig auf. Bei diesen Prozessen bleibt der Gesamtspin erhalten.

Nach der komplexen Relativitätstheorie Charons kann Paarvernichtung nur dann geschehen, wenn sich in den inneren Photonengasen des Elektrons und des Positrons noch keine Photonenzustände mit höherem Spin als 1 gebildet haben. Die Wahrscheinlichkeit, dass Paarvernichtung stattfinden kann, ist also abhängig von Eigenschaften – Spinzuständen – des Photonengases in der inneren Raumzeit eines Elektrons.

Bevor die innere Struktur und der Aufbau eines Elektrons und eines Positrons näher erläutert werden, ist es daher sinnvoll, sich zunächst noch einmal die physikalischen Eigenschaften eines schwarzen Lochs in Erinnerung zu rufen und daraus noch weitere logische Schlüsse zu ziehen.

Wheeler und seine Kollegen zeigten, dass Raum und Zeit im Inneren eines schwarzen Lochs ihre Rollen vertauschen. Der Raum vergeht, alles im schwarzen Loch wird vom Raum »mitgerissen«. In der Zeit herrscht Bewegungsfreiheit. Diese Auffassungen sind nun keineswegs utopische Spielereien, diese Eigenschaften der Raumzeit eines schwarzen Lochs gehen eindeutig aus den experimentell nachgewiesenen Aussagen der allgemeinen Relativitätstheorie Albert Einsteins hervor (vgl. Misner et al., 1973).

Die Metrik eines schwarzen Lochs bedingt, dass die Zeit zyklisch rückwärts läuft. Untersucht man diese Metrik und studiert man das Verhalten der Zeitdimension in der Umgebung vor und hinter dem Schwarzschildradius, so kommt man zu diesem Ergebnis, nachzulesen bei Charon (1983) und Allan Sandage (1972).

Dies hat Konsequenzen für die Entropie, eine aus der Thermodynamik stammende physikalische Größe, die innerhalb eines abgeschlossenen Systems ein Maß für das Chaos, für die Unordnung ist. Je größer die Entropie eines Systems, umso größer das Chaos. Der zweite Hauptsatz der Thermodynamik besagt zudem, dass die Entropie in einem geschlossenen physikalischen System nicht kleiner, sondern immer nur größer werden kann.

Als Beispiel dient gerne ein in einem Behälter eingeschlossenes Gas: Wenn alle Gasmoleküle zu einem bestimmten Zeitpunkt auf einen kleinen Bereich des Behälters konzentriert sind, so werden sie sich von da an auseinander bewegen, bis sie im Behälter gleichmäßig verteilt sind. Es wird also keinen Ort innerhalb des Behälters geben, in dem sich die Gasmoleküle wieder konzentrieren. In einem System, in dem die Zeit rückwärts läuft, ist die Umkehrung aber gerade möglich, das heißt, dass die Entropie nun auch kleiner werden kann.

Wegen dieses inversen Verhaltens der Entropie in einer solchen Schwarzlochmetrik spricht man von negativer Entropie oder auch von Negentropie. Unter Negentropie versteht man dann das Bestreben eines physikalischen Systems, einen möglichst hohen Ordnungsgrad einzunehmen.

Solche Systeme findet man in der belebten Natur, also bei Pflanzen, Tieren und Menschen. Es wird sich daher zeigen, dass durch die Entdeckung dieser negentropischen, also Ordnung erzeugenden Raumzeiten im Inneren der Elektronen ein Verständnis der Gesetzmäßigkeiten des Lebens, des Bewusstseins und aller geistigen Phänomene gewonnen werden kann.

Bei den großen schwarzen Löchern der Astrophysik ist es die starke Gravitation einer großen, hoch verdichteten Masse, die zur Bildung des schwarzen Lochs führt. Hingegen bei der Bildung der mikroskopischen schwarzen Löcher, welche die Elektronen und Positronen darstellen, sind es die Raumkrümmungseffekte der hohen Energiedichten der Photonen.

Elektronen und Positronen werden aus Photonen bzw. Antiphotonen aufgebaut. Wie aber sehen nun der innere Aufbau eines Elektrons und eines Positrons und ihre punktförmige Repräsentanz in der äußeren Raumzeit aus?

Man kann sich vorstellen, dass die innere Raumzeit eines Elektrons oder eines Positrons sich wie die gekrümmte Oberfläche einer Seifenblase verhält, die über einen Berührungspunkt auf der als Ebene dargestellten äußeren Raumzeit dahinkullert. Experimentell in der äußeren Raumzeit beobachten können wir jedoch nur den Berührungspunkt. Somit gaukeln die Elektronen und Positronen den Physikern vor, sie seien punktförmige Teilchen. Viele Physiker haben das noch nicht durchschaut.

Die Gesamtenergie eines Elektrons setzt sich in der komplexen Relativitätstheorie aus zwei Energieteilen – einem äußeren und einem inneren – zusammen:

1. Das Elektron hat eine Ruhemasse, also die Masse, die es besitzt, wenn es sich nicht bewegt. Einstein zeigte in seiner Relativitätstheorie, dass Masse und Energie äquivalent sind, was durch die einfache und bekannte Formel $E = m \cdot c^2$ zum Ausdruck kommt (Energie ist gleich Masse mal Lichtgeschwindigkeit zum Quadrat). Werden die Werte für die Ruhemasse und für die Lichtgeschwindigkeit in diese Formel eingesetzt, so ergibt sich die *Ruheenergie* des Elektrons. Diese Ruheenergie des Elektrons bewirkt eine geringfügige Krümmung der äußeren Raumzeit in der Umgebung des Berührungspunkts mit der inneren Raumzeit.

2. In der inneren Raumzeit des Elektrons ist eine Photonenenergie eingeschlossen. Der in der komplexen Relativitätstheorie berechnete Wert dieser Photonenenergie ist etwa tausendmal größer als die Ruheenergie des Elektrons. Diese Photonenenergie kann nach Louis de Broglie auch durch ein Neutrino repräsentiert werden, das auf einem Großkreis (»Äquator«) das innere Raumzeit-Volumen des Elektrons umläuft. Dieses Neutrino bewirkt auch den halbzahligen Spin des Elektrons. Die senkrechte Achse durch den Mittelpunkt der Umlaufbahn dieses Neutrinos definiert außerdem die Rotationsachse des Elektrons. Diese innere Energiekomponente des Elektrons tritt nach außen nur in Form der weiteren physikalischen Eigenschaften des Elektrons in Erscheinung: die elektrische Ladung, der Spin und das magnetische Moment. Da der innere Energieteil nach außen nicht als Energie

in Erscheinung tritt, besitzt das Elektron die experimentell in der äußeren Raumzeit messbare Ruheenergie.

Die Gesamtenergie des Positrons setzt sich in gleicher Weise wie beim Elektron aus einem äußeren und einem inneren Energieteil zusammen:

1. Die Ruheenergie, die durch die Ruhemasse des Positrons aufgebracht wird, bewirkt, wie beim Elektron, eine geringfügige Krümmung der äußeren Raumzeit in der Umgebung des Berührungsbereichs der inneren mit der äußeren Raumzeit. Diese Ruheenergie des Positrons ist genauso groß wie die Ruheenergie des Elektrons.

2. In der inneren Raumzeit des Positrons ist eine negative Antiphotonenenergie eingeschlossen, die sich im Falle der Paarvernichtung mit der positiven Photonenenergie in der inneren Raumzeit des Elektrons aufhebt. Diese Antiphotonenenergie im Positron kann analog zum Elektron durch ein Antineutrino dargestellt werden, das die innere Raumzeit des Positrons auf einem Großkreis umläuft. Dieses Antineutrino im Positron definiert den halbzahligen Spin bzw. die Rotationsachse des Positrons. Das Positron besitzt demnach ebenso wie das Elektron die nach außen in Erscheinung tretende Ruheenergie.

Die inneren Raumzeit-Volumina der Elektronen und Positronen befinden sich in einer ständigen Pulsation, ähnlich wie Luftballons, die abwechselnd aufgeblasen werden und aus denen die Luft teilweise wieder abgelassen wird. Die Dauer eines Pulsationszyklus kann in der komplexen Relativitätstheorie berechnet werden. Sie ist für Elektronen und Positronen gleich und unvorstellbar kurz: Sie beträgt ca. 0,000000000000000000000005 Sekunden.

Bei jeder Pulsation variieren die Radien der inneren Teilchen-Raumzeiten zwischen einem Minimal- und einem Maximalwert. Bei jedem Pulsationszyklus werden die inneren Raumzeiten der Elektronen und Positronen komprimiert und wieder expandiert. Bei jeder Pulsation verläuft die innere Zeit zyklisch rückwärts. Das bedeutet, dass die in den inneren Raumzeiten eingeschlossenen Photonen- bzw. Antiphotonengase in jeder Pulsationsperiode alle Zustände bzw. Anordnungen durchlaufen, die sie jemals eingenommen haben.

Durch die Wechselwirkungen mit anderen Teilchen werden die Anordnungen der Photonen in der inneren Raumzeit eines Elektrons verändert. Durch jeden Stoßprozess mit anderen Teilchen oder durch die Emission und Absorption von Photonen kommen neue Anordnungen der inneren Photonen zustande. Jedes Elektron und jedes Positron verfügt somit über ein individuelles Teilchengedächtnis.

Alles, was ein Elektron oder ein Positron durch Wechselwirkungen mit anderen Teilchen je »erlebt« hat, wird in seinem inneren Raumzeit-Volumen in Form von bestimmten Photonengas-Anordnungen gespeichert. Diese Photonengas- bzw. Lichtteilchen-Anordnungen, von denen jede ein spezielles gespeichertes Teilchenerlebnis repräsentiert, werden im Folgenden als *Lichtmuster* bezeichnet.

Jedes Elektron und jedes Positron verfügt somit über einen individuellen Erfahrungsschatz, der ständig ergänzt wird, da ja ständig neue innere Lichtmuster durch neue Erfahrungen (Prozesse von Wechselwirkungen) hinzukommen. Dies ist deshalb möglich, weil sich in einem Ensemble aus Photonen, wie das Photonengas in der inneren Raumzeit eines Elektrons, beliebig viele Zustände überlagern können – wie Meereswellen, die sich beim Zusammentreffen verstärken oder abschwächen.

In der Quantenphysik ist dieses Verhalten von Quantenzuständen als Superpositionsprinzip bekannt. Photonen sind ja Teilchen mit ganzzahligem Spin, also Bosonen, und die können sich überlagern, ohne sich dabei in die Quere zu kommen. Dieser Erfahrungsschatz kann jederzeit abgerufen werden. Die Eigenschaften der Elektronen und Positronen entsprechen damit genau den elementaren Eigenschaften des Bewusstseins.

Elektronen und Positronen können also als die kleinsten elementaren Einheiten des Bewusstseins interpretiert werden. Das bedeutet in logischer Konsequenz, dass die gesamte Materie grundsätzlich geistbegabt bzw. bewusstseinstragend ist.

Nun sollen dieser Speichermechanismus und die Erlebnismöglichkeiten der Elektronen und Positronen näher untersucht werden. Dazu ist es erforderlich, sich die Wechselwirkungsmechanismen der Elektronen und Positronen in allen Einzelheiten anzuschauen.

Die elektromagnetische Wechselwirkung in der komplexen Relativitätstheorie

Bereits in der klassischen Physik war bekannt, dass sich gleichnamige elektrische Ladungen – negativ-negativ, positiv-positiv – abstoßen und ungleichnamige Ladungen – negativ-positiv, positiv-negativ – anziehen.

Alle Elektronen besitzen per Definition eine negative elektrische Ladung, und alle Positronen eine entgegengesetzt große positive elektrische Ladung.

Der US-Physiker und Nobelpreisträger Richard Feynman beschrieb bereits in den Vierzigerjahren die elektrostatische Wechselwirkung zwischen zwei Elektronen durch den Austausch sogenannter virtueller Photonen. Feynman nannte diese Photonen virtuell, weil sie im Außenraum zwischen den beiden wechselwirkenden Elektronen nicht beobachtet werden können. In der komplexen Relativitätstheorie hingegen wird die elektrostatische Wechselwirkung zweier geladener Teilchen durch den Impulsaustausch zwischen den Photonen in den inneren Raumzeiten der Teilchen beschrieben.

Aber *was* ist Ladung? Die komplexe Relativitätstheorie liefert hier ein tiefer gehendes und fundiertes Verständnis dieser elektrostatischen Wechselwirkung. Wie aus den beiden Abbildungen über abstoßende und anziehende elektrostatische

Abstoßende elektrostatische Wechselwirkung zwischen zwei Elektronen

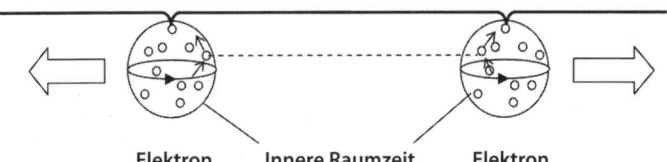

Äußere Raumzeit

Elektron   Innere Raumzeit   Elektron

Wechselwirkung hervorgeht, sind die virtuellen Photonen Feynmans gerade die Photonen, die in der inneren Raumzeit der Elektronen bzw. Positronen eingeschlossen sind. Die physikalische Eigenschaft der elektrischen Ladung von Elektronen und Positronen wird also dadurch verursacht, dass Elektronen und Positronen eine innere Raumzeit-Struktur mit Photonen bzw. Antiphotonen besitzen. Damit gelangen wir zu einem fundamentalen Verständnis der Entstehung elektrischer Ladungen einerseits und der daraus resultierenden elektrostatischen Wechselwirkung andererseits.

Zwei Elektronen, die sich in der äußeren Raumzeit begegnen, können durch die elektrostatische Wechselwirkung innere Lichtmuster untereinander austauschen. Dabei wird zwischen einem inneren Photon des einen Elektrons und einem inneren Photon des anderen Elektrons ein Impuls ausgetauscht. Dieser Photonenimpulsaustausch führt neben dem Informationsaustausch (Lichtmuster) auch zur *Abstoßung* der beiden Elektronen voneinander, denn gleichnamige elektrische Ladungen stoßen sich ab, wie wir wissen.

Ein Elektron und ein Positron, die sich in der äußeren Raumzeit begegnen, können durch die elektrostatische Wechselwirkung innere Licht- bzw. Antilichtmuster austauschen. Dabei wird zwischen einem inneren Photon des Elektrons und einem inneren Antiphoton des Positrons ein Impuls ausgetauscht.

Anziehende elektrostatische Wechselwirkung zwischen einem Elektron und einem Positron

Äußere Raumzeit

Elektron   Innere Raumzeit   Positron

Dieser Impulsaustausch führt neben dem Informationsaustausch (Licht- und Antilichtmuster) auch zur *Anziehung* des Elektrons und des Positrons, denn ungleichnamige Ladungen ziehen sich an.

Der Photonen-Impulsaustausch erfolgt gemäß der komplexen Relativitätstheorie so, dass Energie- und Impulserhaltungssatz nicht verletzt werden. Gesamtenergie und Gesamtimpuls beider Elektronen bleiben bei diesem Austausch erhalten. Durch die Einführung innerer Teilchen-Raumzeiten ist die komplexe Relativitätstheorie überdies in der Lage, die Eigenwerte des Massenspektrums und des Ladungsspektrums der Elementarteilchen inklusive der kurzlebigen angeregten Zustände, die wir hier nicht besprochen haben, zu berechnen.

Ein Elektron kann ein reelles Photon in die äußere Raumzeit abstrahlen. Dabei verringern sich die potenzielle und die kinetische Energie (Bewegungsenergie) des Elektrons in Bezug auf sein äußeres Milieu sowie sein Spin, da das abgestrahlte Photon Energie und Spin transportiert. Das abgestrahlte Photon kann von einem anderen Elektron empfangen werden. Dabei nimmt die potenzielle bzw. die kinetische Energie des empfangenen Elektrons in Bezug auf sein äußeres Milieu zu, und es ändert ebenfalls seine Spinrichtung. Energie- und Impulserhaltung sind gewährleistet.

Abstrahlung (Emission) und Empfang (Absorption) von Photonen aus der äußeren Raumzeit

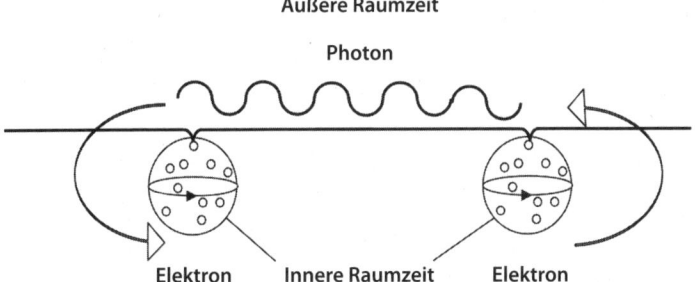

Äußere Raumzeit

Photon

Elektron   Innere Raumzeit   Elektron

2.2 Das Elektron als Bewusstseinsteilchen

»Das Elektron beobachtet die Umgebung, soweit es auf eine Bedeutung in seiner Umgebung reagiert. Es handelt genauso wie die Menschen.« Dieses Zitat des US-amerikanischen Quantenphysikers David Bohm soll uns als Motto für diesen Abschnitt dienen.

Was ist Bewusstsein? Versuchen wir zunächst, diese Frage anhand unserer menschlichen Alltagserfahrungen zu beantworten. Zweifellos setzt Bewusstsein voraus, dass man in der Lage ist, sinnliche Wahrnehmungen zu machen, diese einzuprägen und nachhaltig abzuspeichern. Dazu stehen zunächst die klassischen fünf Sinne des Sehens, Hörens, Riechens, Schmeckens und Tastens zur Verfügung.

Mit seinen Augen verfügt der Mensch über ein Sinnesorgan, das es ihm ermöglicht, einen »eine Oktave« umfassenden Teilbereich aus der gesamten Klaviatur der elektromagnetischen Wellen unmittelbar wahrnehmen zu können – Rot-Orange-Gelb-Grün-Türkis-Blau-Violett. Die Lichtwellen bzw. Lichtteilchen (Photonen) werden durch die Linse des Auges auf die hintere Begrenzung des Augapfels abgebildet. Dort befindet sich die Netzhaut, die aus einer Vielzahl von lichtempfindlichen Nervenzellen besteht. Auf der Netzhaut entsteht ein Bild der äußeren Welt, das aus den einzelnen »Pixeln« der Nervenzellen zusammengesetzt ist.

Das Auge funktioniert ganz ähnlich wie ein Fotoapparat oder eine Digitalkamera, bei denen die durch das Objektiv einfallenden Lichtstrahlen ja auch auf einen lichtempfindlichen Film oder einen lichtempfindlichen Digitalchip abgebildet werden. Beim klassischen Fotoapparat muss der belichtete Film durch ein chemisches Verfahren erst entwickelt und dann noch einmal auf ein Fotopositivpapier abgebildet werden, bevor man sich das Bild anschauen kann. Bei der Digitalkamera werden die einzelnen Bildpunkte des Digitalchips in elektrische Signale umgewandelt, die dann auf einem Bildschirm betrachtet oder auf einem Drucker ausgedruckt werden können.

Beim menschlichen Auge werden die einzelnen Bildpunkte von den Nervenzellen der Netzhaut über den Sehnerv auch in Form von elektromagnetischen Impulsen an Nervenzellen in einen bestimmten Bereich des Gehirns weitergeleitet, wo das Bild dann wahrgenommen wird. Eine grobe Schätzung ergibt, dass die Netzhaut des menschlichen Auges aus etwa zwölf Millionen lichtempfindlichen Nervenzellen besteht. Dies entspricht dem Auflösungsvermögen einer handelsüblichen Digitalkamera mit zwölf Megapixeln.

Die neuronal vernetzten Nervenzellen des Gehirnbereichs, in dem die von der Netzhaut kommenden Nervenbahnen des Sehnervs enden, erhalten über den Sehnerv in Form elektrischer Signale die Informationen, die auf der Netzhaut abgebildet werden. So entsteht ein dreidimensionales elektromagnetisches Feld, das zwischen den Elektronen der Nervenzellen des »sehenden« Gehirnbereichs aufgebaut wird. Es ist ein dreidimensionales Hologramm (Bild), das durch das physiologische, optoneuronale System (Auge – Sehnerv – Gehirn) gespeist wird. Diesem elektromagnetischen Hologramm in der äußeren Raumzeit entspricht ein dazu symmetrisches dreidimensionales Hologramm, das durch die korrespondierende Anordnung der inneren Photonengase in den inneren Raumzeiten der Elektronen entsteht.

Das menschliche Ohr kann akustische Signale wahrnehmen, also Geräusche, Töne und Klänge. Physikalisch besteht dieser Schall aus Dichteschwankungen der Luft, die sich mit Schallgeschwindigkeit (etwa 300 Meter pro Sekunde) ausbreiten. Gelangt Schall ins Ohr, so regen die damit verbundenen Dichteschwankungen das Trommelfell zum Schwingen an. Diese Schwingungen werden über kleine Knochen im Mittelohr, Hammer und Amboss, auf das Innenohr übertragen. Dort wird der Schall nach verschiedenen Frequenzen sortiert. Nervenzellen im Innenohr wandeln den Schall dann wieder in elektrische Impulse um, die über Nervenbahnen an spezielle Bereiche des Gehirns weitergeleitet werden.

Auch bei den anderen sinnlichen Wahrnehmungen des Riechens, Schmeckens und Tastens werden chemische oder mechanische Reize von speziellen Nervenzellen in elektrische Impulse umgewandelt und zu den Nervenzellen des Gehirns weitergeleitet.

Alle diese sinnlichen Wahrnehmungen lassen sich physikalisch auf die Fähigkeit unseres Körpers zurückführen, äußere optische, akustische, chemische und mechanische Reize in elektromagnetische Energie, also Photonen, umzuwandeln. Somit hat unser Bewusstsein etwas mit der Verarbeitung von elektromagnetischen Vorgängen zu tun.

In unserem Bewusstsein werden alle Sinneswahrnehmungen durch elektrische Impulse bzw. durch elektromagnetische Wellen zwischen Elektronen ausgetauscht. Alles, was wir sehen, sind Photonen, die von irgendeinem Elektron abgestrahlt oder reflektiert wurden, um von irgendeinem Elektron in unserem Gehirn absorbiert zu werden.

Wie wir bereits in den vorangegangenen Ausführungen gesehen haben, sind es die Elektronen, die Lichtteilchen abstrahlen und empfangen. Die gesamte Wahrnehmungssensorik von biologischen Lebewesen ist dahingehend optimiert, den Elektronen als den kleinsten Einheiten des Bewusstseins die Informationen zukommen zu lassen.

Wahrnehmungsfähigkeit ist jedoch nur eine Grundvoraussetzung für Bewusstsein. Damit Bewusstsein entstehen kann, muss das Wahrgenommene bzw. Erfahrene auch abgespeichert werden können, sodass es erinnert werden kann. Schließlich muss es möglich sein, nicht nur Informationen über die Wahrnehmung zu sammeln und zu speichern, was auch ein Computer vermag, sondern es ist erforderlich, über die ver-

Der Wechselwirkungsprozess der Erfahrung (Impulsaustausch eines Elektrons mit einem reellen Photon); dieser führt zu einem neuen Lichtmuster im inneren Photonengas

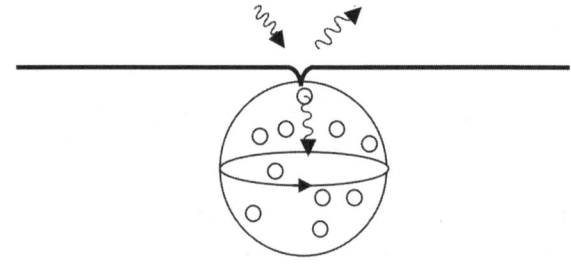

schiedenen, durch Wahrnehmung gewonnenen Informationen zu reflektieren, um sich für eine geeignete Verhaltensweise, Aktion oder Tat, zu entscheiden.

Über die bereits beschriebenen elektromagnetischen Wechselwirkungsmechanismen ist es den Elektronen möglich, Informationen mit ihrer Umgebung auszutauschen, diese Informationen zu sammeln, um daraus Erkenntnisse zu gewinnen (Negentropieerhöhung) und aktiv in das äußere Geschehen einzugreifen.

Im Rahmen seiner Wechselwirkungsmöglichkeiten kann ein Elektron zum Beispiel einen linearen Impuls (Bewegungsenergie) mit einem Photon in der äußeren Raumzeit austauschen. Dabei wird der durch das äußere Photon übertragene Impuls an ein inneres Photon in der inneren Raumzeit des Elektrons übergeben. Dadurch ändert sich dann nicht nur der Bewegungsablauf des Elektrons in der äußeren Raumzeit, sondern auch in der inneren Raumzeit des Elektrons bewirkt nun dieser Impulsübertrag eine Veränderung der Anordnung des Photonengases.

Das »Erlebnis« des Impulsaustauschs mit einem äußeren Photon wird für das Elektron zu einer *Erfahrung*, die es in Form eines neuen Lichtmusters in seiner inneren Raumzeit abspeichert. Da die Zeit in der inneren Raumzeit des Elektrons zyklisch rückwärts läuft, kann das Elektron diese Erfahrung immer wieder zyklisch erinnern.

Der Wechselwirkungsprozess der Reflexion (Spinaustausch zwischen zwei Photonen in der inneren Raumzeit eines Elektrons); der Gesamtspin des Elektrons bleibt unverändert

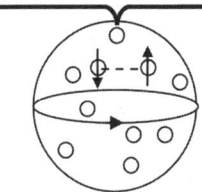

Charon zeigte, dass neben der gerade beschriebenen *Erfahrung* grundsätzlich vier weitere Prozesse unterschieden werden können: die *Reflexion*, die *Tat*, die *Erkenntnis* und die *Liebe*.

Die *Reflexion* ist dabei ein Prozess, der sich ausschließlich in der inneren Raumzeit eines Elektrons (oder Positrons) abspielt. In diesem Fall greift das Elektron ausschließlich auf die bereits in seiner inneren Raumzeit in Form von Lichtmustern gespeicherten Erfahrungen bzw. Informationen zu. Dabei tauschen zwei Photonen des in der inneren Raumzeit eingeschlossenen Photonengases ihren Spin miteinander aus.

Dieser Austausch verläuft im Rahmen der Energie- und Drehimpulserhaltung ab. Das bedeutet, dass sich der Gesamtspin des Photonengases nicht ändert und der Spinaustausch auch keine Energie verbraucht. Ein Photon mit dem Spin +1 tauscht seinen Spin mit einem Photon mit dem Spin -1. Daher wählte Charon für diesen Austauschprozess die Bezeichnung Reflexion. Da keines der beteiligten Photonen den Betrag seines Spins erhöht, verläuft dieser Prozess ohne Negentropieerhöhung.

Nach der Reflexion kann es zur Umkehr des oben beschriebenen Prozesses des Impulsaustausches mit einem Photon der äußeren Raumzeit kommen. Dabei sucht sich das Elektron ein geeignetes Photon in der äußeren Raumzeit aus, um mit diesem Photon gezielt einen linearen Impuls auszutauschen und so einen bestimmten Bewegungszustand herbeizuführen.

Der Wechselwirkungsprozess der Tat

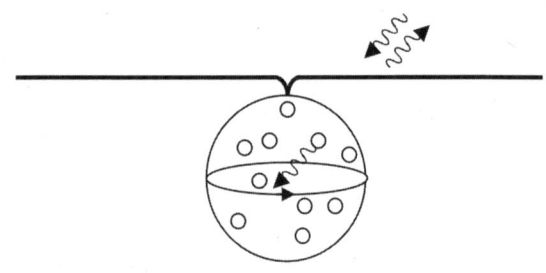

Dieser Prozess kann dann als *Tat* des Elektrons interpretiert werden, da das Elektron auf bereits gespeicherte Erfahrungen zurückgreift, die es reflektiert und die zu einer gezielten Aktion führen.

Die beschriebenen Prozesse der Erfahrung, der Reflexion und der Tat verlaufen dabei ohne Negentropieerhöhung in der inneren Raumzeit des Elektrons. In einem Lebewesen verlaufen diese Prozesse natürlich in sehr komplexer und kollektiver Form, das heißt, es sind jeweils viele Elektronen simultan beteiligt. So lässt sich das Verhalten im psychologischen Sinne von Lebewesen auf physikalische Wechselwirkungsprozesse von Elementarteilchen zurückführen.

Neben den beschriebenen Prozessen, die ausschließlich durch linearen Impulsaustausch des Elektrons mit Teilchen der äußeren Raumzeit zustande kommen und die ohne Negentropieerhöhung in der inneren Raumzeit der Elektronen ablaufen, gibt es noch zwei weitere Bewusstseinsprozesse, die den Elektronen zur Verfügung stehen und die zu einer Negentropieerhöhung führen. Dabei wird nicht nur ein linearer Impuls ausgetauscht, es kommt auch zu einem Austausch von Spinzuständen zwischen den Photonen in der inneren Raumzeit des Elektrons und der Außenwelt.

Wenn das innere Photonengas Spin mit Photonen der äußeren Raumzeit austauscht, handelt es sich um eine *Erkenntnis*. Dies geschieht durch vollständige Absorption eines Photons aus der äußeren Raumzeit durch ein Elektron. Dabei geht nicht nur die aus der äußeren Raumzeit kommende reelle Energie des Photons auf das Elektron über, sondern auch der Spin des absorbierten Photons.

Der in der äußeren Raumzeit in Erscheinung tretende Elektronenspin ändert sich dabei von $-\frac{1}{2}$ auf $+\frac{1}{2}$, wenn das äußere Photon einen Spin von $+1$ hatte, bzw. von $+\frac{1}{2}$ auf $-\frac{1}{2}$, wenn das äußere Photon einen Spin von -1 hatte. In der inneren Raumzeit des Elektrons erhöht dabei ein Photon seinen Spin von $+1$ auf $+2$ oder von $+2$ auf $+3$ usw. Die Erhöhung des Spinbetrags, die einer Erhöhung der Wirkung gleichkommt bzw. auch als Informationserhöhung interpretiert werden kann, führt in der inneren Raumzeit zu einer Erhöhung der Negen-

vor Absorption: nach Absorption:

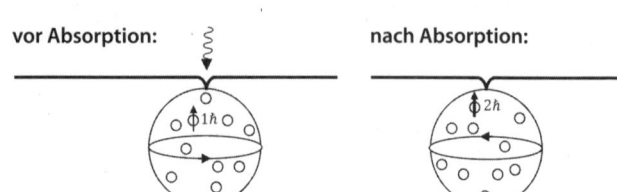

Der Wechselwirkungsprozess der Erkenntnis

tropie, also zu einem höheren Ordnungsgrad (Olivier Costa de Beauregard, 1963). Durch diesen Absorptionsprozess verinnerlicht das Elektron sozusagen die in dem absorbierten Photon erhaltene Information in Form von Energie, Impuls und Spin.

Einen speziellen und grundsätzlich möglichen Wechselwirkungsprozess der Elektronen, der in der äußeren Raumzeit dem spontanen Austausch des Spins zwischen den beiden Elektronen entspricht, stellt der Austausch von Spin zwischen zwei Photonen in den inneren Raumzeiten zweier Elektronen dar. In der inneren Raumzeit des einen Elektrons verändert dabei ein Photon seinen Spin von +1 auf +2 oder von +2 auf +3 usw., und in der inneren Raumzeit des anderen Elektrons verändert dabei ein Photon seinen Spin von −1 auf −2 oder von −2 auf −3 usw. In den inneren Raumzeiten beider Elektronen erhöht sich damit die Negentropie, d. h. beide Elektronen haben ihren inneren Ordnungs- bzw. Bewusstseinszustand erhöht.

Charon interpretiert diesen Wechselwirkungsprozess als *Liebe.* Demnach ist Liebe die optimale Methode, um einen höheren Organisationsgrad zu erreichen. Mit der Liebe können sich zwei Elektronen auf gezielten Austausch von Photonen synchronisieren. Dadurch bleibt eine stehende elektromagnetische Welle zwischen den beiden Elektronen lokalisiert. So entstehen zwischen zwei Liebenden Photonenströme, die als Glücksgefühle empfunden werden.

Bei der späteren Betrachtung der molekularen Gegebenheiten im Inneren von biologischen Strukturen wird sich zeigen, dass die Elektronen gerade in der belebten Natur die

vor Spin-Austausch: nach Spin-Austausch:

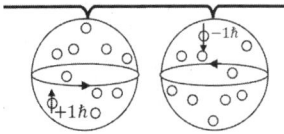 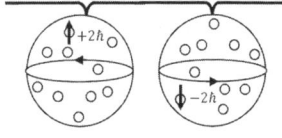

Der Wechselwirkungsprozess der Liebe

optimalen Bedingungen vorfinden, um mit großer Wahrscheinlichkeit bewusstseinsbedingte Prozesse wie Reflexion, Tat, Erkenntnis und Liebe zu erfahren.

Nach allem, was aus der Neurophysiologie, die den Aufbau und die Funktion von Nervenzellen und deren Reizverarbeitung untersucht, sowie den Ergebnissen der Gehirnforschung und der biophysikalischen Grundlagenforschung bekannt ist, können wir heute davon ausgehen, dass alle Lebensprozesse in biologischen Organismen durch elektromagnetische Felder vermittelt bzw. gesteuert werden. Und es sind nun einmal die Elektronen, die elektromagnetische Felder schaffen bzw. elektromagnetische Strahlung (Photonen) empfangen und abstrahlen.

Es ist daher absolut stringent und zielführend, wenn wir heute davon ausgehen, dass die Elektronen als die elementaren Träger des Bewusstseins bzw. als elementare Vermittler zwischen Materie und Geist fungieren.

Jean Émile Charon veröffentlichte seine komplexe Relativitätstheorie in zwei Büchern (erschienen 1983 und 1987), die eine lückenlose mathematische Herleitung seiner Elementarteilchenmodelle enthalten und von jedem Physiker, der mit der Formulierung der allgemeinen Relativitätstheorie vertraut ist, nachvollzogen werden kann. Dem interessierten Physiker wird empfohlen, zuvor das Standardwerk der US-amerikanischen Physiker Misner, Thorne und Wheeler zu studieren. Mit ein wenig zusätzlichen Kenntnissen der Integral- und Differentialrechnung sollte es dann kein Problem sein, nicht nur die Metaphysik, sondern auch die Physik des Jean Émile Charon zu genießen.

Die komplexe Relativitätstheorie liefert ein Leptonenmodell, aus dem sich der geometrische Aufbau der wichtigsten Bausteine der Materie (Leptonen, Quarks, Kernteilchen) herleiten lässt. Sie kommt dabei zu bemerkenswert genauen Ergebnissen in Bezug auf das Massenspektrum der bekannten Teilchen – eine wissenschaftliche Leistung, auf die man im Bereich der Mainstream-Modelle und -Theorien seit Jahrzehnten vergeblich wartet.

Was das Leptonenmodell Charons betrifft, kann man die Situation vergleichen mit dem Bohrschen Atommodell, das zwar aus quantenphysikalischer Sicht noch nicht befriedigend war, aber dennoch erstaunlich viele Eigenschaften der Atome, insbesondere die Zustände in der Atomhülle, recht gut beschreiben kann.

Der in der komplexen Relativitätstheorie berechnete Radius der inneren Raumzeit des Elektrons steht erstaunlicherweise in guter Übereinstimmung mit dem klassischen Elektronenradius, der dem gemessenen Verhältnis der elektrischen Ladung und dem magnetischen Moment des Elektrons Rechnung trägt. Wie das Leptonenmodell der komplexen Relativitätstheorie zeigt, sind ja die Eigenschaften der elektrischen Ladung und des magnetischen Moments des Elektrons auch in der inneren Raumzeit lokalisiert.

Das Charonsche Elektronenmodell liefert bereits anschauliche und plausible Modellvorstellungen, mit denen sich unterschiedliche Bewusstseinsprozesse auf elementarer Ebene beschreiben lassen. Es liefert ein klares Verständnis der elektromagnetischen Wechselwirkung, wie es keine andere physikalische Theorie zuvor vermochte, und unterstreicht die Bedeutung der elektromagnetischen Wechselwirkung für das Verständnis von bewusstseinsrelevanten Wirkmechanismen.

Charon zeigte, dass Elektronen aufgrund des in ihrer inneren Raumzeit eingeschlossenen Photonengases über ein eigenes Gedächtnis bzw. über einen Informationsspeicher verfügen. Und über die vielfältigen elektromagnetischen Wechselwirkungsmöglichkeiten (Impuls-, Energie- und Spinaustausch) sind sie an elementaren Bewusstseinsprozessen wie Erfahrung, Tat, Reflexion, Erkenntnis und Liebe beteiligt. Bereits 1977 prägte Charon den Begriff *Äonen* als allgemeine Bezeichnung für alle geistbegabten Leptonen, insbesondere für die Elektronen und die Positronen.

Seit den Sechzigerjahren wissen die Elementarteilchenphysiker, dass Protonen und Neutronen, die Teilchen des Atomkerns, aus je drei Quarks zusammengesetzt sind. Man konnte die Quarks als Streuzentren innerhalb von Protonen und Neutronen bei Experimenten in Teilchenbeschleunigern nachweisen.

Aus seiner komplexen Relativitätstheorie konnte Charon die Struktur der Quarks ableiten. Es zeigt sich, dass Quarks wiederum aus Elektron-Positron-Clustern zusammengesetzt sind. Besonders beeindruckend ist dabei, dass Charon ausgehend von der Struktur (äußere und innere Raumzeiten) der Elektronen und Positronen die bislang rätselhaften gedrittelten elektrischen Ladungen der Quarks berechnen kann.

In Experimenten ist es indes nie gelungen, die Quarks als isolierte Teilchen zu beobachten, da sie untereinander durch sehr starke Wechselwirkungen verbunden sind. Aus der Sicht der komplexen Relativitätstheorie ist dieser experimentelle Befund leicht nachzuvollziehen. Denn es zeigt sich, dass die Quarks über die Transdimensionen der inneren Raumzeiten so stark miteinander verschränkt sind, dass es auch bei größten Energien in Teilchenbeschleunigern nicht möglich ist, sie in der äußeren Raumzeit räumlich zu trennen.

Der deutsche Physiker Burkhard Heim erklärte diesen Sachverhalt bezüglich der Untrennbarkeit der Quarks innerhalb von Protonen und Neutronen mit dem anschaulichen Bild eines dreibeinigen Melkschemels: Was wir in der äußeren Raumzeit beobachten können, sind die Standpunkte der drei Schemelbeine (Quarks), die über die Sitzfläche (Strukturflüsse in den Transdimensionen) miteinander untrennbar verbunden sind.

Charon hat mit seinem Leptonenmodell, aus dem hervorgeht, dass Elektronen und Positronen die Quarks bilden, auch eine weitere Erklärungslücke des Standardmodells geschlossen, das nicht in der Lage ist, die Struktur der Quarks aus den Kopplungsmöglichkeiten der Leptonen herzuleiten. Die gesamte Strukturkette der gewöhnlichen Materie ist damit vollständig: Neutrinos – Photonen – Leptonen – Quarks – Hadronen (Proton/Neutron) – Atome – Moleküle.

Nach Charon bilden Elektronen und Positronen durch Minimalannäherung ihrer inneren Raumzeiten Quarks, zum Beispiel Dreiergruppen Elektron – Positron – Elektron oder Positron – Elektron – Positron. Dabei kommt es zur Sättigung der elektrostatischen Wechselwirkung. Die Folge ist, dass die elektrischen Ladungen der Quarks Vielfache von Dritteln der elektrischen Elementarladung sind.

Die Formulierung und Herleitung der komplexen Relativitätstheorie ist zum großen Teil das Lebenswerk und die bedeutende Einzelleistung von Jean Émile Charon. Er trug Teile seiner Ergebnisse und theoretischen Ansätze auch auf internationalen Kongressen in Stanford, Berkeley, Yale, Montréal und Paris vor.

Die Annahme Charons, dass die innere Raumzeit des Elektrons nur einen Berührungspunkt mit der äußeren Raumzeit hat, muss sicher als erste Näherung der tatsächlichen Topolo-

Bildung von Quarks aus Elektronen und Positronen

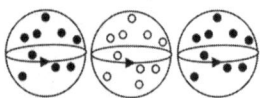

Positron Elektron Positron

QUARK

Gesamtladung $= +\frac{2}{3}$

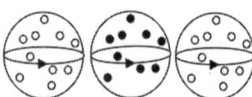

Elektron Positron Elektron

ANTIQUARK

Gesamtladung $= -\frac{2}{3}$

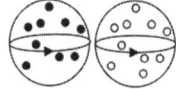

Positron Elektron

Gesamtladung $= 0$

gie des Elektrons betrachtet werden, denn eine endgültige Theorie sollte frei von solchen Näherungen sein. Außerdem wird eine vollständigere Theorie auch mit dem Begriff des Raum-Zeit-Kontinuums aufräumen und eine Quantisierung von Raum und Zeit durchführen. Ein erster Ansatz einer solchen Quantisierung liegt in Form der Theorie der Elementarstrukturen des deutschen Physikers Burkhard Heim bereits vor.

2.3 Die Entdeckung des Hyperraums

Knock, knock, knocking on heaven's door.

(Song von Eric Clapton)

Burkhard Heim (1925–2001) erlitt 1944 als junger Mann bei einem Laborunfall mit Sprengstoff schwerste Verletzungen, die er nur mit knapper Not überlebte. Die Explosion riss ihm beide Hände ab, er verlor fast vollständig Augenlicht und Gehör. Nach einer Vielzahl von Operationen, bei denen ihm Elle und Speiche an beiden Unterarmen aufgetrennt wurden, lernte er, die so operativ präparierten Unterarme als Greifwerkzeuge zu nutzen. So war es ihm möglich, ein halbwegs normales Alltagsleben zu bewältigen.

Trotz des schweren körperlichen Handicaps nahm er das Studium der Physik in Göttingen auf. Nach seinem Diplom in theoretischer Physik arbeitete er im Max-Planck-Institut für Astrophysik bei Prof. Carl Friedrich von Weizsäcker. Die Arbeit im normalen Institutsbetrieb war für Burkhard Heim unter den gegebenen persönlichen Umständen auf Dauer nicht zu leisten, und so entschloss er sich, seine weitere Tätigkeit als Physiker auf selbstständiger, freiberuflicher Basis mit Unterstützung seiner Frau Gerda fortzusetzen.

Sein körperlich versehrter Zustand zwang ihn, sich vorwiegend theoretischen Fragestellungen der physikalischen Grundlagenforschung zuzuwenden. Heim suchte nach theoretischen Ansätzen, um eine seit langem von Physikern ersehnte Vereinheitlichung von Gravitation und Elektromagnetismus in einem mathematisch konsistenten Formalismus zu gewinnen. Bereits

Albert Einstein hatte bis zu seinem Tod im Jahr 1955 vergeblich an einer Lösung dieses Problems gearbeitet.

Erste Arbeitsergebnisse bescherten Heim internationale Aufmerksamkeit. Er machte sich einen Namen aufgrund theoretischer Überlegungen zu neuen Antriebsprinzipien für Raumfahrzeuge. Daraus ergab sich für Heim eine Zusammenarbeit und Förderung durch das Luft- und Raumfahrtunternehmen MBB in Ottobrunn bei München.

Schwerpunktmäßig setzte Heim seine theoretischen Arbeiten fort und entwickelte, ausgehend von der allgemeinen Relativitätstheorie Albert Einsteins, eine Feldtheorie, in der er die Vorstellung eines Raum-Zeit-Kontinuums hinter sich ließ und eine konsequente Quantisierung von Raum und Zeit durchführte.

Im Sinne der Quantenphysik ging er davon aus, dass nicht nur Elementarteilchen als Quantenobjekte zu beschreiben seien, sondern dass auch die Struktur von Raum und Zeit selbst eben nicht kontinuierlich sei, sondern ebenfalls quantisiert werden müsse. Eigens dafür entwickelte Heim die erforderlichen mathematischen Grundlagen in Form seiner Metronenrechnung.

Er ging davon aus, dass der Raum aus kleinsten, nicht weiter teilbaren Flächenquanten – den Metronen, wie er sie nannte – zusammengesetzt ist und dass es analog dazu auch kleinste Zeiteinheiten gibt und beim Aufbau des Raumes nur ein Metron pro Zeitquant hinzukommt. Die Größe eines solchen Metrons liegt in der Größenordnung des Quadrats der Plancklänge.

Das vierdimensionale Raum-Zeit-Kontinuum, wie es die allgemeine Relativitätstheorie betrachtet, geht bei Heim in einen durch Flächenquanten und Zeitquanten aufgebauten *vierdimensionalen Quantenraum* über. Dieser Quantenraum entspricht der äußeren Raumzeit bei Charon, nur mit dem Unterschied, dass diese äußere Raumzeit bei Heim kein Kontinuum mehr ist, sondern eben eine quantisierte Raumzeit.

Es spricht jedoch nichts dagegen, sie auch weiterhin als äußere Raumzeit zu bezeichnen, auch wenn Raum und Zeit in dieser äußeren Raumzeit, die ja unser Universum darstellt, quantisiert sind. Jedes beliebige Ereignis zu einer bestimmten Zeit an einem bestimmten Ort in der äußeren Raumzeit lässt sich mit drei Koordinaten für den Raum und einer Koordinate für die Zeit darstellen.

Auch Heim ging schließlich davon aus, dass zur Beschreibung der Struktur von Elementarteilchen, die er allgemein als *Letzteinheiten* benennt, weitere Dimensionen eingeführt werden müssen, um alle Teilcheneigenschaften vollständig mathematisch beschreiben zu können.

In der ersten vorgelegten Form seiner Theorie führte Heim zunächst zwei weitere Dimensionen ein und zeigte, dass die geometrischen Strukturen von Teilchen wie Photonen, Leptonen usw. sich nicht auf die drei Raumdimensionen der äußeren Raumzeit beschränken, sondern dass Teilchen allgemein geometrische Strukturen besitzen, die sich auch auf die beiden zusätzlichen von ihm eingeführten Transdimensionen erstrecken.

Heim bezeichnete diesen durch die beiden zusätzlichen Dimensionen aufgespannten Raum als Strukturraum. Heims »Welt« ist demnach in der ersten Fassung seiner Theorie eine sechsdimensionale Welt. Die beiden zusätzlichen Dimensionen deutete Heim als »Entelechie« und »Äon«. Diese aus der griechischen Philosophie stammenden Begriffe lassen sich als Vollendungspotenzial oder Streben nach Vollendung auffassen.

Eine Eigenschaft der beiden Transdimensionen begreift Heim auch als inverse Entropie – was nur ein anderes Wort für Negentropie ist, das wir bereits bei Charon kennen gelernt haben, der es als Eigenschaft der transdimensionalen inneren Raumzeit von Elektronen benutzt! Inverse Entropie bzw. Negentropie kann als Streben nach Vollendung oder als Wirkmechanismus zur Erhöhung des Organisationsgrades von Materie interpretiert werden.

Nach langem Zögern veröffentlichte Heim auf Drängen befreundeter Kollegen seine Theorie zunächst in zwei Bänden (1979 und 1984). Sein Verlag war mit der Veröffentlichung von Büchern mit mathematischen Formeln jedoch zu wenig vertraut, und so enthielten die ersten Auflagen leider noch eine

Reihe von Fehlern. Die mathematische Formulierung und Herleitung von Heims Theorie ist außerordentlich anspruchsvoll und trotz der vorliegenden Bücher immer noch recht lückenhaft dokumentiert, was ein großes Hindernis in ihrer weiteren Publizität darstellt.

Von Physikern wird Heim nach wie vor weitestgehend ignoriert. Dies liegt in erster Linie daran, dass Heims Veröffentlichungen außerhalb der »normalen«, reglementierten Publikationswege erfolgten. Denn in den Naturwissenschaften ist es allgemein üblich, eine wissenschaftliche Arbeit erst einmal Kollegen vorzulegen, die dann im sogenannten peer-review-Verfahren prüfen, ob die Arbeit logische oder formale Fehler enthält. Erst nach erfolgreicher Prüfung gelangt die Arbeit dann zur Veröffentlichung in einer Fachzeitschrift.

Angesichts der sehr umfangreichen Arbeit Heims ist es aber auch für einen mathematisch ausgewiesenen Kollegen nicht unbedingt einfach, Heims Herleitungen und Schlussfolgerungen nachzuvollziehen – was eine Auseinandersetzung mit seinem Werk erheblich erschwert. Hinzu kommen in seinen begleitenden Texten eine Vielzahl neuer Begriffe und Wortschöpfungen, deren Bedeutung nicht immer klar eingeführt ist und zum Teil nur Heim selbst geläufig war.

Umso beeindruckender sind die Ergebnisse, die Heim vorzuweisen hat. Mit der von ihm entwickelten Massenformel können die Massen aller bekannten stabilen und kurzlebigen Elementarteilchen berechnet werden. Die Massenformel Heims wurde in den Achtzigerjahren beim Forschungszentrum DESY in Hamburg auf dem Computer implementiert und lieferte das Massenspektrum aller bisher bekannten Teilchen und weiterer Teilchen und angeregter kurzlebiger Zustände. Die Experimentalphysiker bei DESY waren davon sehr beeindruckt und würdigten die Massenformel Heims als außerordentliche Leistung, wollten aber abwarten, was andere theoretische Physiker davon hielten.

Der deutsche Physiker Illobrand von Ludwiger, ein langjähriger Freund Heims, veröffentlichte 2006 ein Hörbuch mit einer Formelsammlung, das einen ersten guten Überblick über die Arbeit Burkhard Heims vermittelt und zu einer weiteren Auseinandersetzung mit seinem Werk anregt. Es bleibt zu hoffen, dass sich in Zukunft die nötigen finanziellen Mittel finden, den umfangreichen wissenschaftlichen Nachlass Heims zu sichten und seine Theorie in eine Form zu bringen, in der sie für ein Fachpublikum nachvollziehbar wird und man sich mit ihr wissenschaftlich auseinandersetzen kann.

Für eine endgültige Würdigung und Wertung der Arbeit dieses außergewöhnlichen Physikers ist es zurzeit wohl noch zu früh. Doch es ist anzunehmen, dass Burkhard Heims theoretischer Ansatz, durch eine konsequente Geometrisierung und Quantisierung der raumzeitlichen Strukturen und aller weiterer transdimensionalen Partialstrukturen zu einem umfassenden Verständnis aller beobachtbaren und erfahrbaren Phänomene zu kommen, die Entwicklung der Physik im 21. Jahrhundert noch nachhaltig beeinflussen wird.

Aus den genannten Gründen ist es schwierig, anschauliche Modelle aus Heims Theorie über die physikalischen Wirkmechanismen abzuleiten. Die Heimsche Quantenfeldtheorie leistet mit der Massenformel das Gleiche wie die Charonsche komplexe Relativitätstheorie mit ihrem Elementarteilchenmodell. Charon und Heim sind damit bis heute die einzigen Physiker, die es geschafft haben, mit ihren Theorien die Massen der bekannten Elementarteilchen zu berechnen, und zwar nur unter Verwendung von einigen wenigen Naturkonstanten.

In einer Veröffentlichung von 1996 erweiterte Heim zusammen mit seinem Koautor Walter Dröscher seine Quantenfeldtheorie. Um seine Theorie noch kompatibler mit der Quantenphysik zu machen und insbesondere die Kopplungskonstanten der Wechselwirkungen und deren geometrisch darstellbaren Wechselwirkungsfelder zu beschreiben, erweiterte Heim seinen Formalismus um zwei weitere Dimensionen, die er als Informationsraum bezeichnet, und noch einmal um vier weitere Dimensionen eines übergeordneten Hyperraums. Die Einführung dieser weiteren Dimensionen geschieht dabei keineswegs völlig willkürlich, sondern ihre reale Existenz lässt sich aus Symmetriegründen, aus beobachtbaren physikalischen Eigenschaften von Quantenzuständen und aus einem von Dröscher und Heim hergeleiteten Dimensionsgesetz folgern.

Die erweiterte Theorie Burkhard Heims wird durch die Einführung der beiden weiteren Dimensionen des sogenannten Informationsraums nicht nur kompatibel mit der Quantenmechanik, sondern auch mit Charons komplexer Relativitätstheorie. Dies geschah jedoch völlig »zufällig«, da sich Charon und Heim zu ihren Lebzeiten nicht kannten und somit auch keinen wissenschaftlichen Austausch pflegten.

Die Welt Burkhard Heims wurde somit achtdimensional. Der von Heim und Dröscher »entdeckte« vierdimensionale Hyperraum lässt sich laut Heim semantisch nicht fassen. In einer Tonaufzeichnung – festgehalten im Hörbuch von Illobrand von Ludwiger – äußerte sich Heim über diesen Hyperraum:

»Diese Koordinaten des nun imaginären vierdimensionalen Raumes (…) können wir nicht interpretieren – wir wissen nicht, was sich da abspielt. Wir haben natürlich versucht, etwas zu unternehmen. Der Raum ist für uns wohl auch verschlossen. Trotzdem haben wir begonnen, ›mit dem Bohrer Löcher zu bohren‹, weil die Tür sich nicht öffnen will. Doch es war ein einziger Frust. Das, was man tatsächlich mitbekommt, sind hochsymmetrische, aber zeitlose Strukturen, die über die informatorischen Koordinaten in jedem beliebigen Zeitschnitt des räumlichen Kosmos eingreifen und etwas ändern können, völlig gleichgültig, ob das bezogen auf uns Menschen gegenwärtig, vergangen oder zukünftig ist. Deswegen hatte ich, in Anlehnung an einen Spaß, den die Physiker bei DESY machten, diesen Raum (…), weil die Strukturen völlig unverständlich sind (…), ›Gab‹ genannt: ›Gott allein bekannt‹. Vielleicht ist es der zeitliche Webstuhl der Welt, wo die Schicksalsfäden zusammengewoben werden, weil ja jeder Zeitschnitt zugänglich ist.«

Die von Heim eingeführten Teilräume – Strukturraum und Informationsraum – entsprechen den vier Dimensionen der inneren Raumzeit bei Charon. Aus meinen vergleichenden Studien der Arbeiten von Charon und Heim ergibt sich, dass die inneren Raumzeiten der Elektronen und Positronen bei Charon eine Teilmenge des Informations- und Strukturraumes bei Heim darstellen.

Eigens zur Beschreibung des Bewusstseins entwickelte Heim eine aspektbezogene Logik, eine mathematisch formulierte Theorie, mit der die unterschiedlichen Grade von bewusstseinsgesteuerten Organisationsprozessen abgebildet werden können. Heims Theorie der aspektbezogenen Logik enthält eine Vielzahl von neuen Begriffen, die in der Mehrzahl seine eigenen Wortschöpfungen sind.

Mit seiner aspektbezogenen Logik gelingt Heim eine Beschreibung der unterschiedlichen Organisationsstufen der Materie – von den elementaren Bausteinen der Materie wie Teilchen, Atomen und Molekülen bis hin zu biologischen Strukturen wie Einzellern, Pflanzen, Tieren und Menschen.

Laut Heim lassen sich mit seiner Theorie ähnliche, das Bewusstsein beschreibende Prozesse ableiten wie bei Charon. Durch interaktiven und wechselwirkungsbedingten Informationsaustausch lassen sich erlebte Erfahrungen als Erlebnisqualitäten in den jenseitigen Partialstrukturen des Strukturraums und Informationsraums abspeichern.

Da Elektronen stabile Teilchen mit prinzipiell unendlicher Lebensdauer sind, bleiben die gespeicherten Erlebnisqualitäten über den physischen Tod eines Menschen hinaus erhalten. Beide Physiker finden also, was der Apostel Paulus in seinen Korintherbriefen zum Ausdruck brachte: »Tod, wo ist dein Stachel? Hölle, wo ist dein Sieg?«

Die Existenz eines mehrdimensionalen Hyperraums, der die äußere Raumzeit umhüllt, kann auch aus beobachtbaren Eigenschaften von verschränkten Quantenzuständen in der äußeren Raumzeit gefordert werden. In der Quantenphysik ist seit langem die sogenannte spukhafte Fernwirkung zwischen verschränkten Quanten wie zwei Photonen bekannt. Fliegen zwei quantenmechanisch gekoppelte Photonen auseinander und fragt man durch ein Experiment eine physikalische Eigenschaft eines Photons nach einer größeren Strecke ab, so verhält sich das andere Photon im gleichen Moment genauso wie das Photon, das zuerst »gefragt« wurde.

Hierfür gibt es auf der Basis der bestehenden Mainstream-Theorien keine vernünftigen Erklärungsmöglichkeiten. Dieses auch als *Einstein-Podolski-Rosen-Paradoxon* bekannte Phänomen ist nur verständlich, wenn man annimmt, dass die beteiligten Quanten auch über einen transdimensionalen Hyperraum miteinander verbunden sind.

Aus einer erkenntnistheoretischen Betrachtung dieser experimentellen Befunde der Quantenphysik durch den Mathematiker Klaus-Dieter Sedlacek kann die Existenz eines Hyperraums nicht nur vermutet, sondern auch stringent gefordert werden. Die Annahme der Nichtexistenz eines Hyperraums ist somit falsifiziert worden. Die experimentellen Daten von Quantenzuständen belegen die Existenz eines Hyperraums.

Unser kleiner Streifzug durch die Geschichte der Physik führte uns zunächst durch den Teil der Physik, der als abgesichert gelten kann, soweit man sich über den Geltungsbereich im Klaren ist. Wir werden uns nicht mehr darüber streiten, ob die Erde eine Scheibe oder eine Kugel ist, und auch nicht, ob sich die Erde um die Sonne dreht oder umgekehrt.

Die Aussagen der allgemeinen Relativitätstheorie sind sehr gut abgesichert durch die Beobachtungen der modernen Astrophysik. Die Quantentheorie ist eine ebenso erfolgreiche und anerkannte Theorie innerhalb des Lehrgebäudes der Physik. Wir haben nachvollzogen, wie sich die Bedeutung der Begriffe des Raums und der Zeit im Laufe der Geschichte der Physik gewandelt hat.

Mit dem Standardmodell der Elementarteilchenphysik und der Stringtheorie haben wir zwei unvollständige Theorien kennen gelernt, die im Mainstream der Physik entwickelt wurden, aber keine befriedigenden Antworten auf den Ursprung der messbaren Eigenschaften von Teilchen, der Natur der dunklen Materie und der dunklen Energie und weiterer Paradoxa geben können. Sie können daher nur vorläufige Theorien sein, die aus sich heraus kein Verständnis der geometrischen Struktur von Teilchen liefern.

Ist es nicht verblüffend, dass ausgerechnet zwei exzentrische Physiker wie Charon und Heim, die außerhalb des Mainstreams ihre Theorien auf dem Fundament der Relativitätstheorie und der Quantenphysik entwickelten, zu ganz ähnlichen Ergebnissen kamen, obwohl sie völlig unabhängig voneinander arbeiteten, weil sie sich gar nicht kannten?

Beide konnten die Teilcheneigenschaften wie Masse und Ladung berechnen, weil sie eine vollständige Geometrisierung der Teilchenstrukturen durch Verschränkung von raumzeitlichen Partialstrukturen wie der äußeren und inneren Raumzeiten bzw. der äußeren Raumzeit und dem Struktur- und Informationsraum durchführten.

Beide konnten aus ihren Theorien die Existenz transdimensionaler Bereiche folgern, aus deren Eigenschaften sich Modelle zur Beschreibung von Bewusstseinsprozessen herleiten lassen. Beide schlussfolgerten, dass es in diesen transdimensionalen Bereichen Eigenschaften wie Negentropie bzw. inverse Entropie gibt, wodurch Organisationsprozesse wie die Entstehung biologischer Strukturen verständlich werden.

Beide fanden in ihren Theorien auch Abbildungsprozesse, zum Beispiel das Abspeichern von Erlebnisqualitäten in den transdimensionalen Bereichen – äonische Eigenschaften. Charons negentropischer innerer Raumzeit entspricht Heims Struktur- und Informationsraum, und beide verstanden die Interaktion zwischen Innen und Außen, zwischen Geist und Materie.

Dennoch gelten Charon und Heim nach den strengen Maßstäben der gegenwärtigen Mainstream-Physik als Außen-

Die zwölfdimensionale Welt

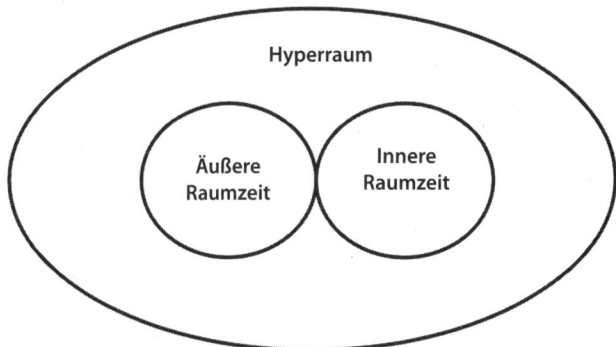

seiter, die bei Kollegen keine Beachtung finden. Zum einen, weil sie ihre Arbeiten nicht über die Hürde des peer-review-Verfahrens veröffentlicht haben, zum anderen haftet beiden der Makel an, dass ihre Texte und mathematischen Formulierungen ihrer Theorien nicht in englischer Sprache verfasst wurden. Charon formulierte seine Theorie in französischer, Heim schrieb seine in deutscher Sprache auf. Jetzt sollen die internationalen Kollegen auch noch Französisch und Deutsch lernen, um die exotische Physik zweier Eigenbrötler zur Kenntnis zu nehmen? Wundern muss man sich nicht, dass die Physikerkollegen diese beiden Pioniere bisher ignoriert haben.

Doch angesichts der vielen offenen Fragen im Bereich der Teilchen- und Astrophysik ist die Auseinandersetzung mit alternativen Ansätzen vielleicht sogar ein Gebot der Stunde. Auch die Arbeiten von Kaluza und Klein lagen jahrzehntelang in der Schublade, bis die Stringfreaks sie wieder hervorkramten, um sich daraus ihre Branen zu stricken. Für mich hat das Charonsche Elektronenmodell aufgrund seiner Anschaulichkeit für das Verständnis der Struktur von Elementarteilchen den gleichen Stellenwert wie das Bohrsche Atommodell für das Verständnis des Atomaufbaus.

Würden die Physiker von heute bei den Pionieren der neuzeitlichen Naturwissenschaft die gleichen Maßstäbe ansetzen wie bei Charon und Heim, dann würde ihnen das ganze Fundament der klassischen Physik wegbrechen. Sie müssten die Arbeiten eines Kepler und Galilei ebenso verwerfen wie die klassische Mechanik des Isaac Newton. All diese Pioniere haben ihre Arbeiten einfach veröffentlicht, ohne sie einem peer-review-Verfahren zu unterwerfen. Zum Teil veröffentlichten sie ihre Werke noch unter der Gefahr, sich damit der Bestrafung bis hin zum Tod auszusetzen. Was Galileis Arbeiten betrifft, so dauerte es noch mehrere Jahrzehnte, bis sie einer breiteren Öffentlichkeit zugänglich wurden. So lange war es den klerikal geprägten Dogmatikern möglich, seine Ergebnisse zurückzuhalten.

Neben den bekannten Möglichkeiten der Folter durch die Inquisition der katholischen Kirche bediente man sich damals der gleichen Methoden wie heute: Pioniere wie Galilei, Kopernikus und Kepler wurden öffentlich verleumdet. Alle erdenkliche üble Nachrede wurde ihnen zuteil, aller Todsünden hatten sie sich ohnehin schon schuldig gemacht. In der Absicht, irgendetwas wird schon hängenbleiben, versuchte man, sie mundtot zu machen. Der gläubige Mainstreamer von damals schaute voller Verachtung und Arroganz auf die gefährlichen Spinner herab. Es ging in erster Linie um Macht und um Machterhalt – und heute ist das auch nicht anders.

Betrachtet man das Gesamtwerk Isaac Newtons, Urheber der klassischen Mechanik, so kommt man nicht umhin festzustellen, dass auch er – nach den Maßstäben materialistisch orientierter Zeitgenossen – heute als Esoteriker verrufen wäre. Mehr als die Hälfte der zahlreichen Originalschriften Newtons befassen sich nicht mit rein physikalischen, sondern mit esoterischen Themen.

2.4 Jenseits von Heim und Charon: Das Streben nach Vollendung

1986 beschäftigte ich mich erstmals mit der komplexen Relativitätstheorie. Ausgehend vom Charonschen Elektronenmodell und nach einigen mathematischen Umformungen fand ich eine Resonanzbedingung, aus der sich die Existenz eines Hyperraums fordern lässt. Ich betrachtete das Photonengas in der inneren Raumzeit des Elektrons.

Diese Energie ist auf zahlreiche einzelne Photonen verteilt, von denen jedes einen winzigen Bruchteil der Gesamtlichtenergie in der inneren Raumzeit des Elektrons besitzt. Je regelloser und chaotischer diese innere Lichtenergie und auf je mehr Photonen sie verteilt ist, umso geringer ist die Frequenz (Schwingungen pro Sekunde) der einzelnen Photonen. Mit der geistigen Entwicklung jedes Elektrons beginnt das innere Photonengas, sich zu ordnen. Mit jeder Erfahrung, die das Elektron im Außenraum macht und die es mit anderen Elektronen austauscht, nimmt die Zahl der Lichtmuster im Inneren des Elektrons zu.

Nun besteht die Möglichkeit für die Elektronen, dass sie sich besonders auf solche Erfahrungen konzentrieren, die zu einer stärkeren Bündelung der inneren Lichtenergie führen. In dem Maße, in dem sich die Lichtenergie in einem Elektron bündelt, reduziert sich die Anzahl der sich zunächst regellos bewegenden inneren Photonen. Da die Gesamtlichtenergie in jedem Elektron gleich bleibt, erhöht sich mit wachsender Ordnung die Frequenz der nun weniger werdenden Photonen.

Es findet also nach und nach eine Energieumverteilung bzw. eine Energiebündelung in der elektronischen Lichtwolke statt. Mit jedem Pulsationszyklus der inneren Raumzeit des Elektrons durchläuft die Lichtwolke alle Zustände bzw. Muster, die sie je abgebildet hat. Wenn die Lichtenergie bereits stark gebündelt ist, durchläuft sie dennoch innerhalb eines Pulsationszyklus alle Lichtmuster und damit alle Bündelungsstufen bis zur höchsten bereits erreichten. Mit zunehmender Bündelung geht also keine alte Information verloren.

Man kann sich vorstellen, dass so nach und nach bis zur maximalen Bündelung eine vollständige Lichtpyramide in der inneren Raumzeit eines Elektrons (Positrons) errichtet wird. Innerhalb der Lichtwolke im Inneren eines Elektrons (Positrons) existiert damit eine Informationshierarchie, zu der Lichtmuster niedriger und höherer Frequenzen gehören. Damit dieser Bündelungsprozess jedoch überhaupt stattfindet, muss das Elektron ständig mit anderen Elektronen die entsprechenden inneren Lichtmuster und reelle Photonen (äußere Lichtteilchen) austauschen, denn nur durch Erfahrungen mit anderen Elektronen kann sich das Elektron entwickeln.

Dies ist das wirklich Entscheidende: Nur die Wechselwirkung der Liebe führt zu einer Bündelung der Lichtenergie und damit zu einer Erhöhung der inneren Photonenfrequenzen. Wird die gesamte Energie auf ein Superlichtteilchen gebündelt, so ist das Photonengas in Resonanz mit der Pulsation der inneren Raumzeit und damit in Resonanz mit den Gravitationswellen (Gravitationsfeld) des Elektrons. Durch diese Resonanz kann sich die raumzeitliche Struktur des Elektrons auflösen, und es bleibt nur der hochgebündelte Photonengaszustand übrig – aber wo ist der jetzt?

Nach Auflösung der raumzeitlichen »Verspannung«, die das Elektron darstellte, muss dieser Photonengaszustand in einen Hyperraum übergegangen sein. Damit kann die Existenz des Hyperraums also auch aus der komplexen Relativitätstheorie gefordert werden.

Und so kann ich auch schon eine weitere Eigenschaft dieses Hyperraums angeben: Er ist strahlungserfüllt, mit Licht gefüllt. Diese Resonanzbedingung liefert einen Hinweis auf einen Ausgang aus der Welt der Materie und der Welt von Raum und Zeit. Ist hier der Schlüssel zur Beschreibung von Erleuchtung und Erlösung, wie es uns die Urheber der Weisheitslehren und Religionen seit Jahrtausenden zurufen? Wir werden zu einem späteren Zeitpunkt auf diesen ultimativen Resonanzeffekt, den ich 1987 »Elementarprozess Erleuchtung« genannt habe, zurückkommen.

Abgesehen davon, dass das Dimensionsgesetz von Heim und Dröscher einen vierdimensionalen Hyperraum fordert, kann ich dies auch aus der Struktur des hochgebündelten Photonengaszustands, der in den Hyperraum übergeht, herleiten. Solange dieses Photonengas in der inneren Raumzeit eines Elektrons eingeschlossen war, hat es die einzelnen dreidimensionalen Lichtmuster zyklisch immer wieder abgespielt, so wie ein an den Enden zusammengeklebter Film, der von einem Filmprojektor Bild für Bild immer wieder in einem Kreislauf abgespielt wird. Kam ein neues Lichtmuster dazu, wurde es von magischer Hand in den kreisförmigen Film hineingeschnitten.

Wenn der hochgebündelte Photonengaszustand in den Hyperraum übergeht, läuft er nicht mehr als Endlosschleife im Projektor ab, sondern wir halten gewissermaßen den ganzen Film in der Hand und können ihn vorwärts und rückwärts betrachten. Der hochgebündelte Photonengaszustand enthält alle dreidimensionalen Lichtmuster und ihre zeitliche Abfolge. So hat dieser Quantenzustand vier Dimensionen, und alle vier Dimensionen haben jetzt raumartige Eigenschaften – freie Beweglichkeit in vier unabhängigen Richtungen vor und zurück. Also ist der Hyperraum vierdimensional. Er ist zeitlos – an die Stelle der Zeit tritt die Ewigkeit.

Bleibt es nun lediglich bei der Entdeckung des Hyperraums, ohne dass wir je etwas über die innere Struktur dieses »Gott-allein-bekannt«-Raumes erfahren? Nach dem großen Abenteuer und Fortschritt, den die Naturwissenschaft in den vergangenen Jahrhunderten gemacht hat, ist kaum anzunehmen, dass unsere weitere Erkenntnisfähigkeit hier endet. Die Frage stellt sich vielmehr, welches Bewusstsein erforderlich ist, um Einblick in die innere Struktur des Hyperraums nehmen zu können. Vielleicht ist es auch eine Frage der inneren Haltung, ob sich der Hyperraum dem einen öffnet und dem anderen verschlossen bleibt.

Wie die kleine Betrachtung des inneren Photonengases des Elektrons zeigt, ist offensichtlich ein besonderer Ordnungszustand bzw. Fokussierungsgrad dieses Photonengases in Form einer vollständig aufgerichteten Lichtpyramide erforderlich, um den Übergang in den Hyperraum zu bewerkstelligen. Später werden wir sehen, dass unterschiedliche Fokussierungsgrade des inneren Photonengases mit unterschiedlichen Bewusstseinszuständen korrespondieren, die wir in der Natur in Form von unterschiedlich hoch entwickelten Lebewesen wie Kristallen, Pflanzen, Tieren und Menschen verwirklicht sehen.

Nun wissen wir schon recht viel über den Hyperraum. Er hat vier raumartige Dimensionen, und er ist mit ringförmig geschlossenen, vierdimensionalen Photonenzuständen angefüllt – den Photonenringen. Wir werden später sehen, dass diese vierdimensionalen Photonenringe einhergehen mit wirbelartigen Strukturen, die die Grundformen individuellen Lebens in Form von Geschöpfen darstellen.

Der Hyperraum steht über Strukturflüsse bzw. Prozesse der Wechselwirkung mit der äußeren Raumzeit und den inneren Raumzeiten der Elektronen und Positronen bzw. mit dem Struktur- und Informationsraum in Beziehung.

Kapitel 3

Die Physik Gottes

Urwort-Herleitung und Entstehung der Partialstrukturen

In diesem Kapitel wird erstmals die Urwort-Theorie vorgestellt, in der sich Gott als ursprüngliche und zentrale Wirkgröße in die Physik einführt und damit alle beobachtbaren Eigenschaften des Universums beschreibbar macht. Wir nehmen Werner Heisenberg, Quantenphysiker und Nobelpreisträger, beim Wort: »Der erste Trunk aus dem Becher der Naturwissenschaften macht atheistisch, aber auf dem Grund des Bechers wartet Gott.« Ausgehend von den Ergebnissen der vorhergehenden Kapitel werden zunächst die wichtigsten Eigenschaften des Hyperraums aufgezählt, aus denen sich die Existenz Gottes fordern lässt. Sodann wird ein geeignetes Symbol für Gott ausgewählt, das die Eigenschaften Gottes gut darstellen kann. Schließlich wird die quantisierte Entstehung des Hyperraums, der aus Gott hervorgegangen ist, beschrieben. Es zeigt sich, dass mit diesem Ansatz viele offene Fragen der modernen Physik beantwortet werden können, insbesondere die Natur der Gravitation, der dunklen Energie und der dunklen Materie.

3.1 Die Eigenschaften des Hyperraums

Aus der Zusammenfassung der Ergebnisse der Theorien von Heim und Charon sowie den logischen Schlussfolgerungen daraus lassen sich folgende Eigenschaften des Hyperraums unmittelbar ableiten:

- Der Hyperraum ist ein Raum hoher Symmetrie. Die höchste Form der Symmetrie ist die Punktsymmetrie. Es gibt also einen Ort im Hyperraum, der sich auf jedes Ereignis (Event) in der äußeren Raumzeit und den inneren Raumzeiten abbilden lässt und der somit allgegenwärtig ist.
- Der Hyperraum ist ein strahlungserfüllter, vierdimensionaler Quantenraum mit vierdimensionalen Photonenringen.
- Wenn der Hyperraum punktsymmetrisch ist, dann ist er mit konzentrischen vierdimensionalen Photonenringen erfüllt, die konzentrisch zum Ursprung des Hyperraums angeordnet sind.
- Aus der Punktsymmetrie folgt ein ausgezeichneter Ort, der Ursprung und Quelle aller Energie ist und überhaupt die Quelle von allem ist, was ist. Diese Quelle ist Gott und heißt ELI.
- ELI steht für Energie und Liebe und Information. Die Bezeichnung gilt auch in der üblichen englischen Wissenschaftssprache: ELI = Energy and Love and Information.
- Der Hyperraum ist ein quantisierter Raum. Anders als Heim gehe ich nicht von kleinsten Flächen, sondern von kleinsten Strecken aus. Jedweder Raum ist aus eindimensionalen Streckenelementen aufgebaut. Ich bezeichne diese quantisierten Streckenelemente als Raumstrukturquanten. Eine solche eindimensionale Quantisierung ist erforderlich, weil sonst bestimmte Raumstrukturzustände, die später zur Beschreibung der dunklen Materie und dunklen Energie von Bedeutung sind, nicht berücksichtigt werden könnten.

- Der Hyperraum wird aus Raumstrukturquanten aufgebaut, die von ELI in alle vier Dimensionen des Hyperraums abgestrahlt werden. Raumstrukturquanten sind eindimensional, haben aber zwei »Seiten«. Mathematisch lassen sie sich als vektorartige Größen einführen, allerdings als ein Vektor mit zwei Richtungen »vorwärts« und »rückwärts« und zwei Beträgen »Vorwärts-Betrag« und »Rückwärts-Betrag«, wobei die Beträge gleich sein können, aber nicht gleich sein müssen.
- Aus den Strukturflüssen der Raumstrukturquanten gehen alle anderen physikalischen Felder bzw. Wechselwirkungen hervor:
  Gravitation, elektrische und magnetische Felder, elektromagnetische Wechselwirkung, schwache und starke Wechselwirkung.
- Es existiert ein zweidimensionales Schema, eine Matrix, aus der sich alle physikalischen Wirkungen ELIs herleiten lassen, aus der die Struktur des Hyperraums ersichtlich ist und die aufzeigt, wie alle Partialstrukturen mit dem Hyperraum und miteinander verschränkt sind. Diese Matrix heißt »Urwort«. Die Urwort-Matrix ist eine zweidimensionale 5x5-Matrix.
- Für alle Größen, die in der Urwort-Matrix vorkommen, werden griechische Großbuchstaben gewählt, da sie sich aufgrund ihrer Ästhetik und hohen Symmetrie als würdig erweisen, eine so heilige Struktur wie den Hyperraum zu beschreiben.

3.2 Eine kleine Ontologie Gottes

Die nachstehende kleine ontologische Betrachtung dient nur zur Herleitung eines geeigneten Symbols, das die beobachtbaren und wahrnehmbaren Eigenschaften einer Schöpferkraft, einer Energiequelle, die wir »Gott« nennen, wiedergibt. Hier soll kein »Bild« von Gott gemacht, sondern ein Symbol für Gott gefunden werden, das nicht Gott beschreibt oder darstellt.

Gott ist in seinem Wesen und in all seinen Eigenschaften unermesslich und unergründlich. Aber darum geht es nicht.

Vielmehr können wir in der Beobachtung und inneren Wahrnehmung der Schöpfung Gottes Rückschlüsse darauf ziehen, wie Gott schöpft bzw. welcher quantisierter Wechselwirkungen sich Gott bedient, um das, was wir sind und was wir beobachten und wahrnehmen können, zu beschreiben.

In Einsteins allgemeiner Relativitätstheorie ist *Lambda* die kosmologische Konstante, die alles enthält, worauf Einstein sich keinen Reim machen konnte. Der griechische Buchstabe schreibt sich Λ.

Lambda betrachte ich als das ursprünglichste Symbol für Gott. Es zeigt Gott, bevor etwas aus Gott hervorgegangen ist, bevor Gott etwas geschaffen hat, bevor Gott einen Ton oder einen Klang hervorgebracht hat. Es bedeutet auch, dass Gott bereits existierte, bevor irgendetwas von Gott Geschaffenes existierte.

Lambda ist der Urzustand Gottes, bevor Gott etwas geschaffen hat. LLLLLLL ist die Ursilbe, bevor ein Wort aus Gott hervorging. In dieser Ursilbe sammelt sich die ganze unermessliche und unerschöpfliche Kraft und Energie, die in Gott ist. Jeder erfahrene Meditierer kennt die starke energetische Wirkung, wenn während der Meditation bei geschlossenem Mund die Zunge den Gaumen etwa einen Zentimeter hinter den Schneidezähnen berührt: LLLLLLL. Die stille, aber unermesslich starke Energie Gottes sammelt sich, doch sie dringt noch nicht nach außen. Sie schwingt in sich. Reines Bewusstsein – höchste reine Schwingung.

Und dabei kann Gott alles sein, was vorstellbar und unvorstellbar ist. Das Wort ist durch das Lambda bereits in Gott vorhanden, Ton und Klang sind noch nicht möglich, weil es noch keinen Raum und auch noch kein Medium gibt, in denen sich Ton und Klang als Energiedichteschwingungen ausbreiten könnten.

Das Lambda ist ein treffliches Symbol für die Transzendenz Gottes. Es gibt noch keinen Raum, und es gibt noch keine Zeit, es gibt nur unendlich viel Energie in zeitloser Ewigkeit.

Im Anfang war das Wort, und das Wort war bei Gott, und Gott war das Wort. Dasselbe war im Anfang bei Gott. Alle Dinge sind durch dasselbe gemacht, und ohne dasselbe ist nichts gemacht, was gemacht ist. In Gott war das Leben … – heißt es über Gott in einem christlichen Evangelium.

Erst als Gott damit beginnt, etwas aus sich hervorkommen zu lassen, nimmt die Schöpfung ihren Lauf: *in Gott war das Leben …* Gott hauchte allem Seienden seinen Lebensodem ein, Ton und Klang und Schwingungen gingen aus Gott hervor. Nun beginnt Gott sein schöpferisches Werk in Wort und Klang. Ein passendes Symbol für die schöpferische Kraft Gottes ist daher das *Theta*, ein stimmhaftes Th..., ein Hauch, der Lebensodem. Der griechische Buchstabe schreibt sich Θ.

Theta bildet einen Wirbel. Es ist der Laut, den man von sich gibt, um einen Wirbelring entstehen zu lassen – bildlich gesehen, wie ein Raucher, der einen Ring aus Rauch hervorbringt. Der Wirbelring, der aus Gott hervorgeht, ist ein quantisierter, vierdimensionaler Wirbelring. Aus diesem Wirbel, aus diesem Odem, geht die gesamte Schöpfung Gottes hervor, der Hyperraum, die äußere Raumzeit und die innere Raumzeit.

Als Symbol Gottes in der Einheit mit seiner Schöpfung bietet sich daher eine Kombination aus einem Lambda und einem Theta an. Theta geht aus Lambda hervor. Die Schöpfung und damit alles Seiende sind aus Lambda hervorgekommen:

Diese Kombination aus Lambda und Theta kann auch als Kombination eines A und eines O angesehen werden.

Ich bin das A und das O, der Anfang und das Ende – so Gott über sich selbst in der Offenbarung. Gott umfasst allen Anfang und alles Ende.

Westliche und östliche Traditionen sind darin einig, dass Gott alle Zeit und allen Raum umfasst und an allen Orten und zu allen Zeitpunkten der Vergangenheit, Gegenwart und Zukunft allgegenwärtig ist. Als Symbol für Gott bietet sich daher eine Kombination der griechischen Buchstaben *Alpha* und *Omega* an, das **A** und das **Ω**, der Anfang und das Ende oder ewiger Anfang und ewiges Ende – Allgegenwart.

Alles, was ist, hat bei Gott seinen Ursprung. Da Gott der Ursprung allen Seins und allgegenwärtig ist, bildet Gott das Zentrum, den Mittelpunkt des punktsymmetrischen Hyperraums, denn bevor es den Hyperraum gab, war Gott schon da.

Während die Kombination **A** und **Ω** die Allgegenwärtigkeit Gottes repräsentiert, kommt in **Λ** und **Θ** die Allmacht Gottes zum Ausdruck.

Durch das Alpha-Omega-Symbol bzw. das Lambda-Theta-Symbol kommen die wesentlichen Eigenschaften Gottes zum Ausdruck. Dies betrifft zum einen Gottes Allgegenwärtigkeit in Raum und Zeit. Zum anderen wird Gottes Allmacht und Schöpferkraft deutlich, denn alle Energie und alles Leben haben in Gott ihren Ursprung, Gott aber existierte unabhängig von der Schöpfung, also bevor die Schöpfung aus Gott hervorgegangen ist.

Nach dieser Erklärung für die Wahl eines geeigneten Symbols für Gott und seine Schöpfung kann zusammengefasst werden:

Λ: Lambda, der Urzustand Gottes als reines Bewusstsein und reine Energie, bevor etwas geschaffen wurde.

Θ: Theta, die Schöpfungskraft, der Lebensodem, die Gott innewohnen und aus denen alles Seiende hervorgegangen ist. Dies ist der ursprüngliche, der primäre Theta-Wirbel.

A: Alles Sein hat seinen Ursprung, seinen Anfang in Gott.

Ω: Alles Sein hat in Gott sein Ziel, der Omega-Punkt, das Ende.

In Lambda (**Λ**) und Theta (**Θ**) lässt sich differenzieren zwischen Gott und seiner Schöpfung, und zugleich die unabhängige Existenz beider, hier Gott, da seine Schöpfung.

In Alpha (**A**) und Omega (**Ω**) sehen wir als folgende Stufe Gott in der Einheit mit seiner Schöpfung das kosmische Bewusstsein. Aber es wäre eine Vereinfachung, die Schöpfung Gottes mit Gott gleichzusetzen.

Aom – ist das heilige Mantra der hinduistischen Metaphysik, der Urklang, aus dem alles Sein hervorgegangen ist. Das M im Begriff »Aom« zielt auf Gott, es ist auch im Lambda-Theta enthalten. Es schmiegt sich unten in der Form des Lambda-Theta ein.

AΩM ist der Urklang als Sinnbild der Einheit Gottes mit seiner Schöpfung. Dieser Urklang entstand erst durch die Erschaffung von Raum (und Zeit).

Damit steht fest, dass das Wort in Form der Ursilbe Lambda Λ ontologisch betrachtet »älter« ist als der Klang AΩM, der erst in der Einheit Gottes mit seiner Schöpfung in Erscheinung tritt.

In der Hierarchie des Bewusstseins kann das Lambda als das ursprüngliche Bewusstsein Gottes, also die höchste Form des Bewusstseins, angesehen werden und Alpha-Omega bzw. Lambda-Theta als das kosmische Bewusstsein in der Einheit Gottes mit seiner Schöpfung.

3.3 ELI = Energie und Liebe und Information

Die schöpferische Kraft und Liebe Gottes kommen erst durch seine Abstrahlung von reiner Energie zum Vorschein. Da wir im 20. Jahrhundert mit der Quantenphysik entdeckt haben, dass alles, was ist, quantisiert ist, können wir auch davon ausgehen, dass Gott seine Energie in quantisierter Form abstrahlt. Dadurch entsteht zunächst ein Raum, angefüllt mit einer Energiedichte. *Gott ist die Liebe*, lautet eine Urweisheit.

Raum, auch wie wir Raum kennen, also eine dreidimensionale Mannigfaltigkeit, in der wir uns mehr oder weniger frei bewegen können, besteht letztlich immer aus Energie. Bereits Einstein hat dies berücksichtigt.*

Raum beinhaltet eine Art Ad-hoc-Energie. Raum ist Energie, und Energie gestaltet Raum. Von nichts kommt nichts. Es gibt kein Nichts.

---

* Einstein führte die sogenannte kosmologische Dichte als eine Konstante Lambda in seine Feldgleichungen ein.

Aus der Quantenphysik wissen wir, dass in allen Systemen auch im niedrigst möglichen Energiezustand immer noch eine Restenergie vorhanden ist – die sogenannte Nullpunktschwingung.

Und aus der klassischen Physik wissen wir um den problematischen Begriff des Vakuums: ein Raum, der leer und frei von jeder Materie ist. Unter einem leeren Raum verstehen wir in unserer Alltagswelt einen Raum, zum Beispiel ein Zimmer, in dem sich keine Gegenstände wie Möbel und sonstige Sachen befinden – keine festen und flüssigen Stoffe. Da ist aber immer noch die Luft im Raum, die wir ein- und ausatmen; erst wenn wir diese aus dem Raum herauspumpen, entsteht ein Vakuum, ein Raum, in dem sich keine gewöhnliche Materie mehr befindet.

Ein Vakuum in diesem Sinne ist ein Raum, der frei von Atomen und sonstigen Materieteilchen ist. Nach den Erfahrungen der Physik ist dieses Vakuum aber immer noch kein völlig leerer Raum, denn die Beobachtung zeigt, dass sich dort weiterhin wellenartig Energie ausbreiten kann, zum Beispiel elektromagnetische Wellen bzw. Photonen.

In der klassischen Physik gab es noch die Vorstellung eines Äthers, eines feinen fluiden Mediums, in dem sich die elektromagnetischen Wellen im Vakuum ausbreiten sollten. Als zum Ende des 19. Jahrhunderts feststand, dass es keinen Äther gibt, in dem sich elektromagnetische Wellen ausbreiten können, war es mit jedweder Anschauung, wie sich elektromagnetische Wellen im Vakuum ausbreiten können, dahin.

Auch meinen Kommilitonen und mir bereitete es während des Physikstudiums erhebliche Schwierigkeiten, sich vorzustellen, was denn da schwingen soll, wenn da nichts ist. Ohne das Wasser des Teichs können sich an der Oberfläche keine Wasserwellen ausbreiten, und ohne Luft können sich keine Schallwellen in Form von Luftdruckschwankungen als Klang ausbreiten. Also zum Kuckuck, wie können sich elektromagnetische Wellen von hoher Frequenz durch nichts ausbreiten – und das auch noch mit einer sehr genau messbaren und konstanten Vakuumlichtgeschwindigkeit von rund 300 000 km/s? Mehr noch: Auch die Felder der verschiedenen Wechselwirkungen können sich mühelos im Vakuum ausbreiten wie zum Beispiel elektrostatische und magnetische Felder und Gravitationsfelder.

Die Quantenmechanik löste das Problem durch die Einführung von Vakuumpolarisationen, kleinen Fluktuationen der örtlichen elektromagnetischen Energiedichte, die nach den Gesetzen der Quantenmechanik an jedem Ort eine gewisse Existenzberechtigung (Wahrscheinlichkeit) haben. Aber auch damit ist für das Verständnis der Natur des bloßen Raumes an sich noch nichts gewonnen. Hier kann wohl nur eine konsequente Quantisierung des Raumes weiteren Aufschluss geben.

Bevor wir uns eine Vorstellung davon machen können, was Raum ist und wie sich darin elektromagnetische Wellen ausbreiten können, muss Gott erst einmal mit seiner Schöpfung anfangen. Also werden wir zunächst einmal nachvollziehen, wie der Hyperraum und anschließend die anderen Partialstrukturen – die äußere und die innere Raumzeit – aus Gott hervorgegangen sind.

ELI strahlt in alle vier Dimensionen des Hyperraums Energie in Form von Raumstrukturquanten ab. Diese ursprünglichsten Quanten werden in der Folge als *Eta*-Teilchen bezeichnet, gekennzeichnet mit dem griechischen Buchstaben H für Eta, sprich »e« wie in »Leben« oder »i« wie in »Liebe«.

ELI befindet sich im Ursprung des punktsymmetrischen Hyperraums. Dies ergibt folgendes zweidimensionales Schema für die in vier Dimensionen abgestrahlten Eta-Teilchen:

Wenn Gott schöpft, so geht primäres Theta aus Gott quantisiert hervor und erzeugt die erste Generation von Eta-Teilchen.

Dieses Wort lässt sich horizontal und vertikal, in beiden Richtungen als »ELI« lesen.

Wie können wir uns die Quantisierung des Hyperraums vorstellen? In der folgenden Abbildung ist zunächst die Abstrahlung von Eta-Teilchen durch ELI vereinfacht dargestellt. Es ist ein zweidimensionales Modell für die tatsächlich vierdimensionale Abstrahlung. Ein Eta-Teilchen kann als Doppelvektor dargestellt werden. Es transportiert eine Portion Energie. Ein Teil dieser Energie fließt auf einer Seite des Eta-Teilchens von ELI weg und ein Teil auf der anderen Seite des Eta-Teilchens wieder zu ELI zurück. Diese vektorielle Darstellung der Eta-Teilchen zeigt, dass der griechische Buchstabe Eta (H) gut passt.

Die Abstrahlung von Eta-Teilchen durch ELI

Die Gesamtenergiebilanz sieht jedoch so aus, dass mehr Energie von ELI weg als zu ELI zurückfließt. Dies ist offensichtlich, denn sonst gäbe es außerhalb von ELI keine von ELI geschaffenen Strukturen. Es gilt auch hier – in der Schöpfungsschmiede Gottes sowie in allen anderen Bereichen der Physik – die Erhaltung der Energie in einem System.

Da die Schöpfung ELIs nicht plötzlich vollständig erfolgte, sondern in einem evolutionären stetigen Schöpfungsakt, wächst die Schöpfung ELIs stetig weiter. Alle Strukturen, die existieren und damit auch alle Materie und Energie in unserem Universum sind aus ELI hervorgegangen.

Eta-Teilchen transportieren nicht nur Energie und Impuls, sondern auch Spin – das heißt, diese Teilchen rotieren um eine Achse. Es ist ein halbzahliger Spin – das heißt, entweder drehen die Teilchen rechts oder links herum. Daher gelten Eta-Teilchen als Fermionen.

Dies hat zur Folge, dass zwei Eta-Teilchen mit gleicher Energie, gleichem Impuls und gleichem Spin nicht am gleichen Ort sein können. Dieses Verhalten von Fermionen ist als Ausschließungsprinzip von Pauli in der Quantenphysik bekannt. Die Querverbindung eines Eta-Teilchens als Doppelpfeil zwischen seinen beiden Seiten deutet an, dass sich die Energieverteilung im Eta-Teilchen ändern bzw. zwischen seinen beiden Seiten ausgetauscht werden kann.

Wenn zwei Eta-Teilchen im Energiegleichgewicht mit ihrer Umgebung sind (Bereiche mit konstanter Energiedichte), können sie einfach als Doppelpfeil aufgefasst werden. Der Energiefluss ist in paralleler und antiparalleler Richtung gleich groß. Solche Eta-Teilchen-Paare mit entgegengesetzter Fließrichtung und antiparallelem Spin bilden ortsfeste Raumstrukturquanten. Das zeigt uns die nächste Abbildung.

Ein solches aus einem antiparallelen Eta-Teilchen-Paar gebildetes Raumstrukturquant verhält sich ähnlich wie ein Boson, also ein Teilchen mit einem ganzzahligen Spin. Es »duldet« die temporäre Anwesenheit weiterer bosonen- und fermionenartiger Energiedichten.

Eta-Teilchen als Raumstrukturquanten (Vakuum)

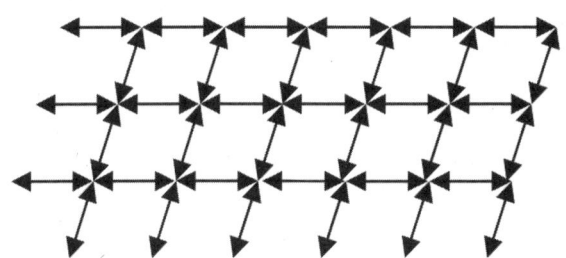

Dies entspricht auch unserer Alltagserfahrung. Wir können uns ungehindert durch den Raum bewegen. Die Raumstrukturquanten, die mit ihrer Energie den Raum bilden, lassen die Bewegung von mikro- und makroskopischen Objekten durch den Raum zu.

Fermionen, die als Paar betrachtet einen ganzzahligen Spin haben und sich daher wie Bosonen verhalten, sind schon aus anderen Bereichen der Physik bekannt. So können in Supraleitern, etwa in tiefgekühlten Metallen, zwei Elektronen mit entgegengesetztem Spin ein sogenanntes Cooper-Paar bilden, das sich wie ein Boson verhält und sich somit reibungsfrei zwischen den Metallatomen hindurch bewegen kann, im Gegensatz zu einem einzelnen Elektron, das als Fermion mit halbzahligem Spin ständig mit den Metallatomen zusammenstößt.

Auch zwei Elektronen mit antiparallelem Spin im gleichen Atomorbital haben ein wenig bosonischen Charakter, da sie die Anwesenheit von Elektronen aus anderen Orbitalen bis zu einem gewissen Grade dulden, wie die quantenmechanischen Berechnungen der Elektronen in Atomen zeigen. So bildet ein Eta-Teilchen-Paar als bosonenartiges Raumstrukturquant ein Element eines Raumgitters, in dem sich weitere Energiedichten, zum Beispiel Photonen oder massetragende Teilchen, ausbreiten können.

Die radial aus ELI in die vier Dimensionen des Hyperraums abgestrahlten Eta-Teilchen bilden in ihrer Gesamtheit den vierdimensionalen primären Theta-Wirbel, der aus ELI hervorgeht. In der unmittelbaren Umgebung ist die Energie eines einzelnen Eta-Teilchens so groß, dass die Energie dieses »Teilchens« ausreicht, um ein ganzes Universum daraus entstehen zu lassen.

Die Eta-Teilchen spalten sich in der Umgebung ELIs rasch in eine Vielzahl kleinerer Eta-Teilchen auf, die sich zunächst alle in die gleiche Richtung wie ihr Elternteilchen bewegen. Dies zeigt die folgende Abbildung. Bei einer Vielzahl von Zerfallsprozessen und Generationenbildung der Eta-Teilchen streben die Eta-Teilchen auseinander, weil sich zu viele Teilchen mit gleichem Quantenzustand in ihrer Umgebung in die Quere kommen.

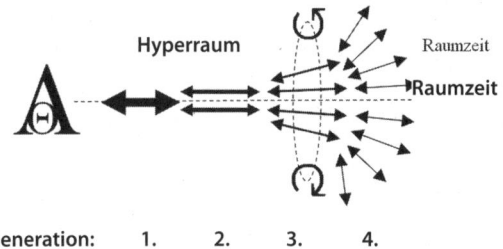

Wirbelbildung durch Abstoßung

Das Ausschließungsprinzip von Pauli bewirkt diese Abstoßung, weil Fermionen einen gewissen Mindestplatz für sich
beanspruchen, den sie nicht mit einem anderen Fermion
teilen können. Aufgrund dieser Abstoßung werden die Eta-
Teilchen auf ihrer Bahn trompetenartig auseinanderfließen.
Die Situation ist vergleichbar mit einem Elektronenstrahl im
Vakuum, wobei die parallel fliegenden Elektronen aufgrund
ihrer elektrostatischen Abstoßung (gleiche elektrische Ladungen stoßen sich ab) auch auseinanderfließen.

Die Eta-Teilchen fliegen jedoch wegen der Abstoßung aufgrund des Ausschließungsprinzips von Pauli nicht nur auseinander, sondern sie verwirbeln dabei, weil von hinten ständig
weitere Eta-Teilchen nachschieben und sich ebenfalls in kleinere Energieportionen aufteilen. Lässt man die Eta-Teilchen in
der Abbildung um die gestrichelte Symmetrieachse rotieren,
so entsteht ein Torus – ein Wirbelring. Tatsächlich ist dieser
Wirbelring eine vierdimensionale Struktur, weil der Hyperraum
vierdimensional ist und sich die Eta-Teilchen in vier Dimensionen ausbreiten können.

Anschaulich kann man sich anhand der Abbildung vorstellen, dass sich rechts hinter dem Torus des Wirbelrings eine
raumzeitliche Struktur bildet und expandiert, die über den
Wirbelring mit dem Hyperraum verbunden ist. Denn vom
Hyperraum aus strömen ständig neue Eta-Teilchen in die sich
so bildende raumzeitliche Struktur ein. Es kommt also nicht
nur zu einem trompetenartigen Auseinanderfließen, sondern

auch zu weiteren Verwirbelungen. Da es vier unabhängige Dimensionen des Hyperraumes gibt, können vier verschiedene sekundäre Theta-Wirbel entstehen, die raumzeitliche Partialstrukturen mit unterschiedlichen physikalischen und metrischen Eigenschaften bilden. Diese sind uns bereits bekannt, wie wir später sehen werden.

Doch bevor sich die Eta-Teilchen in der Umgebung ELIs überhaupt verwirbeln können, entstehen zwei weitere Strukturflusselemente, die wir zunächst betrachten.

In den beiden folgenden Abbildungen können die ersten beiden Quantisierungsschritte im Hyperraum nachvollzogen werden. Es ist ein zweidimensionales Modell des Hyperraums. Es ist so zu verstehen, dass oben und unten keine Gegenrichtungen einer Dimension sind, sondern zwei verschiedene Dimensionen, die senkrecht aufeinander stehen. Ebenso verhält es sich mit den beiden horizontal abgestrahlten Eta-Teilchen links und rechts von ELI, die ebenfalls zwei unabhängige Dimensionen des Hyperraums darstellen. Zunächst werden die Eta-Teilchen von ELI abgestrahlt. Die Eta-Teilchen beginnen, Raum aufzuspannen.

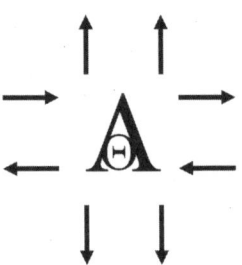

Der erste Quantisierungsschritt im Hyperraum

In zwei Dimensionen bilden sich dabei nach außen gerichtete Strukturflüsse (vertikale Achse) und in zwei weiteren Dimensionen sowohl nach außen als auch nach innen gerichtete Strukturflüsse (horizontale Achse). Dies lässt sich aus Eigenschaften der äußeren und inneren Raumzeiten herleiten, wie später gezeigt wird. Der erste Quantisierungsschritt des Struk-

turflusses, der hier dargestellt ist, führt dazu, dass sich in der
Folge radiale und zirkulare Strukturflüsse bilden. Radialer
Strukturfluss bedeutet, dass die Energie von einem Punkt aus
in alle Richtungen auseinanderfließt bzw. aus allen Richtun-
gen auf einen Punkt zuströmt. Zirkularer Strukturfluss bedeu-
tet, dass die Energie im Kreis fließt, links oder rechts herum.
Die radialen Strukturflüsse, in denen die Energie in alle
Richtungen radial abgestrahlt wird, werden als X *(Chi)* und
die zirkularen Energieflüsse werden als Φ *(Phi)* definiert. Die
Strukturflüsse X und Φ entstehen durch Kombination zweier
Eta-Teilchen, die senkrecht zueinander stehen:

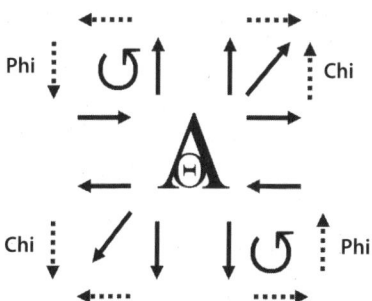

Der zweite Quantisierungsschritt im Hyperraum

Radialsymmetrische Feldverläufe sind typisch für elektrische
Felder, zirkulare Feldverläufe sind typisch für magnetische
Felder. Damit nimmt das aus ELI hervorgehende Urwort nun
die folgende Gestalt (siehe Seite 96) an, wenn wir die aus den
Eta-Teilchen gebildeten Strukturflüsse X und Φ mit eintragen:
   Die 3x3-Matrix ist die kompakteste Darstellung des inneren
Bereichs des Hyperraums in quantisierter Form. Die Struktur-
flüsse Chi und Phi lassen sich als elektrische und magnetische
Felder interpretieren. Die Emission von Energie in Form von
Raumstrukturquanten führt daher nicht nur zur Bildung des
vierdimensionalen Hyperraums, sondern füllt diesen Raum auch
mit einer quantisierten Energiedichte an, die als elektroma-
gnetische Strahlung (Photonenringe) interpretiert werden kann.

$$\begin{matrix} \Phi & H & X \\ H & \underset{\Theta}{A} & H \\ X & H & \Phi \end{matrix}$$

Der innere Bereich des Hyperraums als 3x3-Matrix

Der Hyperraum ist ein lichterfüllter Raum, wie auch nicht anders zu erwarten war. Der innerste Photonenring **XΦXΦ** in der unmittelbaren Umgebung ELIs ist der Urlichtfunke, aus dem alle vier- und dreidimensionalen Photonenzustände der schöpferischen Evolution hervorgegangen sind.

Die Abstrahlung ELIs in alle Richtungen des Hyperraums kann man sich in zweidimensionaler Darstellung vorstellen wie das nach allen Seiten wegsprühende Wasser eines rotierenden Rasensprengers. Tatsächlich ist auch dieser primäre Energiewirbel vierdimensional. Wirbel werden in der Folge mit dem Symbol *Theta* dargestellt. Alles, was es gibt, ist aus diesem Theta-Wirbel aus ELI hervorgegangen.

Der Hyperraum ist durchflutet von Strahlung, reiner Energie, reinem Bewusstsein, Licht im Überfluss, ist erfüllt vom Geist Gottes, vom Heiligen Geist. Dieser Strahlung ist Information aufmoduliert – wunderbare Klänge und Melodien, räumlich lokalisierbare Lichthologramme in vollendeter Form und Gestalt. Alles im Hyperraum ist durchdrungen von Licht und dem Leben und der Liebe, die ELI unablässig verströmt. Es ist ein Ort der vollkommenen Geborgenheit – **E**nergie und **L**iebe und **I**nformation.

Im Hyperraum, dem Himmel, herrscht vollständige Bewegungsfreiheit für jedes Lebewesen. Alles ist lebendig und bewahrt seine vollkommene Form und ist unsterblich. Dort kann

Der Energiewirbel ELIs bildet den Hyperraum
und die darin enthaltene Energie

man sich in allen vier Dimensionen raumartig bewegen. Die Zeit wird zu einer raumartigen Dimension, in der man sich sowohl in die Vergangenheit als auch in die Zukunft bewegen kann. Daher spricht man im Himmel nicht mehr von Zeit, sondern von Ewigkeit.

Andererseits kann vom Himmel aus jeder Raumzeit-Punkt (Ereignis) in der äußeren Raumzeit in der Vergangenheit, der Gegenwart und der Zukunft »angesteuert« und aufgesucht werden.

$$\begin{matrix} \Phi & H & X \\ H & \Lambda & H \\ X & H & \Phi \end{matrix} : \Phi\, H\, \Lambda\, H\, X \quad \text{Felix = der Glückliche}$$

Aus den Buchstaben der 3x3-Matrix des Hyperraums lässt sich das Wort *felix* (lat.: glücklich) bilden. Offensichtlich ist der Hyperraum der Himmel, ein Ort ewiger Glückseligkeit.

3.4 Das Urwort

Theta-Wirbel als Partialstrukturen

Nun kommen wir zurück zu den weiteren Verwirbelungen der Energie, die durch die sich aufteilenden Eta-Teilchen aufgrund ihrer Abstoßung hervorgerufen werden.

Es entstehen vier unterschiedliche, aber miteinander verschränkte, sekundäre Theta-Wirbel, die raumzeitliche Partialstrukturen bilden. Erreicht das Verhältnis aus Krümmungsradius des Wirbelrings und Energiedichte (Eta-Teilchen-Dichte) einen kritischen Wert, so entsteht ein Wirbelring, der stetig weiter Energie von ELI einsaugt und dadurch anfängt, eine neue vierdimensionale Raumzeit-Struktur aufzuspannen. Man kann sich das vorstellen wie einen Luftballon, der stetig weiter aufgeblasen wird und dabei immer größer wird. Genau dies beobachten wir in unserem Universum, also in der äußeren Raumzeit.

Vom Hyperraum aus betrachtet sieht ein solcher sekundärer Wirbelring so ähnlich aus wie ein schwarzes Loch von der äußeren Raumzeit aus – eine trichterförmige Öffnung mit einer extremen Raumkrümmung in ihrer Umgebung. Allerdings ist dieser Strudel vom Hyperraum aus betrachtet nicht dunkel. Er kann vielmehr beobachtet werden, da Photonen den Wirbel nach wie vor verlassen können. Gott sieht alles und hört alles.

Die Symmetrieachsen dieser vier sekundären Theta-Wirbel stehen jeweils senkrecht aufeinander. Diese Theta-Wirbel sind auch Schöpfungspforten oder Dimensionstore, von denen bzw. aus denen sich Elementarteilchen, Wesen, ja ganze Welten und Universen bilden können. Im Zentrum des Urwortes ist ELI mit vier senkrecht aufeinander stehenden Dimensionen, die durch die Eta-Teilchen räumlich aufgespannt werden.

Der untere und der obere sekundäre Theta-Wirbel bilden ausgedehnte, großräumig expandierende Raumzeiten, die wir bereits als die äußere und die innere Raumzeit kennen gelernt haben – das Diesseits und das Jenseits. Der linke und der rechte sekundäre Theta-Wirbel bildet die inneren Raumzeiten von Leptonen (Elektronen und Positronen).

Das Urwort nimmt damit die folgende Gestalt an:

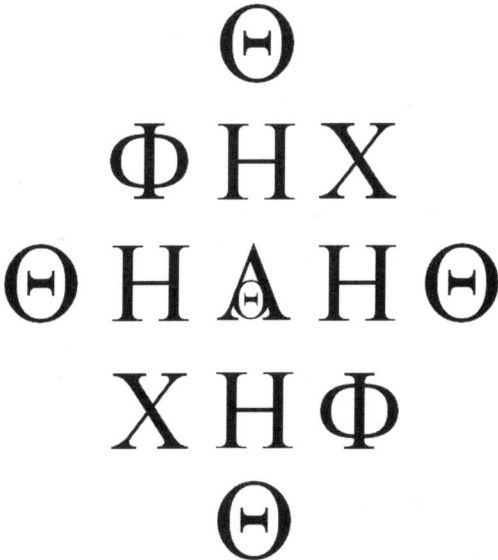

Sekundäre Theta-Wirbel

Um den einzelnen sekundären Theta-Wirbeln nun bestimmte und bereits bekannte Partialstrukturen zuordnen zu können, ist ihre eindeutige Benennung erforderlich. Aus Gründen, die sich aus der späteren Betrachtung ergeben werden, hat sich die folgende Benennung als sinnvoll erwiesen:

- Theta_Diesseits: Der Theta-Wirbel unterhalb des ELI-Symbols bildet die äußere Raumzeit, unser Universum, also den diesseitigen Bereich bzw. die äußere Raumzeit.
- Theta_Jenseits: Der Theta-Wirbel oberhalb des ELI-Symbols bildet die Summe aller inneren Raumzeiten, den jenseitigen Bereich bzw. die innere Raumzeit.
- Theta_minus: Der Theta-Wirbel links neben dem ELI-Symbol bildet die innere Raumzeit von Elektronen, allgemein von elektrisch negativ geladenen Leptonen.
- Theta_plus: Der Theta-Wirbel rechts neben dem ELI-Symbol bildet die innere Raumzeit von Positronen, allgemein von elektrisch positiv geladenen Leptonen.

Was ist Zeit?

Der primäre Theta-Wirbel, der aus ELI hervorgeht, spannt vier freie raumartige Dimensionen, also den Hyperraum, auf. Die vier sekundären Theta-Wirbel oberhalb, unterhalb, links und rechts des ELI-Symbols spannen jeweils vierdimensionale Partialstrukturen auf.

Dabei handelt es sich um jeweils drei freie raum- oder zeitartige Dimensionen und um jeweils eine zeit- oder raumartige Dimension, die für alle Objekte innerhalb der Partialstruktur »vergänglich« ist.

Innerhalb der vom sekundären Theta-Wirbel aufgespannten vierdimensionalen Partialstruktur – zum Beispiel die vierdimensionale Raumzeit unseres Universums – ist der Ort in einer der vier Dimensionen nicht mehr frei wählbar. Vielmehr wird in dieser Dimension jedes enthaltene Teilchen »mitgenommen« wie von einem Strom.

So werden wir in unserer äußeren Raumzeit von der Zeit mitgenommen. Innerhalb der äußeren Raumzeit kann man sich nicht in der Zeit vor- und zurückbewegen. Dies verleiht der nicht frei verfügbaren Dimension einen Anfang und ein Ende, weil Strukturflussprozesse innerhalb dieser Dimension nacheinander ablaufen. So verhält es sich mit der Zeit in der äußeren Raumzeit.

Oder die Strukturflüsse verlaufen zyklisch wie in den inneren Raumzeiten der Elektronen und Positronen. Aus diesem Grund ist jeder sekundäre Theta-Wirbel von einem Alpha wie Anfang und einem Omega wie Ende flankiert, wodurch der jeweils »vergänglichen« Dimension in den sekundären Theta-Wirbeln Rechnung getragen wird.

Zeitartige Dimensionen entstehen also erst durch die Bildung von sekundären Theta-Wirbeln. Im Hyperraum – im Himmel – ist immer *jetzt*, und dort kann immer *jetzt* jeder Raumzeit-Punkt in den Partialstrukturen aufgesucht werden. Die Mystiker aller Zeiten waren sich darin einig, dass der Zugang zu höherem Bewusstsein immer nur *jetzt* möglich ist.

Mit der Entstehung von *vergänglichen* Dimensionen wie der Zeit in der äußeren Raumzeit entstehen Strukturflüsse, und aufgrund der Kontinuität dieser Strukturflüsse entsteht Kausalität – das Gesetz von Ursache und Wirkung. Nun nimmt das Urwort die folgende Gestalt an:

Die Theta-Wirbel enthalten zeitartige Dimensionen

Dass Theta-Wirbel raumartige und zeitartige Dimensionen enthalten, ist allen vier sekundären Theta-Wirbeln gemeinsam. Innerhalb der von ihnen aufgespannten vierdimensionalen Partialstrukturen *vergeht* jeweils eine Dimension, und es bleiben dann nur jeweils drei frei zugängliche Dimensionen übrig.

In der äußeren Raumzeit hat dies zur Folge, dass alle Ereignisse, die miteinander wechselwirken, durch das Prinzip von Ursache und Wirkung, dem Kausalitätsprinzip, verbunden sind. Wir haben uns in der äußeren Raumzeit mit dieser »Unfreiheit« arrangiert.

Wir wissen um die zuverlässig verströmende Zeit, wir vermessen sie mit Kalendern und Uhren und planen voller Vertrauen in die Zukunft, weil wir wissen, dass das Rad der Zeit sich unablässig dreht und zyklische Abläufe wie Tag, Monat und Jahr uns dies immer wieder unter Beweis stellen. Unser Leben besteht aus Kreisläufen – aus zyklischen, periodischen Strukturflüssen. Dieses Prinzip der Schöpfung Gottes durchwirkt alles – vom Elementarteilchen über Atome und Moleküle, zu den Organellen und Zellen und Organismen bis hin zu den Himmelskörpern.

Aber genau in der Mitte zwischen Alpha und Omega, zwischen Anfang und Ende, ist die Gegenwart, und es gibt immer nur die Gegenwart. Und nur in der einen Sekunde der Gegenwart finden wir das Tor zur Ewigkeit. Und so wird die Gegenwart zur Ewigkeit – zum *ewigen Jetzt*.

Aus Gründen der Energieerhaltung wird jeder der sekundären Theta-Wirbel von elektromagnetischer Energie umflossen, und so vervollständigt sich das Urwort zur Urwort-Matrix. Zwischen den beiden Alphas wird noch jeweils ein Chi eingesetzt, und zwischen den beiden Omegas wird noch jeweils ein Phi platziert.

In der oberen linken und unteren rechten Ecke der Urwort-Matrix läuft ein Photon $X\Phi$ aus dem Hyperraum aus, und in der oberen rechten und linken unteren Ecke läuft jeweils ein Photon $X\Phi$ in den Hyperraum ein.

Das Urwort nimmt damit diese vollständige Form an, die wir Urwort-Matrix nennen.

$$X \quad A \quad \Theta \quad \Omega \quad \Phi$$

$$A \quad \Phi \quad H \quad X \quad \Omega$$

$$\Theta \quad H \quad A \quad H \quad \Theta$$

$$\Omega \quad X \quad H \quad \Phi \quad A$$

$$\Phi \quad \Omega \quad \Theta \quad A \quad X$$

Die Urwort-Matrix

Die Urwort-Matrix ist die reine göttliche Matrix, die alle Energien und Kräfte und ihren Zusammenhang mit raumzeitlichen Seinsbereichen in unverfälschter Form abbildet.

Die Urwort-Matrix ist die allgemeinste Darstellung der Quantisierung von allem, was ist. Sie beschreibt die quantisierte Entwicklung des Hyperraums durch ELI in Form von Raumstrukturquanten Eta, die neben diesem Raum auch noch weitere Strukturflussquanten Chi und Phi erzeugen.

Der so entfaltete Hyperraum erweist sich als ein strahlungserfüllter freier Raum. Aus dem Strahlungsfeld des Hyperraums entstehen sekundäre Theta-Wirbel, die vierdimensionale raumzeitliche Partialstrukturen bilden.

Die beiden sekundären Theta-Wirbel, Theta_Diesseits und Theta_Jenseits, bilden die Partialstrukturen der äußeren Raumzeit (Diesseits) und der inneren Raumzeit (Jenseits). Diese Partialstrukturen der äußeren und inneren Raumzeiten sind ausgedehnter als die durch die beiden sekundären Theta-Wirbel Theta_plus und Theta_minus gebildeten Partialstrukturen, die quasi die inneren Raumzeiten der Leptonen (Elektronen und Positronen) darstellen.

Dies folgt aus der Abbildung *Der erste Quantisierungsschritt im Hyperraum*, die auf Seite 94 erläutert wurde. Dort erkennt man anhand der Ausrichtung der Vektorpfeile der Eta-Teilchen, dass die Hin- und Rückflüsse der Eta-Teilchenströme zu ELI, die zur Bildung von sekundären Theta-Wirbeln der Art Theta_plus und Theta_minus führen, nahezu ausgeglichen sind.

So steht zur Bildung von Partialstrukturen, die leptonische innere Raumzeiten (also Teilchen wie Elektronen und Positronen) darstellen, weniger Energie zur Verfügung als zur Bildung von Partialstrukturen der Art Theta_Diesseits und Theta_Jenseits. Deshalb stellen die äußere und *die innere Raumzeit* ausgedehnte raumzeitliche Bereiche dar, während *die inneren Raumzeiten* von Teilchen vergleichsweise klein sind.

Dies deckt sich übrigens auch mit den experimentellen Beobachtungen aus der Astrophysik, wonach nur etwa vier Prozent der Gesamtenergie des Universums in massebehafteten Teilchen steckt, die die beobachtbare atomare Materie bilden, während 96 Prozent als dunkle Materie und dunkle Energie vorliegt. Später werden wir sehen, wie diese dunkle Materie und dunkle Energie zum quantisierten Aufbau ausgedehnter Raumzeiten wie der äußeren Raumzeit unseres beobachtbaren Universums führen und auch die Feldenergie für die Gravitation und die elektromagnetische Wechselwirkung bereitstellen.

Die Tatsache, dass der Hin- und Rückfluss von Eta-Teilchen zwischen ELI im Hyperraum und den sekundären Theta-Wirbeln Theta_plus und Theta_minus, die die »geistbegabten« leptonischen Teilchen (Elektronen und Positronen) bilden, nahezu ausgeglichen ist, kann als Kommunikation (allgemeiner: als Austausch von Energie, Liebe und Information) zwischen ELI und seiner Schöpfung interpretiert werden.

Hier tritt ELI sozusagen in Beziehung zu den negentropischen, inneren Raumzeiten der Elektronen und Positronen. Diese Kommunikation wird über die elektrostatische und elektroschwache Wechselwirkung abgewickelt.

Eine nähere Betrachtung dieser Wechselwirkungsprozesse zwischen ELI und den Leptonen zeigt allerdings, dass die Effektivität dieser Kommunikation von der Ausrichtung der Spinachse der Leptonen in Bezug auf die lokale Vorzugsrichtung zum Hyperraum abhängt. Überträgt man dieses Prinzip auf ein größeres Kollektiv von Leptonen, zum Beispiel die Summe aller Atome, die ein individuelles Lebewesen bilden, so besteht hier die Möglichkeit für eine quantenphysikalische Beschreibung des freien Willens.

Ein Lebewesen – ein Geschöpf ELIs – kann sich für oder gegen eine Kommunikation mit ELI entscheiden. Dies hängt ab von der Haltung, die das Lebewesen gegenüber ELI einnimmt bzw. von der Spinausrichtung der das Lebewesen bildenden Leptonen.

Suchst du Gott, dann wende dich nach innen. Dabei ist die Ausrichtung der Spin-Achse der Elektronen und Positronen in Richtung auf den Hyperraum von Bedeutung.

So vermittelt die Urwort-Matrix nicht nur die Entstehung von Raum und raumzeitlichen Partialstrukturen, sondern zeigt auch auf, wie diese Partialstrukturen miteinander verschränkt sind. Über die leptonischen Teilchen – Elektronen und Positronen – läuft nicht nur die Hauptkommunikation zwischen ELI und seinen Geschöpfen ab, sondern diese Teilchen bilden auch Verbindungen zwischen den diesseitigen und jenseitigen Partialstrukturen der äußeren Raumzeit und der inneren Raumzeit.

Die folgende Abbildung auf Seite 106 beschreibt die Verschränkung der einzelnen Partialstrukturen. Der innere 3x3-Bereich der Urwort-Matrix zeigt die Quantisierung des inneren Hyperraums. Der äußere Bereich beschreibt die durch die sekundären Theta-Wirbel Theta_Diesseits und Theta_Jenseits gebildeten Partialstrukturen der äußeren Raumzeit und der inneren Raumzeit.

Die »Grenze« zwischen der äußeren Raumzeit und der inneren Raumzeit bildet die gestrichelte Horizontale. Die sekundären Theta-Wirbel Theta_plus und Theta_minus bilden die inneren Raumzeiten der Leptonen (Elektronen und Positronen), die als Teilmengen der inneren Raumzeit in die innere Raumzeit hineinragen (gestrichelte Kreise). Man kann also

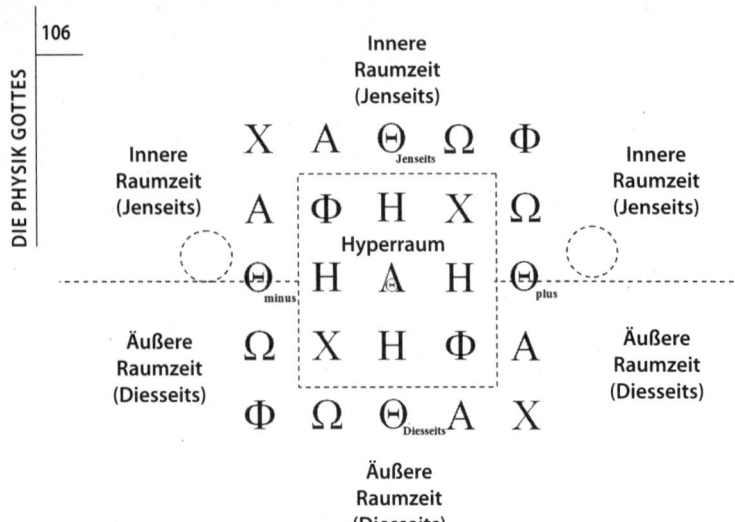

Die Topologie der Urwort-Matrix

sagen, dass die Theta-Wirbel Theta_minus und Theta_plus der Elektronen und Positronen auch Dimensionspforten zwischen der äußeren Raumzeit und der inneren Raumzeit bilden.

Jedes Elektron und Positron bildet mit seinem Theta-Wirbel eine Schnittstelle (gleichsam einem »Guckloch«) zwischen äußerer Raumzeit (Diesseits) und innerer Raumzeit (Jenseits). Von der räumlichen Ausrichtung dieser Theta-Wirbel in Bezug auf die lokale Vorzugsrichtung zum Hyperraum hängt es ab, ob diese Elektronen und Positronen mit ELI kommunizieren oder nicht.

Grundsätzlich folgt aus diesem Quantisierungsansatz, dass es nicht nur *eine* äußere Raumzeit und *eine* innere Raumzeit und dazugehörige innere Teilchen-Raumzeiten geben kann, sondern dass es – zumindest theoretisch – *beliebig viele* solcher Partialstrukturen geben könnte.

Aus der Urwort-Theorie folgt also auch die Möglichkeit für sogenannte Parallelwelten, die aus der Energiedichte des Hyperraums hervorgehen können.

Allerdings muss man sich dabei über eines im Klaren sein: Zu einer beliebigen äußeren Raumzeit (Diesseits) gehört auch genau eine innere Raumzeit (Jenseits) und dazu gehörende innere Teilchen-Raumzeiten, denn es gehören nur solche sekundären Theta-Wirbel zusammen, deren Symmetrieachsen jeweils senkrecht aufeinander stehen. So gesehen eignet sich die Urwort-Matrix zur Beschreibung unserer Welt ebenso wie zur Beschreibung beliebiger Parallelwelten.

Werfen wir einen Blick auf die nächste Quantisierungsstufe, die sich aus der Urwort-Matrix ergibt und mit der alle Gegenstände der weiteren Betrachtung eingeführt werden können.

Allgemein wird in der Urwort-Theorie eine durch sekundäre Theta-Wirbel erzeugte vierdimensionale Raumzeit als *Delta* definiert. Der griechische Buchstabe schreibt sich Δ. Die folgende Abbildung *Manifestation der Partialstrukturen* zeigt, wie diese vierdimensionalen Partialstrukturen Delta aus den sekundären Theta-Wirbeln der Urwort-Matrix erzeugt werden.

Die Manifestation der Partialstrukturen

$$\Delta$$

$$X \quad A \quad \Theta \quad \Omega \quad \Phi$$

$$A \quad \Phi \quad H \quad X \quad \Omega$$

$$\Delta \quad \Theta \quad H \quad A \quad H \quad \Theta \quad \Delta$$

$$\Omega \quad X \quad H \quad \Phi \quad A$$

$$\Phi \quad \Omega \quad \Theta \quad A \quad X$$

$$\Delta$$

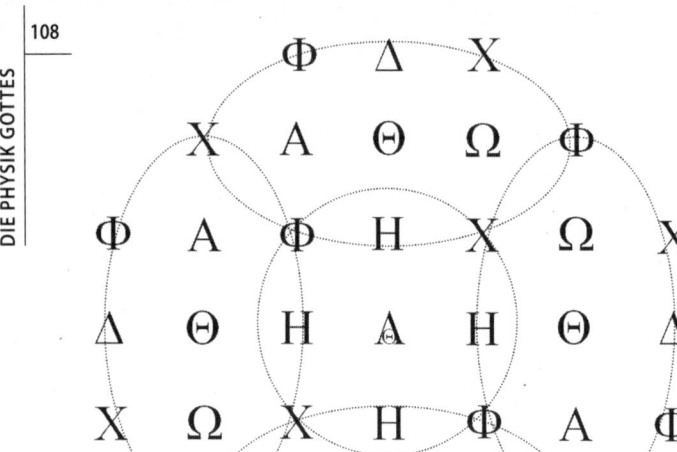

Die Photonenringe der Partialstrukturen

Die Photonenringe um die sekundären Theta-Wirbel schließen sich und erfüllen die raumzeitlichen Partialstrukturen mit
elektromagnetischer Energie, wie die oben stehende Abbildung zeigt. Über den Photonenring im Hyperraum werden
vier weitere Photonenringe ausgekoppelt und bilden die elektromagnetische Strahlungsenergie in den Partialstrukturen.

Die gesamte elektromagnetische Energie – also alle Photonen – in unserem Universum korrespondiert mit dem unteren
Photonenring **XΦXΦXΦ** in der Abbildung.

Die Raumzeiten der Partialstrukturen, insbesondere die
äußere und die innere Raumzeit, werden durch ihren sekundären Theta-Wirbel wie ein Luftballon aufgeblasen. Diese
Expansion des Raums ist in der Astrophysik schon seit langem
bekannt, denn aus den Beobachtungen ergibt sich, dass sich
alle weiter entfernten Objekte wie Galaxien und Galaxienhaufen von uns weg bewegen.

Zwar haben Galaxien und Galaxienhaufen auch eine Eigenbewegung relativ zu uns, die man aus der expansionsbedingten Fluchtbewegung herausrechnen kann. Diese ist aber meist viel kleiner als die Expansionsgeschwindigkeit des Raums. Die vom Hyperraum aus durch den sekundären Theta-Wirbel Theta_Diesseits ausströmenden Eta-Teilchen blähen den Raum sukzessive auf, wodurch die Raum-Energie und die Raum-Masse kontinuierlich zunehmen. Dies ist anschaulich aus der folgenden Abbildung ersichtlich.

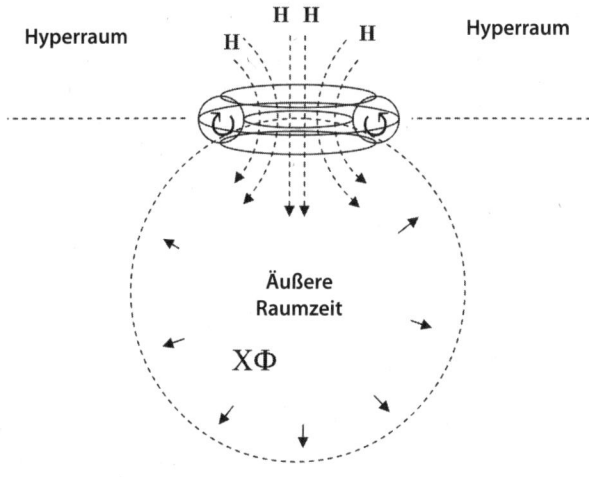

Ein Theta-Wirbel erzeugt die äußere Raumzeit

Das Raumvolumen nimmt mit der Zeit zwar stetig zu, aber zu allen Zeiten ist es endlich groß. Dies gilt auch für unser Universum in seiner heutigen Ausdehnung. Es ist zwar, gemessen an unseren Alltagsdimensionen, unermesslich groß, aber dennoch endlich.

Die Ausdehnung des Raums ist auch nicht alles, was geschieht, denn mit der stetigen Expansion des Universums nimmt auch die im Raum vorhandene freie Energie in Form von nicht in der Raumstruktur eingebauten, freien Eta-Teilchen (Neutrinos) und elektromagnetischer Energie (Photonen) zu.

Nur ein kleiner Teil dieser Energie kondensierte zu sichtbarer Materie, also zu Teilchen wie Elektronen und Positronen, aus denen sich dann die Quarks, Protonen, Neutronen bildeten. In dieser ersten materiellen Kondensationsphase entstanden hauptsächlich Wasserstoff und eine kleine Menge Helium. Alle weiteren chemischen Elemente, jedenfalls in nennenswerten Mengen, sind dann erst durch Fusionsprozesse in den sich aus den Wasserstoffwolken bildenden Sternen hochgebrütet worden.

Diese sichtbare Materie ist in dem Sinne *sichtbar*, dass die Teilchen, aus denen sie besteht, sich über die elektromagnetische Wechselwirkung beobachtbar machen, also Photonen abstrahlen und empfangen. Diese Kondensation der gewöhnlichen *sichtbaren* Materie, aus der wir alle bestehen und aus der alles gemacht ist, was wir sehen und anfassen können, ging zunächst einher mit der Bildung von stabilen sekundären Theta-Wirbeln der Art Theta_plus und Theta_minus.

Ein solcher Theta-Wirbel ist in der folgenden Abbildung dargestellt. Hier liefert die Urwort-Theorie eine vollständige Geometrisierung der Schnittstelle zwischen äußerer und innerer Raumzeit. Die Schnittstelle der äußeren und inneren Raumzeit eines Elektrons ist kein Punkt, sondern eine Fläche.

Es hatte mich von Anfang an dem Charonschen Elektronenmodell gestört, dass es noch eine kleine mathematische Abstraktion enthielt, die es so in der wirklichen Welt nicht gibt. Statt durch einen Berührungspunkt wie bei Charon sind äußere und innere Raumzeiten der Elektronen durch einen Wirbelring miteinander verbunden.

Die Urwort-Theorie bestätigt allerdings die von Charon postulierte Pulsation der inneren Raumzeit der Elektronen. Nun findet aber erst in der Urwort-Theorie dieses Postulat auch seine physikalische Begründung. Die Eta-Teilchen, welche den Theta-Wirbel Theta_minus erzeugen, bilden eine Ausstülpung aus der äußeren Raumzeit, die in die innere Raumzeit hineinragt. Die in die Ausstülpung hinein expandierenden Eta-Teilchen der äußeren Raumzeit verdrängen dabei Eta-Teilchen der inneren Raumzeit, die dadurch ihrerseits komprimiert werden.

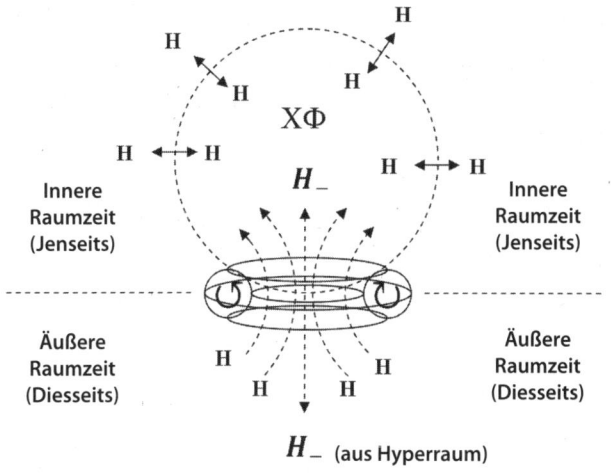

Ein Theta-Wirbel erzeugt die raumzeitliche Struktur eines Elektrons

Da alle Eta-Teilchen Fermionen sind, ist die Dichte der Eta-Teilchen genau so abgestimmt, dass maximal viel Raumenergie pro Volumenelement untergebracht werden kann. Aber das Ausschließungsprinzip von Pauli bewirkt bei größerer Eta-Teilchendichte wieder eine stärkere Abstoßung, sodass die Eta-Teilchen der inneren Raumzeit in einer Gegenbewegung die durch den Theta-Wirbel zuströmenden Eta-Teilchen aus der äußeren Raumzeit erneut zurückdrängen. So entsteht eine vierdimensionale Schwingung des inneren Raumzeit-Volumens des Elektrons – die Pulsation. Die innere Raumzeit des Elektrons verhält sich dabei wie das Volumen eines Luftballons, der immer wieder ein bisschen aufgeblasen und aus dem dann immer wieder Luft abgelassen wird.

Durch die Eta-Teilchen, die durch den Theta-Wirbel von der äußeren Raumzeit in die innere einströmen, wird in der inneren Raumzeit auch eine elektromagnetische Energiedichte erzeugt – das Photonengas $X\Phi$. Hier gehen komplexe Relativitätstheorie und Urwort-Theorie nahtlos ineinander über.

Die Urwort-Theorie liefert aus ihrem tieferen Verständnis der Struktur der Elementarteilchen die physikalische Begründung für die Postulate der komplexen Relativitätstheorie. Die Ruhemasse beziehungsweise die Ruheenergie des Elektrons steckt in der Raumkrümmung, die der Theta-Wirbel Theta_minus mit seiner Rotationsenergie verursacht, und die Energie des Photonengases $X\Phi$ in der inneren Raumzeit des Elektrons entspricht der Energie der Eta-Teilchen, die in der durch den Theta-Wirbel erzeugten pulsierenden Ausstülpung stecken.

Durch die Eta-Teilchen in unmittelbarer Umgebung des Theta-Wirbels entsteht im inneren Ring des Theta-Wirbels ein Photonenring $X\Phi X\Phi X\Phi\ldots$, der von den wirbelnden Eta-Teilchen umschlossen wird und dessen Energie natürlich der in der äußeren Raumzeit messbaren Ruhemasse bzw. Ruheenergie des Elektrons zuzuordnen ist. Die folgende Abbildung zeigt die Blickrichtung längs der Symmetrieachse des Theta-Wirbels.

Es ist eine durch viele Experimente untermauerte Tatsache, dass Elektronen elektromagnetische Energie – Photonen – abstrahlen, wenn sie beschleunigt werden. Man denke zum Beispiel an einen elektrischen Schwingkreis, in dem die Elektronen hin- und herflitzen und in einer Antenne elektromagnetische Wellen im Takt ihrer Bewegung abstrahlen.

Ein Theta-Wirbel enthält in seinem Inneren einen Photonenring

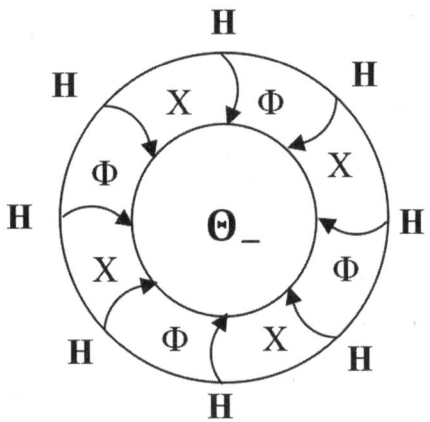

Im Elektronensynchrotron werden Elektronen durch starke Magneten auf einer Kreisbahn beschleunigt, um Röntgenstrahlung mit besonderer Qualität zu erzeugen. Während meines Physikstudiums fragte ich einige Professoren, ob sie mir erklären könnten, warum denn ein Elektron elektromagnetische Energie (Photonen) abstrahlt, wenn es beschleunigt wird. Es könnte doch genauso gut rosarote Gummibärchen abstrahlen. Warum denn ausgerechnet Photonen? Das ist nun eben mal so, war die lapidare Antwort.

Klar, wir können ja bei jedem Experiment mit Elektronen messen, dass beschleunigte Elektronen strahlen. Die meisten Physiker gewöhnen sich an bestimmte Sachverhalte, wenn eine Vielzahl von Experimenten diese bestätigen. Daraus entwickelt sich dann ein gewisses Pseudoverständnis. Man meint, man hätte etwas verstanden. Elektronen strahlen eben, wenn sie beschleunigt werden – basta.

Keiner konnte eine befriedigende Antwort darauf geben, denn solange der strukturelle Aufbau des Elektrons unbekannt ist und das Elektron einfach nur als strukturloses punktförmiges Teilchen angesehen wird, ist dies auch nicht möglich.

Die Antwort auf meine Frage fand ich in der Betrachtung der Theta-Wirbel. Dabei handelt es sich ja um zyklische Strukturflüsse, und Burkhard Heim kam schon zu dem Ergebnis, dass solche zyklischen Strukturflüsse Trägheit erzeugen. Dies ist auch offensichtlich, denn die Theta-Wirbel, aus denen sich Elektronen und andere geladene Leptonen bilden, bestehen aus Eta-Teilchen, die um den Wirbelring rotieren und eine lokale Raumkrümmung bewirken.

Raumkrümmung bedeutet seit Einstein Masse – und Masse ist träge. Von der Trägheit der Masse kann sich jeder durch ein kleines Experiment überzeugen: Legt man eine volle Streichholzschachtel auf ein großes Blatt Papier und zieht das Blatt schnell unter der Schachtel weg, so verharrt die Streichholzschachtel in ihrer Position – ihre Masse ist träge. Zieht man aber ganz langsam am Papierblatt, dann wird die Streichholzschachtel mitgenommen.

Wie steht es aber mit dem Photonenring, der im Ring des Theta-Wirbels eingeschlossen ist? Der besteht aus trägheitsfreien Photonen, da Photonen keine schwere Masse haben. Und was geschieht mit den Photonen und den Eta-Teilchen, wenn der Theta-Wirbel beschleunigt wird? Bei einer Beschleunigung eilen die Photonen im Ring der durch die Eta-Teilchen verursachten trägen Raumkrümmung des Theta-Wirbels voraus; so »entweicht« bei jeder Beschleunigung ein Teil der Photonen und führt zu einer elektromagnetischen Abstrahlung durch das Elektron. Dabei entspricht die abgestrahlte Photonenenergie genau der durch die Beschleunigung zugeführten Energie, und somit bleibt die Gesamtenergie des im Ring des Theta-Wirbels eingeschlossenen Photonenrings konstant.

Das hier vorgestellte Elektronenmodell der Urwort-Theorie kann den physikalischen Prozess der Abstrahlung elektromagnetischer Energie durch Elektronen also aus der geometrischen Struktur der Elektronen heraus beschreiben.

Die Photonenringe $X\Phi X\Phi X\Phi$... in den inneren Wirbelringen eines Leptons (zum Beispiel Elektron und Positron) entsprechen den linken und rechten Photonenringen in der Abbildung zur *Manifestation der Partialstrukturen* (siehe Seite 107). Diese Photonenringe sind, wie alle anderen Photonenringe der Partialstrukturen, über den Hyperraum »kurzgeschlossen«.

Die Urwort-Theorie liefert nun damit auch die Erklärung für das merkwürdige Verhalten von gekoppelten Quantenzuständen, etwa zweier verschränkter Photonen. Solche Photonen verhalten sich gleichzeitig gleichartig, auch wenn sie schon eine große Distanz lang auseinandergelaufen sind. Dieses Phänomen*, das Einstein selbst als *spukhafte Fernwirkung* bezeichnete, kann nur mit der Annahme der Existenz eines Hyperraums verstanden werden.

Und genau dies zeigt die Urwort-Theorie: dass Quantenzustände, zum Beispiel Photonen, über den Hyperraum zu einem geschlossenen Photonenring miteinander verbunden sind. Quellen und Senken bzw. Sender und Empfänger von Photonen sind die Leptonen (Elektronen und Positronen).

---

* In der Quantenphysik ist dieses Phänomen als *Einstein-Podolski-Rosen-Paradoxon* bekannt.

Wenn zum Beispiel ein Elektron ein Photon in die äußere Raumzeit abstrahlt, so kann anschaulich erklärt werden (siehe Abbildung *Die Photonenringe der Partialstrukturen* auf Seite 108), dass elektromagnetische Energie aus dem linken Photonenring ausgekoppelt und auf den unteren Photonenring, der sich durch die äußere Raumzeit ausbreitet, übertragen wird.

Mit der Entstehung von leptonischen Strukturen wie Elektronen und Positronen kommt neben der Raum-Masse, die durch die raumbildenden Eta-Teilchen – dunkle Energie, dunkle Materie – eingebracht wird, noch eine andere Art von Masse in der äußeren Raumzeit zum Vorschein. Es ist die sichtbare, herkömmliche Materie, die wegen ihrer elektromagnetischen Wechselwirkung sichtbar ist.

Diese sichtbare Materie bildet damit in der äußeren Raumzeit die letzte Kondensationsstufe der Energiedichte, die aus dem Hyperraum in Form von Eta-Teilchen und Photonen der äußeren Raumzeit zugeströmt ist. Der US-Quantenphysiker David Bohm (1980) bezeichnete unsere herkömmliche Materie als »gefrorenes Licht«, womit er, aus der Sicht der hier vorgestellten Leptonenmodelle, recht behalten hat.

Eine kleine Rechnung zeigt, dass unser Universum, also die äußere Raumzeit, vom Hyperraum aus betrachtet wie ein gigantisches schwarzes Loch anmutet. Die Masse unseres Universums wird auf 10^{80} Wasserstoffatommassen geschätzt. Das sind ca. 10^{57} kg (10^{80}: eine Eins mit 80 Nullen; 10^{57}: eine Eins mit 57 Nullen).

Setzt man diese Masse in die Formel für den Schwarzschildradius eines schwarzen Loches ein, so ergibt sich ein Schwarzschildradius von etwa 13 Milliarden Lichtjahren. Dies entspricht ziemlich genau dem aus astrophysikalischen Beobachtungen ermittelten Ereignishorizont des Universums, dessen Alter damit ebenfalls auf ca. 13 Milliarden Jahre geschätzt wird.

Wie verhält es sich dann mit den großen schwarzen Löchern in den Zentren der Galaxien oder den kleineren schwarzen Löchern, die aus kollabierten Sternen entstanden sind?

Bei der Besprechung der Metrik von schwarzen Löchern haben wir gesehen, dass der Raum eines schwarzen Lochs zu einem Tunnel und schließlich zu einem spaghettiartigen Faden auseinandergezogen wird. Nach der Urwort-Theorie nimmt dadurch die Dichte der in das schwarze Loch einströmenden Eta-Teilchen immer mehr zu. Es gibt eine kritische Dichte, bei der es dann aufgrund der Abstoßung der Eta-Teilchen zu einer *Inflation* kommt – darunter versteht man eine extrem beschleunigte Ausdehnung wie in der ersten dunklen Phase der Ausdehnung unseres Universums, in dem wir leben.

Somit wird die Materie jedes schwarzen Lochs ab dem Punkt dieser kritischen Dichte der Eta-Teilchen anfangen, in einem Mini-Urknall zu expandieren. Es expandiert dann jeweils ein neues Miniuniversum. Für dieses aus einem schwarzen Loch erzeugte Subminiuniversum ist unser Universum sozusagen *eine Etage höher*. Unser Universum ist damit quasi der *Himmel* aller Subminiuniversen, die aus schwarzen Löchern unseres Universums hervorgegangen sind.

Ein schwarzes Loch ist also ein sich aus unserem Universum wegstülpender Raumzeit-Tropfen, der dann anfängt, eigenständig zu expandieren, und der aus der weiter durch das schwarze Loch eingesaugten Materie mit »frischer« Materie versorgt wird und in dem auch die freie Energie in Form von Raumstrukturquanten stetig zunimmt. Ob aber die Naturkonstanten in diesem neuen Subuniversum die gleiche Größe haben wie in unserem Universum, ist fraglich. Schwarze Löcher können daher als Dimensionspforten zu Subwelten bzw. Subpartialstrukturen aufgefasst werden.

Als ich den in diesem Buch vorgestellten Ansatz einer Urwort-Theorie erstmals im Rahmen einer Ringvorlesung an der Universität Braunschweig vorgetragen hatte, fragte mich in der anschließenden Diskussion ein besorgter Kollege, ob ich denn mit der Einführung Gottes in die Formalien der Physik etwa die Absicht verfolge, den Kreationisten Vorschub leisten zu wollen. Die Kreationisten, eine skurrile Gruppierung religiöser Fundamentalisten, vertreten die Ansicht, die gesamte Schöpfung Gottes einschließlich der Erde und des gesamten Universums sei erst etwa 6000 Jahre alt, und sie versuchen, dies mit pseudowissenschaftlichen Argumenten zu untermauern.

Ich konnte ihn beruhigen: Die Kreationisten werden an meinem Ansatz für die Urwort-Theorie keine große Freude haben, da ich den von ihnen abgesteckten Zeitrahmen der Schöpfung von etwa 6000 Jahren wohl allzu deutlich überschritten habe. Außerdem bin ich davon überzeugt, dass es im Universum an Leben nur so wimmelt, wie die vielen jüngst entdeckten Exo-Planeten nahelegen. Auch diese Ansicht dürfte den Kreationisten nicht gefallen.

Für hartgesottene Atheisten, deren Pseudoreligion darin besteht, die Existenz Gottes oder eines höheren Bewusstseins zu leugnen, wird die gottlose Luft jetzt aber gleichfalls ziemlich dünn.

3.5 Das Konzept der Druckgravitation

Seit Jahrzehnten suchen die Elementarteilchenphysiker nach einem Wechselwirkungsteilchen, das die Gravitation zwischen zwei oder mehreren Massen vermittelt. Seit Newton das Gravitationsgesetz fand, kann zwar die Kraft, die zwischen zwei Massen aufgrund deren gravitativer Wechselwirkung zustande kommt, berechnet werden, aber eine quantisierte Theorie der Gravitation, in der auch ihre Wechselwirkungsteilchen – Gravitonen – beschrieben werden, fehlt noch.

Bisher wurden keine Gravitonen in Teilchenexperimenten gefunden, obwohl niemand ernsthaft daran zweifelt, dass es sie geben muss, denn das quantisierte Konzept der Wechselwirkung durch vermittelnde Teilchen hat sich bei der theoretischen Beschreibung der anderen bekannten Wechselwirkungen ja bewährt.

Bei der elektromagnetischen Wechselwirkung sind es virtuelle Photonen, die die Kraft der elektrostatischen Anziehung oder Abstoßung zwischen zwei Ladungen bewirken, und bei der schwachen und starken Wechselwirkung sind es die W- und Z-Bosonen bzw. die Gluonen.

Die Gravitation nimmt insofern eine Sonderstellung unter den Wechselwirkungen der Elementarteilchen untereinander ein, weil bisher zwischen Massen keine die Wechselwirkung vermittelnden Teilchen gefunden wurden. Der Grund dafür ist, dass es sich bei der Gravitation im engeren Sinne des Wortes gar nicht um eine Wechselwirkung, also den Austausch von Wechselwirkungsteilchen zwischen zwei Massen, handelt.

Tatsächlich wirkt die Gravitation in dem Sinne auch gar nicht *zwischen* zwei Massen, sondern es ist vielmehr so, dass dort, wo sich in der äußeren Raumzeit eine Masse befindet, diese von aus allen Richtungen kommenden Eta-Teilchen zusammengedrückt wird.

So ist es ja schon bei den sekundären, leptonischen Theta-Wirbeln, die mit den Elektronen und Positronen die kleinsten Massen gewöhnlicher sichtbarer Materie bilden. Auf den Theta-Wirbel strömen ständig von allen Seiten aus dem Hyperraum kommende Eta-Teilchen zu, die dann an einer starken Raumkrümmung elastisch reflektiert werden und in die Richtung zurückfliegen, aus der sie gekommen sind. Das Eta-Teilchen verhält sich dabei wie eine kleine Kugel, die mit einer großen Kugel – einem massebehafteten Teilchen wie dem Elektron – zusammenstößt. Bei einer elastischen Streuung bzw. Reflexion verliert das Eta-Teilchen bei dem Stoßprozess keine Energie, sondern fliegt nur mit entgegengesetzt großer Geschwindigkeit wieder zurück in den Hyperraum.

Überträgt man dieses Modell auf zwei oder mehrere Massen, so ergibt sich, dass zwei Massen durch die Eta-Teilchen aufeinander zugedrückt werden, weil im Bereich zwischen den Massen nicht so viele aus dem Hyperraum kommende Eta-Teilchen auf die beiden Massen zufliegen und an den Massen reflektiert werden.

Es besteht auch die Möglichkeit, dass die Eta-Teilchen an einer starken Raumkrümmung inelastisch gestreut werden, wobei sie einen Teil der transportierten Energie an die Raumstruktur abgeben, was zur Bildung von dunkler Materie führt. Bei dieser sogenannten inelastischen Streuung fliegt das Eta-Teilchen dann mit verminderter Geschwindigkeit wieder in die Richtung zurück, aus der es gekommen ist.

Aus der Urwort-Theorie folgt damit eine neuartige Konzeption der Druckgravitation, die sich deutlich von den klassischen Vorstellungen der Druckgravitation des 18. Jahrhun-

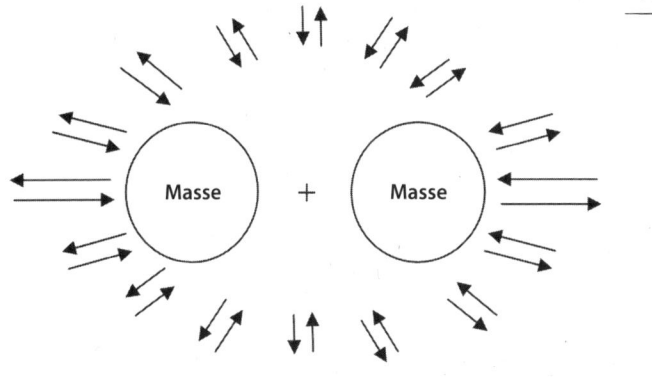

Das Konzept der Druckgravitation

derts nach dem Genfer Mathematiker Georges-Louis Le Sage unterscheidet. Nach Le Sage sollen dabei die regelmäßig in der äußeren Raumzeit verteilten und einen Äther bildenden Teilchen zwei Massen zusammendrücken.

Dieses klassische Konzept hat aber mehrere Widersprüche. Zum einen würde daraus folgen, dass eine Masse, die von anderen Massen abgeschirmt wird, leichter sein müsste, als wenn sie nicht abgeschirmt wäre. Außerdem bewiesen die Experimente von Albert Abraham Michelson und Edward Morley, dass es keinen Äther gibt, und inspirierten Einstein zur Formulierung seiner speziellen Relativitätstheorie.

In der quantisierten Urwort-Theorie kommen die Wechselwirkungsteilchen der Gravitation ja auch nicht aus der äußeren Raumzeit, sondern aus dem Hyperraum, und sie kehren nach der impulsübertragenden Reflexion wieder in den Hyperraum zurück. Zwei Massen werden durch die auf sie übertragenen Impulse der von allen Seiten aus dem Hyperraum einfallenden Eta-Teilchen aufeinander zugedrückt.

Zwischen zwei Massen wirkt also eigentlich keine Anziehungskraft, sondern eine von außen wirkende Druckkraft, die umso stärker ist, je größer die lokale Masse ist. Die Anziehungskraft zwischen zwei Massen ist also eigentlich eine Scheinkraft.

Bislang wird allenthalben so getan, als würde alle Masse im Universum nur von gewöhnlicher Materie gemacht und umgeben, also atomare und molekulare Strukturen, die letztlich als Kondensationen leptonischer Teilchen – Elektronen und Positronen – verstanden werden können. Doch in der Astrophysik ist seit langem bekannt, dass die Bewegungen großer materieller Strukturen wie Galaxien und Galaxienhaufen nur durch die Annahme erklärt werden können, dass es wesentlich mehr Masse im Universum gibt, als wir über Photonen – also durch elektromagnetische Strahlung – beobachten können.

Die elektromagnetisch wechselwirkende Materie, also Atome und Moleküle, und die von schwarzen Löchern verschluckte Materie machen nur etwa vier Prozent der gesamten Energie und ca. zwölf Prozent der gesamten Masse im Universum aus. Es gibt also eine fast zehnfach größere Masse, als in gewöhnlicher Materie vorhanden ist und von der die Astrophysiker nur wissen, dass sie da ist, aber nicht, woraus sie besteht.

Auch auf kleineren Skalen sind einige Anomalien bekannt, zum Beispiel Unregelmäßigkeiten in der Mondbahn, den Bahnen der Planeten und bislang unerklärliche Bahnabweichungen bei den Raumsonden »Pioneer I« und »Pioneer II«, die seit den Siebzigerjahren unterwegs sind und die am weitesten entfernten von Menschenhand geschaffenen Objekte sind. Ob diese nun auch mit bisher unbeachteten gravitativen Wechselwirkungen mit dunkler Materie erklärt werden können, ist noch offen.

Auf noch kleineren Skalen bis herab zu unseren Alltagsdimensionen waren bisher keine Effekte bekannt geworden, die mit der Wirkung von dunkler Materie in Verbindung stehen. Doch das hat sich geändert, seit der deutsche Chemiker Klaus Volkhamer (2008) bei Experimenten mit Präzisionswaagen kleine, aber signifikante Gewichtsänderungen feststellte, die er mit der quantisierten Absorption von dunkler Materie in Proben von geeigneter Struktur und Geometrie in Verbindung bringt.

Sollten seine Ergebnisse auch von anderen Labors bestätigt werden, so liegt hier der erste eindeutige Nachweis von dunkler Materie unter terrestrischen Bedingungen vor, und es wird höchste Zeit, dass die öffentlich finanzierte Forschung hier nachhakt. Volkhamer wies nach, dass es bei Wägeproben zu offensichtlich quantisierten Veränderungen des Gewichts kommen kann. Er maß sprunghafte Gewichtsveränderungen an Proben in der Größe der Planckmasse von etwa plus/minus 22 Mikrogramm, wobei die Messgenauigkeit der verwendeten Präzisionswaage bei einem Mikrogramm liegt.

Aus Sicht der Urwort-Theorie sind die Ursachen solcher quantisierter Gewichtssprünge in lokalen Raumstrukturveränderungen zu suchen. Solche Gewichtssprünge können mit Hilfe des Eta-Teilchen-Modells und der Quantisierung des Raumes durch eindimensionale Raumstrukturquanten dargestellt werden.

Dunkle Materie lässt sich durch quantisierte Anomalien in der lokalen Raumstruktur beschreiben. Es ist kein Mysterium, warum die dunkle Materie sich genau da aufhält, wo ohnehin schon gewöhnliche Materie vorkommt. Eta-Teilchen werden an starken Raumkrümmungen – also da, wo sich Teilchen mit Masse aufhalten – elastisch oder inelastisch gestreut.

Den Fall der elastischen Streuung haben wir bereits im Zusammenhang mit der Konzeption der Druckgravitation diskutiert. Die elastische Streuung besteht einfach in der Reflexion des Teilchens an der Raumstrukturkante, welche die stark gekrümmte Raumzeit in der Umgebung einer Teilchenmasse darstellt.

Die inelastische Streuung hingegen ist ein physikalischer Prozess, der sich nur auf quantisierter Ebene verstehen lässt. Dabei wird ein Teil der Energie des an der Raumstrukturkante gestreuten Eta-Teilchens in die lokale Raumstruktur als Raumstruktur-Anomalie eingebaut. Ein Teil der Eta-Teilchen-Energie wird sozusagen an einer bestimmten Stelle der Raumstruktur weggesteckt. Da die Quantisierung der Raumstruktur im Bereich der Plancklänge (etwa 10^{-35} Meter) erfolgt, beträgt die Masse einer Raumstrukturanomalie von der Größe einer Plancklänge ca. 22 Mikrogramm – das ist gerade die Planckmasse.

Eine solche Raumstrukturanomalie wird im Folgenden als *Raumtasche* bezeichnet. Raumtaschen sind keinesfalls mit

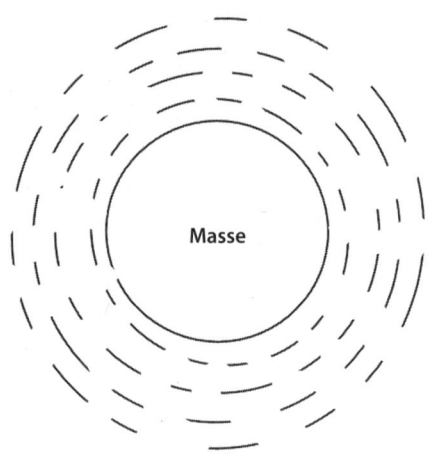

Eine Masse aus gewöhnlicher Materie, umgeben von Raumtaschen, die zur dunklen Masse beitragen

leptonischen Theta-Wirbeln zu vergleichen, die als kleine Minischwarzlochstrukturen in eine andere Partialstruktur hineinragen. Es sind vielmehr kleinere Falten und Runzeln in der lokalen Raumstruktur der äußeren Raumzeit, die nicht über die elektromagnetische Wechselwirkung kommunizieren. Sie machen sich nur durch ihre Masse und daher durch die Gravitation bemerkbar. Eta-Teilchen können auch an solchen Raumtaschen elastisch (und inelastisch) gestreut werden, und daher tragen diese Raumtaschen als dunkle Materie zur lokalen Gesamtmasse bei.

Raumtaschen haben Masse, weil an ihnen Raumstrukturquanten gestreut und eingelagert werden können. Bei elastischer Streuung von Raumstrukturquanten an Raumtaschen kommt es zur Reflexion des Raumstrukturquants und zu einem Impulsübertrag auf die Raumtasche in Richtung der nächstgelegenen Masse. Die frei beweglichen Raumstrukturquanten bilden die dunkle Energie. Die Raumtaschen tragen zur Gesamtmasse des Universums in erheblichem Maße bei.

Bei seinen Wägeexperimenten beobachtete Volkhamer nicht nur spontane quantisierte Massezunahmen, sondern auch spontane, ebenfalls quantisierte Masseabnahmen. Volkhamer folgerte daraus, dass es sowohl dunkle Materie mit positiver als auch mit negativer Masse geben müsse.

Diese Annahme ist aber nicht unbedingt erforderlich. Denn in der Urwort-Theorie kann eine spontane Massenabnahme dadurch beschrieben werden, dass sich eine Raumtasche in den »glatten« umgebenden Raum entspannt und sich dadurch auflöst. Die Masse ist dann zwar »verschwunden«, aber der Raum in ihrer Umgebung wird dadurch um ein Raumstrukturquant größer. Damit können einige beobachtete Effekte in der Astrophysik beschrieben werden: so die Konzentration von dunkler Materie dort, wo sich gewöhnliche Materie befindet, oder auch die zunehmend schneller werdende Ausdehnung des Raumes.

Die von Volkhamer berichteten Gewichts- bzw. Masseveränderungen können somit als Bildung von Raumtaschen durch inelastische Streuung von Eta-Teilchen an Massen und als Auflösung von Raumtaschen durch Expansion in die lokale Raumzeit-Struktur beschrieben werden. Die Raumtaschen nehmen nur an der Gravitationswechselwirkung teil. Es sei denn, es treffen zwei Raumtaschen aufeinander, die vertikal zueinander stehen. Dann lösen sich die beiden Raumtaschen auf, und die in ihnen enthaltene Masse wird in elektromagnetische Strahlung umgewandelt. Dabei entstehen Mini-Gamma-ray bursts, kleinste Gammastrahlenblitze.

Während große und weit entfernte Gammastrahlenexplosionen durch den Gravitationskollaps superschwerer Sterne (die implodierende Sternenmaterie verdichtet sich zu einem schwarzen Loch) erklärt werden können, lassen sich kleinere Gamma-ray-Ereignisse auch als Wechselwirkungsprozesse dunkler Materie interpretieren.

In dem naturwissenschaftlichen Dokumentarfilm »(R)evolution-2012« (2009) berichtet Peter Michelson, Physikprofessor an der Stanford University in Kalifornien, von solchen Untersuchungen der Gamma-rays mit Satelliten der NASA: »Wir nennen sie dunkle Materie, weil wir sie nicht sehen können. Wir können die gravitative Wechselwirkung mit normaler Materie mit unseren Spezialteleskopen beobachten. Wenn zwei dunkle Materieteile aufeinandertreffen, könnten sie sich gegenseitig vernichten, und das wiederum könnte Gamma-rays hervorrufen. Wir untersuchen also die Gamma-rays, die aus der Vernichtung von dunkler Materie entstanden.«

Die optische Signatur eines Gamma-ray bursts?

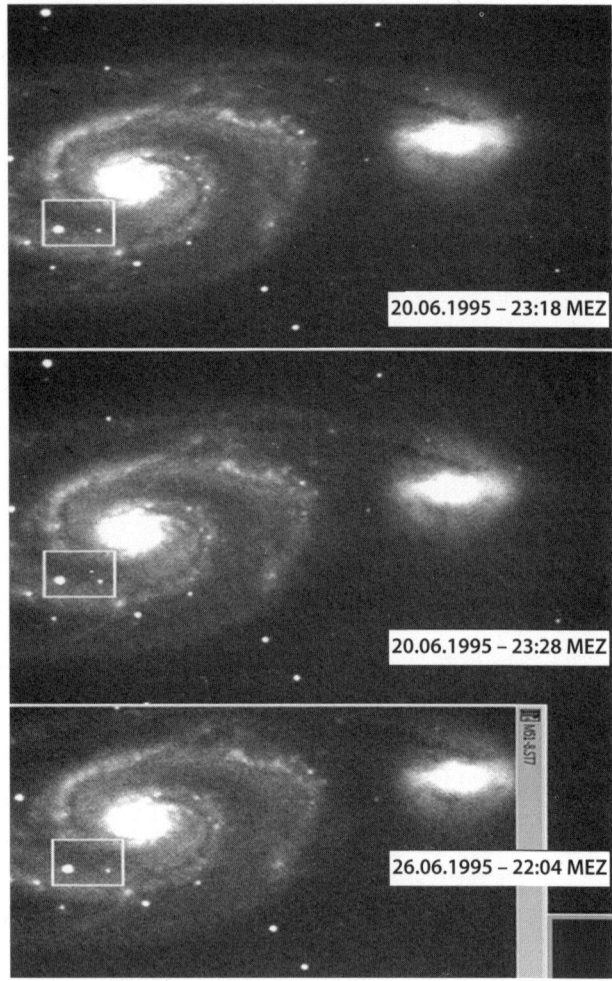

Am 20. und 26. Juni 1995 machte ich mit einem neuen Spiegelteleskop Aufnahmen von der Whirlpool-Galaxie. Alle drei Aufnahmen entstanden mit einer Belichtungszeit von fünf Minuten. Die angegebenen Uhrzeiten beziehen sich jeweils auf den Beginn der Aufnahme.

Das weiße Rechteck zeigt den interessanten Bildausschnitt. Im mittleren Bild erkennt man einen kleinen weißen Fleck oberhalb der beiden Sterne. Pixelfehler oder sonstige technische Unregelmäßigkeiten können ausgeschlossen werden. Die Aufnahme lässt zwar keine genauen Rückschlüsse auf die Dauer des optischen Ereignisses zu. Aber wenn man davon ausgeht, dass der Lichtblitz innerhalb der Belichtungszeit von fünf Minuten begonnen und wieder aufgehört hat, kann er aufgrund der Schärfe der Abbildung nicht länger als ein bis zwei Minuten gedauert haben. Sterne ähnlicher Helligkeit wie das Ereignis erscheinen deutlich stärker verschmiert, wie die Originalaufnahmen zeigen.

Möglicherweise handelt es sich um die zufällige Aufnahme eines kleineren Gamma-ray bursts bzw. dessen optisch sichtbaren Anteils. Erst einige Zeit später entdeckte ich dieses vermutliche Gammastrahlenereignis beim Auswerten der Aufnahmen.

3.6 Ein wachsendes Universum

Nach der Urwort-Theorie leben wir nicht in einem statischen Universum mit konstanter Energie und Masse. Vielmehr nehmen Gesamtenergie und Gesamtmasse des Universums stetig zu, denn vom Hyperraum strömen permanent neue Eta-Teilchen in alle Partialstrukturen ein und führen, insbesondere in der äußeren Raumzeit, zu einer ständigen Erhöhung der Gesamtenergie und -masse.

Die Eta-Teilchen, die an der bereits vorhandenen, gewöhnlichen Materie (Atome und Teilchen mit Ruhemasse) und an bereits vorhandenen Raumtaschen inelastisch gestreut werden, tragen damit zur Erhöhung der Gesamtmasse des Universums bei. Aus ihnen bilden sich neue Raumtaschen, oder, unter besonderen Bedingungen in sehr dichter Materie, neue leptonisch basierte, gewöhnliche Materie – also Elektronen, Positronen und daraus dann Quarks, aus ihnen schließlich Kernteilchen wie Protonen und Neutronen und daraus zusammen mit freien Elektronen die Atome.

Aufgrund der Mechanismen der Druckgravitation müsste somit die Masse von Himmelskörpern stetig zunehmen. Bisher wird zum Beispiel die tatsächlich nachgewiesene Zunahme der Erdmasse damit erklärt, dass die Erde auf ihrer Umlaufbahn um die Sonne ständig Materie, größtenteils in Form von kosmischem Staub, einfängt. Größere Staubpartikel bis hin zu Gesteinsbrocken sind auf ihrem Weg durch die Erdatmosphäre in Form von Sternschnuppen am Nachthimmel beobachtbar. Ob mit dieser realen Absorption von interplanetarer Materie der gesamte Massezuwachs der Erde erklärt werden kann, ist allerdings umstritten.

Von einigen Geologen wird eine Erdexpansionstheorie vertreten, die davon ausgeht, dass durch Massezuwachs im Erdinneren die Erde stetig expandiert. Nach dieser Vorstellung sollen die heutigen Erdkontinente einstmals die Urkruste der Erde gebildet haben, die unter dem Druck der von innen wirkenden Erdexpansion vor mehreren hundert Millionen Jahren auseinandergebrochen ist. Der erste namhafte Vertreter dieser Erdexpansionstheorie war der deutsche Ott Christoph Hilgenberg (1896–1976), der in den Zwanzigerjahren anhand der nach ihm benannten Hilgenbergschen Globen zeigte, dass sich die heutigen Kontinente erstaunlich gut wie Puzzlestücke zu einer Kugeloberfläche zusammenfügen lassen.

Tatsächlich bilden die heutigen Kontinente die ältesten, bis zu eine Milliarde Jahre alte geologischen Strukturen, wohingegen die Böden der Ozeane die geologisch jüngsten Strukturen darstellen mit einem vergleichsweise jungen Alter von »nur« einigen zehn Millionen Jahren. Die meisten Geologen gehen derzeit jedoch von einem über Hunderte von Millionen Jahren nahezu konstanten Erdradius aus und versuchen, die unbestrittene Kontinentaldrift mit dem Modell der Plattentektonik zu erklären. Das besagt, dass sich die beobachtete

Expansion der Meeresböden mit der Subduktion, also der Unterschiebung einer tektonischen Platte unter eine andere Platte, die Waage hält. Die Beobachtungsdaten der Meeresgeologen lassen aber hierzu noch keine abschließende Beurteilung zu.

Ein weiterer Widerspruch der Hypothese, dass der Erdradius nahezu konstant ist, ergibt sich aus der unbestrittenen Tatsache, dass die gegenwärtig getrennten Kontinente vor mehreren hundert Millionen Jahren auseinandergebrochen sind. Wäre der Erdradius aber beim Auseinanderbrechen der Kontinente schon genauso groß gewesen wie heute, dann hätte sich die gesamte Landmasse auf einer Seite der Erde befunden, was zu einer erheblichen Unwucht des Erdkörpers geführt hätte.

Die Erdexpansion muss auch nicht auf kleinen zeitlichen Skalen, innerhalb weniger Jahre oder Jahrzehnte, stetig verlaufen, sie könnte durchaus auch schubweise und ruckartig geschehen. Denkbar ist etwa, dass im Laufe längerer Zeiträume von einigen tausend Jahren der Druck im Erdinneren aufgrund einer Massezunahme im Erdkern so lange zunimmt, bis er sich schließlich ruckartig entlädt.

Der Geophysiker Otto Muck vermutete, dass zuletzt vor etwa 10 000 Jahren der Mittelatlantische Rücken, bekannt als Nahtstelle des expandierenden Meeresbodens im Atlantik, auf einer Länge von mehreren tausend Kilometern infolge eines Asteroiden- oder Kometeneinschlags aufriss und dabei zum Untergang der sagenumwobenen Insel Atlantis führte, die er in dem Gebiet der heutigen Azoren im Mittelatlantik verortete (Muck, 1976).

Dem durch den Einschlag bedingten Aufreißen des Meeresbodens muss dann allerdings eine Phase des Druckanstiegs im Erdinneren aufgrund des Massezuwachses vorausgegangen sein, denn allein durch den Einschlag eines vielleicht einen oder zwei Kilometer großen Kometenkerns oder Asteroiden kann das Aufreißen des Meeresbodens über eine solche Länge nicht erklärt werden. Und viel größer als ein bis zwei Kilometer Durchmesser kann der eingeschlagene Himmelskörper vor rund 10 000 Jahren auch nicht gewesen sein, denn sonst hätte er weitaus größere geologische Spuren und gravierendere Folgen für die Biosphäre hinterlassen, als beobachtet werden kann.

Konstantin Meyl (2007) versucht, einen im Erdkern ablaufenden Massezuwachs durch Absorption von solaren und interstellaren Neutrinos zu erklären. Dies ist noch nicht überzeugend, denn die Strahlungsdichte von solchen Neutrinos allein ist viel zu gering, als dass sie den für eine Erdexpansion notwendigen Massezuwachs bewerkstelligen könnte.

Geht man allerdings von einer aus der Urwort-Theorie hergeleiteten Druckgravitation aus, wobei aus dem Hyperraum stetig Energie in die äußere Raumzeit eingestrahlt wird, und berücksichtigt man den erheblichen Beitrag, den dunkle Materie und dunkle Energie zur Gesamtenergie im Universum leisten – immerhin etwa 96 Prozent –, so lässt sich ein entsprechender Massezuwachs, wie er von der Erdexpansionstheorie gefordert wird, durch inelastische Streuprozesse von Eta-Teilchen durchaus beschreiben.

Schließlich verhalten sich Eta-Teilchen als freie Teilchen wie Neutrinos, wenn sie nicht als in die Raumstruktur eingebundene Raumstrukturquanten fungieren. Als Neutrinos nehmen die Eta-Teilchen nicht an der elektromagnetischen Wechselwirkung teil, sind elektrisch neutral und haben einen halbzahligen Spin (Fermionen). Nur mit der Annahme, dass stetig neue Energie aus dem Hyperraum in die äußere Raumzeit einströmt, kann ein Massezuwachs der Erde durch Neutrino- bzw. Eta-Teilchen-Absorption erklärt werden.

Nach dem Konzept der Druckgravitation in der Urwort-Theorie strömen die Eta-Teilchen aus allen Richtungen auf die Erde zu. Die Dichte der Eta-Teilchen nimmt in Richtung Erdkern immer mehr zu, denn nur ein kleiner Teil der Eta-Teilchen wird vor Erreichen des Erdkerns an der Erdmaterie elastisch oder inelastisch gestreut. Mit zunehmender Dichte der Eta-Teilchen nimmt die Wahrscheinlichkeit der Materialisation zu. Dabei kommt es zur Verwirbelung der Eta-Teilchen mit Bildung von sekundären positiv und negativ geladenen Theta-Wirbeln und damit zur Bildung gewöhnlicher Materie – Elektronen/Positronen, Quarks, Protonen/Neutronen, Atome.

Wenn wir tatsächlich in einem stetig wachsenden Universum leben – und viele Beobachtungen sprechen dafür –, so müssen wir davon ausgehen, dass alle Objekte des Universums stetig wachsen. Der Raum wird stetig größer, weil immer mehr Raumstrukturquanten durch inelastische Streuung in die bestehende Raumstruktur eingelagert werden und auch Himmelskörper wie die Sterne, Planeten und Monde stetig größer werden, da in ihrem Inneren physikalische Prozesse ablaufen, die zu einer Generierung von Masse in Form von leptonischer (gewöhnlicher) Materie und unsichtbarer Materie in Form von Raumtaschen führen.

In logischer Konsequenz bedeutet dies, dass die Monde unseres Sonnensystems sehr langsam, aber sicher zu größeren Himmelskörpern, den Planeten, heranreifen, und die erdähnlichen Planeten wie Venus, Erde, Mars sich zu größeren Gasplaneten wie Jupiter, Saturn, Uranus und Neptun weiterentwickeln. Die großen Gasplaneten können sich dann allmählich zu braunen Zwergen und schließlich zu Sonnen entwickeln, vorausgesetzt, sie haben die Gelegenheit, auch aus der sie umgebenden interstellaren Materie genug Materie in Form von Wasserstoffgas zu absorbieren. All diese Entwicklungsprozesse verlaufen über einen Zeitraum von vielen Milliarden Jahren über einige Sternengenerationen hinweg.

An einem Fußweg in meinem Wohnort ist ein Papierkorb aus Stahl aufgestellt. Kinder haben ihn bemalt und darauf geschrieben: »Wenn ich groß bin, werde ich ein Container.« Im Falle dieses Papierkorbs ist diese Aussage sicher nicht wörtlich zu nehmen – er wird nicht wachsen. Er wird vielleicht allenfalls einmal bei seiner Wiederverwertung eingeschmolzen und dann als Teil eines größeren Containers weiterexistieren …

Um jedoch die Schicksalsanalogie dieses Papierkorbs weiterzuspinnen: Natürlich kommt der ungünstigere Fall, dass ein großer Himmelskörper sich einen kleineren Himmelskörper einverleibt, im Universum auch vor. Es kann geschehen, dass schwarze Löcher Sterne fressen und alles andere, was ihnen zu nahe kommt. Ein Beispiel dafür ist die Röntgenstrahlungsquelle Cygnus X-1. Sterne können auch Planeten fressen, oder Planeten können Monde und Asteroiden fressen usw.

Das Verschlucken größerer Himmelskörper wie Planeten durch noch größere Himmelskörper scheint aber eher eine seltenere Ausnahmesituation zu sein, denn unser Sonnensystem ist offensichtlich seit vielen Milliarden Jahren erstaunlich stabil, obwohl es seit seiner Entstehung vor etwa sechs Milliarden Jahren schon dutzende Male das Zentrum unserer Galaxis umrundet hat.

In der Astrophysik gehen die meisten Wissenschaftler davon aus, dass unsere Erde in der Frühzeit ihrer Entstehungsgeschichte mit einem kleineren Planeten kollidierte, der etwa halb so groß wie die Erde war. Die Erde soll sich diesen Planeten dann einverleibt haben. Allerdings soll bei der Kollision ein Teil des äußeren Erdmantels aus der damals noch glutflüssigen Erde herausgeschleudert worden sein. Aus diesem Teil soll schließlich der Erdmond entstanden sein. Diese Theorie erklärt ganz gut den Dichteunterschied zwischen Erde und Mond.

Die Urwort-Theorie liefert nicht nur eine Beschreibung bisher unverstandener beobachteter Phänomene der Astrophysik wie etwa dunkle Materie und dunkle Energie. Sie führt auch zu einer Quantisierung der Gravitationswechselwirkung in der äußeren Raumzeit. So bietet uns die Urwort-Theorie im nächsten Kapitel eine Beschreibung der vitalen Prozesse in biologischen Strukturen. Dabei spielen die Eigenschaften der sekundären positiv und negativ geladenen Theta-Wirbel, also die Elektronen und Positronen und ihre elektromagnetische Wechselwirkung untereinander, eine entscheidende Rolle.

Viele der durch die elektromagnetischen Wechselwirkungen der Elektronen untereinander beobachtbaren Eigenschaften biologischer Strukturen lassen sich bereits mit Hilfe der anschaulichen Modellvorstellungen aus dem zweiten Kapitel über die Geometrisierung von Teilchenstrukturen und über das Elektron als Bewusstseinsteilchen aus der komplexen Relativitätstheorie ableiten. Einige weitere Möglichkeiten der Energiegewinnung und Bewusstseinsbildung in biologischem Material lassen sich aus der hier erstmals vorgestellten Urwort-Theorie herleiten.

Zum Abschluss dieses Kapitels sollen noch einmal alle Elemente der Urwort-Matrix und ihre physikalische Bedeutung zusammengefasst werden:

Λ (Lambda): Ursymbol für Gott, für ELI, aus dem alles hervorgegangen ist, was ist. ELI verströmt Energie, Liebe und Information.

H (Eta): Symbol für Eta-Teilchen. Die Eta-Teilchen werden von ELI in alle Richtungen des vierdimensionalen Hyperraums abgestrahlt. Sie spannen als Raumstrukturquanten den Hyperraum auf und in den Theta-Wirbeln die weiteren Partialstrukturen. In der äußeren Raumzeit treten sie als Druckgravitationsteilchen auf – Gravitonen, Neutrinos.

X (Chi): radiale Strahlung, elektrische Felder.

Φ (Phi): zirkulare Strahlung, magnetische Felder.

Θ (Theta): Theta-Wirbel: Sekundäre Theta-Wirbel bilden die Partialstrukturen der äußeren Raumzeit (Diesseits) und inneren Raumzeit (Jenseits) und als Teilmengen des Jenseits die inneren Raumzeiten von Leptonen.

$A\ \Omega$ (Alpha, Omega): Anfang und Ende, in einer Partialstruktur diejenige Dimension, in der alle Objekte der Partialstruktur keinen Freiheitsgrad besitzen (in der äußeren Raumzeit die Dimension der Zeit).

Δ (Delta): vierdimensionale, sekundäre Partialstruktur.

Wie sich gezeigt hat, führt die explizite Einführung Gottes zu einer umfassenden Beschreibung aller in der Physik beobachtbaren Phänomene. Das hier vorgestellte Quantisierungsmodell in Form der Urwort-Matrix beschreibt die Entwicklung der Partialstrukturen und ist auch kompatibel mit den bekannten physikalischen Gesetzmäßigkeiten und den zuvor vorgestellten Modellen außerhalb der Mainstream-Physik, insbesondere der Charonschen komplexen Relativitätstheorie und der Heimschen Quantenfeldtheorie. Darüber hinaus liefert der Ansatz der Urwort-Matrix, wie gezeigt, auch Modelle für aktuelle und bislang unverstandene Probleme der Elementarteilchen-, Gravitations- und Astrophysik.

Kapitel 4

Das Leben ist ein Liebeswirbel

Ohne Liebe kein Leben

Wir unternehmen einen Streifzug durch die Welt der Biophysik und werden sehen, dass auch hier die Urwort-Theorie wichtige Impulse liefert, um zu verstehen, wie und von wo biologische Organismen die für ihr Leben notwendige Energie beziehen. Mit den Ergebnissen der Urwort-Theorie lassen sich die elementaren Prozesse des Lebens beschreiben. So gelingt es, die vitale Organisation eines biologischen Organismus zu verstehen. Aufgrund ihres transdimensionalen Informationsaustausches sind Elektronen in der Lage, elektromagnetische Energie in biologischer Materie zu speichern. Auf diese Weise wird eine physikalische Modellvorstellung der Lebensenergie – des Bioplasmas – gewonnen. Neben Forschungsergebnissen der modernen Biophysik werden auch Methoden vorgestellt, mit denen die Vitalität biologischer Organismen, die Bioplasma-Konzentration, gemessen und gesteigert werden kann.

4.1 Das Licht des Lebens

Die formgestaltende Wechselwirkung in unserer belebten Natur ist zweifellos die elektromagnetische Wechselwirkung. Die Bindungsenergien von Molekülen werden durch die elektrostatischen Kräfte zwischen den Atomhüllen verursacht. Viele angeregte Zustände von Atomen und Molekülen liegen im Energiebereich von Photonen des sichtbaren Lichts. Diese Photonen decken einen Bereich aus dem Spektrum der elektromagnetischen Strahlung ab, der für biologische Lebewesen von besonderer Bedeutung ist.

Man denke nur an die Fähigkeit pflanzlicher Zellen, die durch die Photosynthese Kohlenhydratmoleküle (Zucker) aus Kohlendioxid, Wasser und Lichtenergie herstellen. Alle formbildenden Prozesse, also Wachstum, in einer biologischen Zelle können auf eine zeitlich und räumlich gesteuerte Abfolge von Millionen mal Millionen kontrolliert ablaufenden chemischen Reaktionen zurückgeführt werden.

In Zahlen: Der hochkomplexe und äußerst effektive Stoffwechsel einer einzigen lebenden biologischen Zelle besteht in der Steuerung von etwa 100 000 chemischen Reaktionen pro Sekunde. Ein moderner Großflughafen wie Frankfurt kann etwa 100 000 Passagiere und ihre Gepäckstücke pro Tag logistisch dirigieren. Eine Zelle hingegen kann in einer Sekunde genauso viele Besucher – Moleküle – an ihren Reaktionsort geleiten.

Nur ein hochkohärentes elektromagnetisches Energiefeld, das von der energetischen Größenordnung passt, kann diesen geordneten Ablauf des chemischen Stoffwechsels in biologischen Organismen bewerkstelligen. Um ein solches elektromagnetisches Feld aufzubauen, braucht es Teilchen, die Photonen empfangen und abstrahlen können, und das sind genau die Elektronen in der Atomhülle.

Die Elektronen und prinzipiell auch die Positronen, deren innere Raumzeiten mit Licht gefüllt sind, können ihre Teilchen- erfahrungen in Form von Lichtmustern speichern. Aufgrund dieser Eigenschaften haben wir die Elektronen und die Posi- tronen bereits als die Teilchen bzw. die elementaren Strukturen des Bewusstseins erkannt. Über die elektromagnetische Wechselwirkung – innerer Photonen-Impulsaustausch und äußerer reeller Photonenaustausch – können diese Teilchen ihre Erfahrungen auch untereinander austauschen.

Mit der elektromagnetischen Wechselwirkung (siehe den Abschnitt über das Elektron als Bewusstseinsteilchen, Seite 56 ff.) gelingt es den Elektronen, die in Form von Lichtmustern erzielte Ordnung in ihren inneren Raumzeiten auf die äußere Struktur der Materie zu übertragen, also die chaotische Mate- rie dahingehend zu organisieren, möglichst effektiv Energie und Information auszutauschen. Wie innen, so außen.

So schaffen die bewusstseinstragenden Teilchen zunächst durch Kooperation über die elektromagnetische Wechsel- wirkung größere, immer komplexer werdende Molekular- strukturen, die untereinander beginnen, Energie, Liebe und Information in Form von elektromagnetischer Strahlung (Photonen) auszutauschen, bis ganze Zellstrukturen und schließlich Organismen entstehen, die einen vielfältigen Stoff- wechsel haben.

Bereits in der ersten Hälfte des 20. Jahrhunderts wies der russische Biologe Alexander Gawrilowitsch Gurwitsch (1932) nach, dass der Stoffwechsel in biologischen Zellen durch elektromagnetische Strahlung gesteuert wird. Später wurde diese ultraschwache Zellstrahlung durch hochempfindliche Messvorrichtungen (Photomultiplier) direkt nachgewiesen. Auch in Deutschland gelang einer Gruppe von Biophysikern um Fritz-Albert Popp (1984) der direkte Nachweis dieser soge- nannten Biophotonen.

Von Kritikern wird immer wieder behauptet, die gemessene ultraschwache Zellstrahlung sei viel zu schwach, um als steuerndes und regulierendes elektromagnetisches Feld der Stoffwechselprozesse eine Rolle spielen zu können. Dies ist absolut unzutreffend, denn die direkt messbare ultraschwache Zellstrahlung stellt ja nur einen Bruchteil der in Form von stehenden Wellen in den biologischen Zellen vorhandenen elektromagnetischen Energie dar.

Die direkt messbare ultraschwache Zellstrahlung besteht aus den wenigen Photonen, die aus dem weitgehend kohärenten Strahlungsfeld herausgestreut werden. Aus den wenigen herausgestreuten messbaren Photonen nun zu schließen, das Feld sei viel zu schwach, ist daher abwegig. Es ist etwa so, als würden die Kritiker behaupten, die geringe Wassermenge in der Gischt von Wasserwellen sei der Beweis dafür, dass nicht mehr Wasser im Ozean vorhanden sei als in der Gischt.

Bereits 1986 berichtete der deutsche Physiker und Nobelpreisträger Gerd Binnig in einem Interview in »Bild der Wissenschaft«: »Durch dickes biologisches Material fließt ein elektrischer Strom, und wir wissen nicht, warum. Wir haben schon mit vielen Theoretikern darüber gesprochen, keiner versteht es bis jetzt.«

Wenn man sich allerdings vor Augen hält, dass die elektrische Leitfähigkeit von biologischem Material zunimmt, je mehr Elektronen des Materials sich in angeregten Atom- und Molekülzuständen befinden, wird verständlich, warum dort Strom fließt. Elektronen halten sich mit einer größeren Wahrscheinlichkeit *dann* in angeregten Zuständen auf, wenn es lokal ein starkes elektromagnetisches Feld gibt, welches die nötige Energie bereitstellt, damit Elektronen die meiste Zeit in angeregten Zuständen verbleiben können.

Der Aufbau eines solchen elektromagnetischen Feldes wird durch die Konstruktion und Größe von biologischen Zellen verständlich. Die biologischen Zellen sind aufgrund ihrer Größe ideale Hohlraumresonatoren für elektromagnetische Strahlung im optisch sichtbaren Bereich und im UV-Bereich. Ein Hohlraumresonator verstärkt die Schwingungen in seinem Inneren. So wirkt etwa der Klangkörper einer Gitarre als Hohlraumresonator für Schallschwingungen, sodass die Töne der Gitarrensaiten deutlich lauter zu hören sind.

Im Inneren von biologischen Zellen baut sich ein kohärentes elektromagnetisches Strahlungsfeld auf, wie dies für Laser typisch ist. Es lässt sich berechnen, dass das von der Sonne eingestrahlte sichtbare Licht als kohärent angesehen werden kann, wenn die absorbierende Fläche nicht größer als ein Millionstel Quadratzentimeter ist. Dies entspricht bemerkenswerterweise der Größe der Oberfläche biologischer Zellen.

Die Elektronen haben also die biologische Materie von den Abmessungen her in optimaler Weise so organisiert, dass maximal viel Photonenenergie, also Lichtenergie, aufgenommen werden kann. Auch im Inneren der Zellen haben sich die Elektronen als erstklassige Ingenieure erwiesen.

Betrachten wir den Aufbau der DNS. Sie ist ein riesiges Molekül, das aus vielen Tausenden von einzelnen Atomen aufgebaut ist und das im Wesentlichen aus zwei zopfartig verdrillten Strängen besteht, die in gleichbleibenden Abständen durch vier verschiedene Sprossenarten miteinander verbunden sind. Von der Abfolge dieser Sprossenanordnung ist bekannt, dass sie die genetische Information der betreffenden Zelle enthält.

Der gesamte Code, den die DNS jeder Zelle enthält, besteht aus etwa acht Milliarden Buchstaben. Eine Buchseite besteht aus rund 2000 Buchstaben. Eine DNS enthält damit so viel »Text«, wie er auf vier Millionen Buchseiten untergebracht werden kann. Das sind 20 000 Bücher mit durchschnittlich 200 Seiten. Man kann also ohne weiteres sagen, dass die DNS die Bibliothek einer Zelle darstellt. Jede Zelle eines biologischen Organismus verfügt damit über einen Informationsschatz, der einer gut sortierten Bibliothek mit 20 000 Büchern entspricht! Bei jeder Zellteilung wird diese gesamte Bibliothek dupliziert und steht danach beiden Tochterzellen wieder zur Verfügung. Dies ist jedoch nur der biochemische Aspekt der DNS.

Die DNS fungiert zudem als ein intrazellulärer Photonenspeicher und als Sende- und Empfangsantenne für elektromagnetische Strahlung. In der Elektronenhülle der DNS finden sich Tausende von möglichen angeregten Energiezuständen, in denen sich die Elektronen der DNS aufhalten können.

Um diese angeregten Zustände einnehmen zu können, müssen die Elektronen natürlich von außen Photonen oder – was das gleiche ist – elektromagnetische Wellen empfangen.

Eine Stabantenne ist ideal, um der elektrischen Feldkomponente eines elektromagnetischen Feldes Energie zu entziehen. Eine Ringantenne ist ideal, um aus der magnetischen Komponente des elektromagnetischen Feldes Energie aufzunehmen. Die verdrillte Form der DNS stellt daher geradezu eine ideale Kombination aus Stab- und Ringantenne dar.

Es wird angenommen, dass die menschliche DNS bis zu fünfmal zopfartig verdrillt ist. Damit bildet sie eine raffiniert konstruierte Antenne für Photonen, die durch die Superhelixstruktur über einen großen Frequenzbereich empfindlich ist. Die Elektronen verfügen mit der DNS über eine äußerst effektive Antenne, um das vielfältige, quasikontinuierliche Energiespektrum der Elektronenhülle der DNS zu besetzen.

Damit bildet die DNS mit ihrem chemischen Code nicht nur die genetische Bibliothek biologischer Zellen, sondern sie ist auch ein elektromagnetischer Energiespeicher und eine Sende- und Empfangsantenne für elektromagnetische Energie.

Wenn nur wenige Elektronen in der DNS in angeregten Zuständen sind, verringert sich die elektrische Leitfähigkeit der DNS. Ihre Energiespeicher- und Antennenwirkung wird dadurch beeinträchtigt. Das elektromagnetische Feld ist schwach, und die biochemischen Prozesse in der Zelle kommen aus dem Gleichgewicht. Der Organismus wird krankheitsanfällig.

Befinden sich jedoch viele Elektronen der DNS in angeregten Zuständen, wird die DNS elektrisch leitfähig und kann wie eine Antenne elektromagnetische Energie empfangen und abstrahlen. In der Zelle, deren begrenzende Membran wie ein verstärkender Hohlraumresonator wirkt, kann sich dann ein starkes elektromagnetisches Feld ausbilden, das alle biochemischen Prozesse steuert.

Von den Elektronen in der DNS gehen in übergeordneter Weise alle elektromagnetischen Steuerimpulse für den Ablauf sämtlicher biochemischer Stoffwechselprozesse aus. Von hier aus wird das energetische Niveau jeder Zelle geregelt. Wenn bei vitalem biologischen Material eine höhere elektrische Leitfähigkeit als erwartet gemessen wird, so steht dies im Zusammenhang mit vielen von Elektronen besetzten angeregten Zuständen in den Zellmolekülen, und letztlich mit im biologischen Material gespeicherter elektromagnetischer Energie.

Die DNS kann auch als kleiner Generator betrachtet werden, der Theta-Wirbel erzeugt und damit freie Energie in Form von aus dem Hyperraum kommenden Eta-Teilchen in kohärente elektromagnetische Energie umwandelt. Diese Energie ermöglicht es den Elektronen, biologische Materie zu organisieren und damit die Vitalität biologischer Strukturen darzustellen.

Der größte Teil der DNS besteht aus den die Sprossen bildenden Nukleinbasen Adenin und Thymin sowie Cytosin und Guanin, die alle aus ringförmigen Molekülkomponenten aufgebaut sind, an denen sich Eta-Teilchen aus dem Hyperraum verwirbeln können. Dadurch entstehen kleine Theta-Wirbel, die aus der aus Eta-Teilchen bestehenden dunklen Energie bzw. freien Energie elektromagnetische Energie in Form von Biophotonen in den biologischen Zellkern auskoppeln und dadurch die Besetzung vieler angeregter Zustände in diesen Molekülkomponenten ermöglichen.

Wenn sich durch diese Verwirbelung von Eta-Teilchen elektromagnetische Felder (Photonenringe) in biologischem Material aufbauen, befinden sich eben auch mehr Elektronen in angeregten Zuständen. Damit werden mehr und mehr angeregte Zustände der DNS von Elektronen besetzt, wodurch sich die elektrische Leitfähigkeit des biologischen Materials erhöht. Diese verblüffenden Effekte von unerklärlicher elektrischer Leitfähigkeit in biologischem Material, von denen Binnig bereits Ende der Achtzigerjahre berichtete, werden damit verständlich.

Biochemische Moleküle wie die DNS verhalten sich in gewisser Hinsicht wie Halbleiter. Sie verfügen über ein sogenanntes Valenz- und Leitungsband. Diese Begriffe kommen ursprünglich aus der Festkörperphysik.

Bestimmte kristalline Strukturen wie zum Beispiel Silizium sind sogenannte Halbleiter. Sie sind keine Isolatoren, in denen es keine freien Elektronen zum Stromtransport gibt, aber auch keine Leiter, wie etwa Metalle, in denen ein freies Elektronengas hohe elektrische Leitfähigkeit ermöglicht. Solche Halbleiter verfügen über ein Valenzband, in dem sich die ortsfest an Atome gebundenen Elektronen befinden, und über ein Leitungsband, in dem sich frei bewegliche Elektronen befinden.

Zwischen Valenz- und Leitungsband eines Halbleiters klafft eine Energielücke, die von den an die Atome des Halbleiters gebundenen Elektronen nicht ohne weiteres überwunden werden kann. Erst wenn man in einen Halbleiterkristall wie Silizium in regelmäßigen Abständen Fremdatome einbaut, bilden diese Fremdatome kleine Sprossen, auf denen die Elektronen wie auf einer Leiter die Energielücke zwischen Valenz- und Leitungsband überwinden können. Ein mit Fremdatomen versehener Halbleiterkristall verfügt dann über eine brauchbare elektrische Leitfähigkeit, und Elektronen können sich dann in ausreichender Zahl im Halbleiterkristall bewegen. Auf diesen Prinzipien basiert die gesamte Mikroelektronik und Computertechnik.

Wenn die DNS viel elektromagnetische Energie speichert, sind auch viele Elektronen in der DNS in angeregten Zuständen, das heißt, sie sind auf höheren Orbitalen und können so ins Leitungsband der DNS gelangen. Damit erhöht sich auch die Effektivität der DNS als Sende- und Empfangsantenne für elektromagnetische Energie, denn in einer Antenne müssen sich genug freie Elektronen hin- und herbewegen können, damit die Energie empfangen oder abgestrahlt werden kann.

Nicht nur die DNS, auch andere Moleküle können als Antennen und Speicher elektromagnetischer Energie fungieren. Von besonderer Bedeutung dabei sind Moleküle mit ringförmiger Struktur, wie sie erstmals der deutsche Chemiker August Friedrich Kekulé (1829–1896) in der Kohlenstoffringstruktur des Benzols entdeckt hat. Lange rätselte Kekulé darüber, welche Struktur das Benzol wohl haben könnte. Schließlich hatte er einen Traum von einer Schlange, die sich in den eigenen Schwanz beißt. So entdeckte er die Struktur des Benzolmoleküls, eine Anordnung von sechs Kohlenstoffatomen, die ringförmig miteinander verbunden sind.

Eine Vielzahl organischer Verbindungen, darunter eine Reihe von Stoffen mit psychoaktiver Wirkung, enthalten solche ringförmigen Strukturen. Kohlenstoffringartige Moleküle begünstigen also die Entstehung von kleinen Theta-Wirbeln auf molekularer Ebene. Eta-Teilchen, die solche Moleküle anströmen, können an der ringförmigen Struktur verwirbelt werden, was zur Generierung von kohärenten Photonenringen und damit zu einer Erhöhung des elektromagnetischen Energieniveaus innerhalb einer biologischen Struktur führen kann.

Das bedeutet, dass auf molekularer Ebene, insbesondere im biochemischen Milieu lebender organischer Strukturen, durch Verwirbelung von freier Energie (Eta-Teilchen) an ringförmigen Molekularstrukturen elektromagnetische Energie aus der freien Energie des Quantenraumes ausgekoppelt werden kann.

Erst mit der in diesem Buch vorgestellten Urwort-Theorie wird also verständlich, wie biologische Lebewesen auch in völliger Dunkelheit, also bei Abwesenheit von sichtbarem Licht, in der Lage sind, die für die Aufrechterhaltung der vitalen Stoffwechselprozesse notwendige elektromagnetische Energie in Form von Photonen aus der Energie der allgegenwärtigen, aus dem Hyperraum kommenden Eta-Teilchen auszukoppeln. Würde es den in der Urwort-Theorie beschriebenen Prozess der Umwandlung von Eta-Teilchen zu Photonen nicht geben, so gäbe es auch keine vernünftige Erklärung für das Leben in der Tiefsee oder von Mikroorganismen mehrere Kilometer tief unter der Erdoberfläche. Darauf verweist der Dokumentarfilm »Aus Feuer und Eis – die Erde« (2009).

Aus der biochemischen Erforschung der molekularen Zellbausteine ist die herausragende Bedeutung der Proteine für den Zellstoffwechsel bekannt. Proteine sind aus diversen essenziellen Aminosäuren aufgebaut und verfügen über einen äußerst komplexen Aufbau. Manche Proteinmoleküle muten an wie kleine molekulare Nanomaschinen, welche die Produktion neuer molekularer Strukturen bewerkstelligen. Es geht zu wie auf einer Fertigungsstraße für Autos. Dabei fungieren die Proteinmoleküle als die Mechaniker und Roboter, die jeweils bestimmte Komponenten in das Fahrzeug (Molekül) einbauen.

Bei diesen Fertigungsprozessen hochkomplexer molekularer Strukturen beziehen die Proteinmoleküle ebenfalls die notwendige Energie, die sie zur Leistung ihrer handwerklichen Arbeit benötigen, aus dem elektromagnetischen Strahlungsfeld, das innerhalb der Zelle aufgebaut ist. Viele Proteinmoleküle verfügen über molekulare Abschnitte, die ähnlich wie die DNS zopfartig gewunden sind. Diese Abschnitte eines Proteins fungieren als Antennen, um aus dem umgebenden elektromagnetischen Feld die Energie für die Arbeitsleistung des Proteins auszukoppeln. Diese Bereiche eines Proteinmoleküls bilden eine direkte Resonanzkopplung mit bestimmten Sequenzen der DNS, wodurch den Proteinen unmittelbar elektromagnetische Energie aus der DNS-Antenne übertragen wird.

Von vielen Proteinmolekülen ist bekannt, dass sie an ihrer Oberfläche unterschiedlich elektrostatisch aufgeladene Bereiche haben. Es gibt Bereiche, die elektrisch positiv oder negativ geladen sind. An diese Bereiche können sich andere elektrisch geladene Moleküle (Ionen) anlagern, wodurch Formveränderungen innerhalb des Proteinmoleküls ausgelöst werden. Durch diese Formveränderungen haben die Proteine die Möglichkeit, mechanische Arbeit zu leisten, wie der Muskel eines Armes oder Beines. Viele solcher Verformungen in einem Proteinmolekül verlaufen zyklisch, und dadurch kann ein Produktionsablauf immer wieder erfolgen.

Zellen, bei denen der Zellkern mit der DNS durch eine winzige Kanüle abgesaugt wurde, leben trotz der Entfernung der DNS weiter. Sie verfügen also durch die in den Proteinen gespeicherte elektromagnetische Energie und die als Hohlraumresonator fungierende Zellmembran weiterhin über eine ausreichende Versorgung mit »frischen« Photonen und eine ausreichende Intensität des steuernden elektromagnetischen Feldes.

Allerdings sterben solche Zellen im Vergleich zu Zellen mit Zellkern schneller ab, weil ihnen mit der Entfernung des Zellkerns die Möglichkeit abhanden gekommen ist, Sequenzen der DNS für die Produktion neuer Proteinmoleküle zu kopieren. Da Proteinmoleküle auch verschleißen können, sind die Zellen zur Aufrechterhaltung ihres Stoffwechsels auf »Ersatzteile« angewiesen, wie Bruce Lipton (2009) berichtet.

Von besonderer Bedeutung für die elektromagnetische Kommunikation innerhalb einer Zelle und zwischen benachbarten Zellen ist auch die Zellmembran. Sie vibriert wie der Klangkörper eines Musikinstruments in der Frequenz des elektromagnetischen Feldes innerhalb des Zellplasmas.

Über die Zellmembran wird auch der gesamte Stoffwechsel der Zelle mit der Außenwelt abgewickelt. Dabei werden durch elektrische Ladungszustände die Proteinporen in der Zellmembran geöffnet oder geschlossen.

Aufgrund der elektromagnetischen Wechselwirkung ist es offensichtlich, dass Veränderungen der elektrischen Ladungszustände von Molekülen der Zellmembran durch elektromagnetische Felder beeinflusst werden können. So haben die Elektronen als Bewusstseinsteilchen die Steuerung der elektrischen Zustände der Zellmembran und aller anderen Stoffwechselprozesse der Zelle im Griff.

Aus der Biologie ist bekannt, dass Zellen ohne Zellkern – dazu gehören Bakterien – nur als einzellige Lebewesen existieren. Bei diesen Einzellern ist die Erbinformation der Zelle, die DNS, über das gesamte Zellvolumen verteilt. Nur Zellen mit Zellkern, bei denen die gesamte DNS im Zellkern konzentriert ist, können mehrzellige Organismen bilden. Alle mehrzelligen Pflanzen, Tiere und der Mensch sind aus Zellen mit Zellkern aufgebaut.

Als Erklärung dafür lässt sich annehmen, dass Zellen mit Zellkern eine höhere elektromagnetische Energiedichte generieren können als Zellen ohne Zellkern. Die Zellkernmembran, die den Zellkern vom übrigen Zellvolumen abgrenzt, wirkt ebenfalls wie die äußere Zellmembran als Hohlraumresonator für elektromagnetische Wellen.

Da das Volumen des Zellkerns kleiner ist als das Gesamtvolumen der ganzen Zelle, sind die Resonanzfrequenzen dort höher als außerhalb des Zellkerns. Dies ist vergleichbar mit Orgelpfeifen. Große Orgelpfeifen mit großem Volumen erzeugen einen tieferen niederfrequenten Ton, kleine Orgelpfeifen mit kleinerem Volumen einen höheren hochfrequenten Ton.

Außerdem besteht das Innere des Zellkerns im Wesentlichen aus der DNS und weiteren Proteinmolekülen. Daher ist der größte Teil der gesamten in der Zelle befindlichen elektromagnetischen Energie im Zellkern konzentriert.

In Zellen mit Zellkern sind daher die Voraussetzungen gegeben, dass die DNS als Sende- und Empfangsantenne auch mit der DNS in anderen Zellen Informationen austauschen kann. Dies ist für einen biologischen Organismus, der aus einer Vielzahl von Zellen und aus verschiedenen Organen besteht, von großer Bedeutung. Ohne das steuernde und ordnende elektromagnetische Feld, das durch die DNS-DNS-Kopplung über die Grenzen der einzelnen Zellen hinaus die Morphogenese von spezialisiertem Zellgewebe (Nervenzellen, Hautzellen, Knochenzellen, Blutzellen usw.) bewirkt, könnte ein komplexer Organismus, wie der von höher entwickelten Pflanzen, Tieren und wie der des Menschen, nicht funktionieren.

Ein intensiver Photonenaustausch zwischen den Elektronen der einzelnen Moleküle einer Zelle und den DNS-Molekülen benachbarter Zellen ist erforderlich, um den Informationsaustausch in einem Organismus aufrechtzuerhalten, damit alle Stoffwechselprozesse geordnet und nicht chaotisch ablaufen.

Die Resonanzfrequenzen des Zellkerns liegen deutlich über denen der äußeren Zellmembran. Während die äußere Zellmembran aufgrund ihrer Abmessung etliche Resonanzfrequenzen im Bereich des sichtbaren Lichts besitzt, liegen die Resonanzfrequenzen des Zellkerns im höheren UV-Bereich und darüber.

Das fundamentale Verständnis der Lebensprozesse, das wir durch die Kenntnis der physikalischen Eigenschaften des Elektrons und seiner Wechselwirkungsmöglichkeiten gewonnen haben, erlaubt es, eine weitere Brücke zu schlagen zu einer revolutionären biologischen Theorie – der *Theorie der morphogenetischen Felder.*

Der englische Biologe Rupert Sheldrake stellte in seinem Buch »Das schöpferische Universum« (dt. 1983) die folgende Hypothese auf: »Das Universum richtet sich nicht nur nach unveränderlichen starren Mustern, sondern folgt auch Gewohnheiten – Mustern, die im Lauf der Zeit durch die Wiederholung von Ereignissen entstehen. Jeder Form und jedem Verhalten liegen neben genetisch bedingten Ursachen unsichtbare Konstruktionspläne zugrunde – transzendente morphogenetische Felder prägen und steuern die gesamte belebte und unbelebte Schöpfung. Eignet sich ein Angehöriger einer biologischen Gattung ein neues Verhalten an, wird sein morphogenetisches Feld verändert. Behält er sein neues Verhalten lange genug bei, beeinflusst die morphische Resonanz, eine Wechselwirkung zwischen allen Gattungsangehörigen, die gesamte Gattung.« Diese Hypothese ist bereits durch etliche biologische und verhaltenspsychologische Experimente bestätigt worden.

Mit den hier vorgestellten Elektronenmodellen lässt sich die physikalische Natur dieser morphogenetischen »Felder« beschreiben. Elektronen und Positronen verfügen nach diesen Modellen über individuelle und Ordnung erzeugende, innere Raumzeiten. Elektronen und Positronen lassen sich daher als die elementaren Träger des Bewusstseins und als die Organisatoren lebender Formen und Strukturen auffassen.

Die Lichtmuster in den inneren Photonengasen der Elektronen und Positronen sind ja gerade die Teilchengedächtnisse, und die von Sheldrake beschriebenen Eigenschaften der morphogenetischen Felder entsprechen genau diesen Gedächtnis tragenden inneren Lichtmustern. Durch die elektrostatische Wechselwirkung – also den Photonen-Impulsaustausch zwischen zwei oder mehreren Elektronen – kommt es zur Bildung von morphogenetischen Feldern, die den von Sheldrake beschriebenen Einfluss auf die Formgebung und das Verhalten von biologischen Strukturen haben.

Aufgrund der inneren Lichtmuster, die die Elektronen in ihren inneren Raumzeiten speichern, haben die Elektronen die Tendenz, spezifische chemische Strukturen auszubilden. Die inneren Lichtmuster bestimmen also, in welchen Atomen sich die Elektronen bevorzugt aufhalten und welche äußere Form die von den Elektronen gebildeten Materieanordnungen haben.

Der deutsche Biophysiker Dieter Broers berichtet in seinen Büchern (2005, 2009) von den Ergebnissen seiner Untersuchungen des Einflusses elektromagnetischer Felder auf das menschliche Bewusstsein. Er konnte im Rahmen interdisziplinärer Forschungsprojekte nachweisen, dass durch bestimmte elektromagnetische Felder eine erhöhte Ausschüttung psychoaktiver Substanzen im menschlichen Gehirn induziert werden kann.

Broers vertritt außerdem die These, dass durch geomagnetische und weitere kosmische elektromagnetische Felder geistige Evolutionsprozesse auf der Erde beeinflusst werden können. Er belegt dies unter anderem durch die Auswertungen der Häufigkeit von Unfällen und Einweisungen von psychisch auffälligen Patienten in medizinische Einrichtungen.

Der Biophysiker sieht gar einen Zusammenhang zwischen langfristigen Aktivitätsschwankungen der Sonne und dem Auf- und Abstieg menschlicher Zivilisationen im Laufe der zurückliegenden Jahrtausende. Er belegt dies durch entsprechende Korrelationen zwischen den Entwicklungszyklen von Hochkulturen und den durch die Auswertung von Jahresringen von Bäumen gewonnenen Aktivitätszyklen der Sonne.

Da wir die Elektronen als Träger des Bewusstseins und insbesondere der Gedächtnisinhalte erkannt haben und Elektronen die Sender und Empfänger elektromagnetischer Energie sind, sind solche Zusammenhänge nicht von der Hand zu weisen.

4.2 Bioplasma – die Ursache für die Vitalität

Aufgrund ihrer Fähigkeit zur Photonenspeicherung in angeregten Atom- und Molekülzuständen verschaffen sich die Elektronen eine große Bewegungs- und Aktionsfreiheit im Inneren der von ihnen organisierten biologischen Strukturen. Zugleich erhöhen sie durch die hohe Photonendichte den Informationsfluss untereinander.

Aus der Atomphysik wissen wir, dass angeregte Zustände in Atomen meist nur für die extrem kurze Zeit von einer Hundertmillionstelsekunde eingenommen werden. Damit die Elektronen die Lichtenergie nicht inkohärent und regellos in alle Richtungen zerstreuen und wieder alle in ihre Grundzustände zurückpurzeln, müssen die Elektronen einen Ordnungssog erzeugen. Dazu verständigen sie sich untereinander über die elektrostatische Wechselwirkung – also virtueller Photonen-Impulsaustausch von innerer Raumzeit des einen Elektrons zur inneren Raumzeit des anderen Elektrons.

Durch die Kombination von elektrostatischer Wechselwirkung (Austausch innerer Lichtmuster) und elektromagnetischer Wechselwirkung (Austausch von Photonen durch die äußere Raumzeit) sind die Elektronen in der Lage, ein sehr effektives, verlustarmes Lasersystem im Inneren der von ihnen organisierten biologischen Strukturen aufzubauen.

Mit dem Austausch innerer Lichtmuster, also ihrer Gedächtnisinhalte, stimmen die Elektronen ihre gegenseitige Distanz aufeinander ab, damit sich zwischen ihnen im Außenraum im Gleichtakt eine kohärente Photonenstrahlung aufbauen kann. Dabei entsprechen die durch die elektrostatische Wechselwirkung ausgetauschten inneren Lichtmuster der Frequenz des sich im Außenraum zwischen den Elektronen aufbauenden Photonen-Strahlungsfeldes bzw. des elektromagnetischen Feldes. Innerhalb eines biologischen Organismus und auch bereits auf der Ebene einer einzelnen biologischen Zelle entsteht dabei das sogenannte Bioplasma.

Bioplasma entsteht durch Speicherung von Lichtenergie in angeregten Atomzuständen im Körper, durch die Kopplung von elektrostatischer und elektromagnetischer Wechselwirkung. Damit Lichtenergie im Körper gespeichert werden kann, müssen sich zwei Elektronen in benachbarten Atomen über ihre inneren Raumzeiten (Austausch von inneren Lichtmustern) auf den Austausch von Photonen im Außenraum abstimmen.

Das Elektron, welches das Photon abstrahlt, geht dabei in seinem Atom auf einen energetisch niedrigeren Zustand, eine engere Umlaufbahn, das empfangende Elektron hingegen auf einen energetisch höheren Zustand, eine höhere Umlaufbahn. Die Lichtenergie kann so zwischen den beiden benachbarten Elektronen hin- und herpendeln, wodurch sie in der biologischen Struktur gespeichert bleibt.

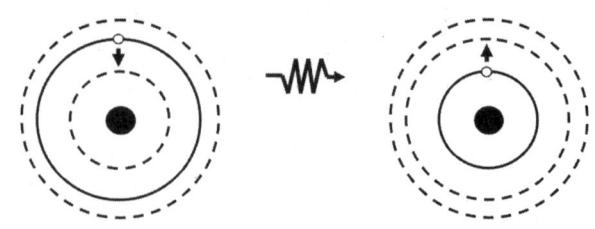

Bioplasma als Austauschprozess von Photonen zwischen zwei Atomen

Die Abbildung beschreibt die Entstehung des Bioplasmas auf atomarer Ebene. Dabei wechselt das Elektron im linken Atom vom angeregten Zustand in den Grundzustand. Die frei werdende Energie strahlt das Elektron als Photon ab. Das Elektron im rechten Atom empfängt das Photon und kann dadurch in einen angeregten Zustand wechseln.

Nach kurzer Zeit wechselt dann das Elektron im rechten Atom vom angeregten Zustand in den Grundzustand. Die frei werdende Energie strahlt das Elektron als Photon ab. Das Elektron im linken Atom empfängt dann das Photon wieder und kann dadurch erneut in einen angeregten Zustand übergehen. Diese Prozesse wechseln sich ständig ab. Dadurch bleibt die Photonenenergie zwischen den beiden Atomen lokalisiert.

Die Elektronen gleichen dabei mehr oder weniger geschickten Jongleuren, die sich untereinander beliebig viele Bälle (Photonen) zuwerfen. Damit keine bzw. möglichst wenige Bälle verlorengehen, ist also die »innere Verständigung«, die elektrostatische Wechselwirkung, von entscheidender Bedeutung.

Wie viele Photonen die Elektronen untereinander jonglieren können, hängt ab vom Ordnungsgrad der Photonengase in der inneren Raumzeit der Elektronen. Auf diese Weise werden von außen kommende Photonen von den Elektronen im biologischen Material eingefangen und in das kohärente elektromagnetische Strahlungsfeld im Inneren der Zellen eingegliedert. So können sich Strahlungsfelder mit immer höherer Energiedichte auftürmen.

Mit diesem elektromagnetischen Strahlungsfeld steuern und speisen die Elektronen alle biochemischen Stoffwechselprozesse zur Aufrechterhaltung der Lebensfunktionen sowie den Aufbau neuer biologischer Strukturen wie Wachstum und Reproduktion.

Je mehr Photonen in der biologischen Materie gespeichert werden, umso mehr werden energetisch freie und angeregte Zustände von den Elektronen eingenommen. Das bedeutet, dass eine besonders vitale biologische Struktur über viele angeregte und freie Elektronenzustände verfügt. Dieser für biologische Materie typische energetische Anregungszustand ist also das Bioplasma.

Mit Hilfe der hier entwickelten Modellvorstellungen über die physikalischen Eigenschaften der Elektronen fällt es nun leicht, die Eigenschaften des Bioplasmas grundlegend zu verstehen. Bioplasma ist genau die in den angeregten Atomzuständen gespeicherte Photonenenergie. Die Fähigkeit der Materie, Bioplasma zu speichern, hängt nur von der Fähigkeit der Elektronen ab, sich durch die elektrostatische Wechselwirkung, die über ihre inneren Raumzeiten abgewickelt wird, auf den Photonenaustausch durch die äußere Raumzeit einzustimmen.

Durch das Ein- und Ausatmen nehmen viele biologische Organismen den für die chemischen Stoffwechselvorgänge nötigen Sauerstoff auf und scheiden als Verbrennungsrückstand Kohlendioxid aus. Neben diesem rein chemischen Aspekt hat die Atmung noch eine weitere Funktion, die sich physikalisch begründen lässt. Denn mit jedem Atemzug nimmt der Körper nicht nur Sauerstoff auf, sondern auch Lichtenergie – also Photonen, die in angeregten Zuständen von Hüllelektronen in den Luftmolekülen gespeichert sind. Diese in den Luftmolekülen gespeicherte Lichtenergie ist sozusagen das Bioplasma der Atmosphäre, das vorwiegend durch die Sonneneinstrahlung gebildet wird.

Die in der Atemluft gespeicherte Lichtenergie war den Mystikern aller Zeiten bekannt und wurde unterschiedlich bezeichnet: Prana, Od, Orgon-Energie. Fälschlicherweise wurde das Bioplasma oft als immaterielle zusätzliche Energieform betrachtet. So ist es zum Beispiel dem Psychologen und Verhaltensforscher Wilhelm Reich nicht gelungen, die von ihm als Orgon-Energie bezeichneten Phänomene (was nichts anderes ist als Bioplasma, also in angeregten Elektronen-zuständen gespeicherte Lichtenergie) in den bestehenden Formalismus der Atomphysik zu integrieren.

Hier wird nun Bioplasma durch eine physikalisch begründete Modellvorstellung beschrieben – als Kopplung zwischen Elektronen, die über die elektrostatische und elektromagnetische Wechselwirkung miteinander Energie, Liebe und Information austauschen. Der Anreicherungsgrad der Luft mit Bioplasma lässt sich mit geeigneten Instrumenten quantitativ und qualitativ nachweisen und messen. Dies geschieht zum Beispiel mit einem Elektrometer oder durch Messung der Funkenschlagweite in einem Hochspannungsfeld.

Bioplasma entsteht also letztlich dadurch, dass die Elektronen die negentropische Ordnung erzeugenden Eigenschaften ihrer inneren Raumzeiten (Lichtmuster) auf die äußere Raumzeit übertragen. Je höher die gespeicherte Photonendichte und die Anzahl der dabei beteiligten Elektronen bzw. je höher der dadurch bedingte Informationsfluss ist, umso größer ist das Gesamtbewusstsein dieser Elektronengemeinschaft. Bewusstsein ist also ein Kooperativphänomen.

Wissenschaftler bei IBM in Zürich (L. Gross et al.) berichteten 2009, dass ihnen erstmals die Abbildung einer größeren molekularen Struktur mit dem Rasterkraftmikroskop gelungen war.

Aufnahme eines Pentazen-Moleküls mit dem Rasterkraftmikroskop (IBM Research, Zürich, und »Science«, 2009)

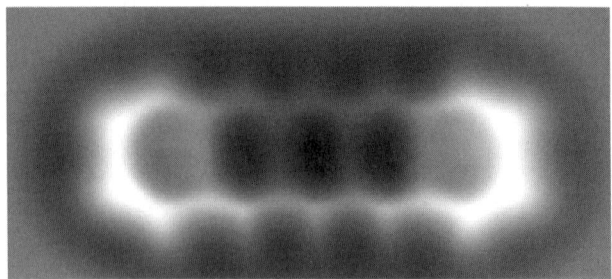

Die Aufnahme zeigt deutlich erkennbar die fünf Kohlenstoffringe, aus denen sich das organische Molekül Pentazen zusammensetzt. In gleicher Weise müsste es in der Zukunft möglich sein, auch Abschnitte der DNS mit dem Rasterkraftmikroskop abzutasten und angeregte Molekülzustände infolge von gespeicherter elektromagnetischer Energie unmittelbar auf molekularer Ebene nachzuweisen.

Mit einem Rasterkraftmikroskop kann die räumliche Ausdehnung der Elektronenhülle eines Atoms oder eines Moleküls untersucht werden. Wir stehen damit heute an der Schwelle, angeregte Zustände in einem Molekül unmittelbar »sehen« zu können und damit den direkten Nachweis der in einem Molekül gespeicherten elektromagnetischen Energie zu erbringen.

Mit der Modellvorstellung des Bioplasmas lässt sich auch die Ursache oder Entstehung von Krankheiten erklären. Viele Krankheiten lassen sich darauf zurückführen, dass in bestimmten Körperbereichen die steuernden elektromagnetischen Felder zu schwach sind oder dass infolge eines psychischen Traumas oder der Anwesenheit von Giftstoffen elektromagnetische Störfelder die interzelluläre Kommunikation beeinträchtigen.

Dies ist auf eine Disharmonie in der Verteilung der inneren Lichtenergie der Elektronen zurückzuführen. Der deutsche Biophysiker Fritz-Albert Popp fand schon 1972 starke Indizien, dass die toxische oder sogar krebserregende Wirkung bestimmter chemischer Stoffe darauf zurückzuführen ist, dass diese Stoffe die Kommunikation in der Zelle oder zwischen benachbarten Zellen stören, indem sie bestimmte Frequenzen aus dem elektromagnetischen Strahlungsfeld der Zellen durch Absorption dämpfen und damit die Kohärenz des Steuerfeldes zerstören.

Wenn die interzelluläre elektromagnetische Kommunikation zwischen benachbarten Zellen nicht mehr funktioniert, entsteht bei Zellteilungen ein sinn- und formloser, wild wuchernder Zellklumpen, der im schlimmsten Fall zu unkontrolliert wachsenden Tumoren führt. Aus dieser bioelektromagnetischen Sicht sind die Ursachen für eine Krebserkrankung in der Störung der interzellulären Kommunikation zu suchen.

Bekannt ist der Zusammenhang zwischen einem erlittenen seelischen Trauma und einer sich daraus entwickelnden Krebserkrankung. Traumatische Erlebnisse, emotionale Verletzungen, die ein Mensch psychologisch betrachtet »verdrängt«, können als Krankheit verursachend angesehen werden. Verdrängung bedeutet im biophysikalischen Sinne, dass der Mensch unbewusst ein elektromagnetisches Feld aufbaut, um die erlittene Erfahrung energetisch abzukapseln.

Der durch dieses Verdrängungsfeld abgekapselte Körperbereich wird dadurch weniger mit Bioplasma versorgt als psychisch gesundes Körpergewebe. Gewissermaßen kommt es durch die verdrängte Erfahrung zu einer Verfinsterung des betroffenen Körperbereichs und somit zu höherer Krankheitsanfälligkeit. Ein zu geringes Niveau an Bioplasma – also eine energetische Unterversorgung – führt langfristig immer zu Krankheitserscheinungen. Da die biochemischen Stoffwechselprozesse durch das Bioplasma gesteuert werden, verändert sich durch reduziertes Bioplasma-Niveau auch das chemische Milieu des betroffenen Körperbereichs.

In den vergangenen Jahrzehnten wurden verschiedene Verfahren entwickelt, um mit Hilfe elektromagnetischer Wellen, die im Takt bestimmter Bioresonanzfrequenzen moduliert sind, eine regulierende Wirkung in einem erkrankten Organismus zu stimulieren. Diese unter dem Oberbegriff der Bioresonanz arbeitenden Verfahren nutzen die in jedem lebenden Körper vorhandene Bioplasma-Konzentration, um die Verteilung des Bioplasmas zu harmonisieren.

Auf diese Weise können Krankheiten unter bestimmten Umständen therapiert werden. Voraussetzung für die Wirksamkeit solcher Bioresonanzverfahren ist allerdings, dass der zu regulierende Organismus über ein genügend hohes Bioplasma-Niveau verfügt, denn die Bioresonanzverfahren führen dem Organismus keine nennenswerte Menge an Bioplasma-Energie zu, sondern sie versuchen nur, den noch vorhandenen Fluss an Bioplasma zu regulieren. Menschen mit einem sehr schwachen Bioplasma-Niveau kann mit solchen Regulationstherapien erst geholfen werden, wenn sie wieder über ausreichende Energiereserven verfügen.

In der weiteren Entwicklung der energetischen Medizin wird es darauf ankommen, einem erkrankten Menschen wieder zu einem ausreichend hohen Bioplasma-Niveau zu verhelfen. Dazu wird es erforderlich sein, den geschwächten Organismus mit Photonen zu versorgen, die über genügend Quantenenergie verfügen, um angeregte Zustände in den Atomen oder Molekülen des Organismus zu besetzen. Dies leisten im biologischen Zellgewebe vorzugsweise die Quanten des sichtbaren Lichts und des UV-Bereichs, die in geeigneter Form zugeführt werden können. Am Ende dieses Kapitels wird die Wirkungsweise von Naturdiamantprodukten vorgestellt, die eine solche Anhebung des Bioplasma-Niveaus ermöglichen.

Neben der materialistisch orientierten Schulmedizin etablieren sich zunehmend auch holistisch und ganzheitlich orientierte Naturheilverfahren, die um die Bedeutung des Bioplasmas für die menschliche Gesundheit wissen. So setzt zum Beispiel die traditionelle chinesische Akupunkturlehre ganz gezielt an den Energieknotenpunkten des menschlichen Energiesystems an.

Der elektrische Widerstand ist in Akupunkturpunkten messbar geringer als in ihrer weiteren Umgebung. Geringerer Widerstand bedeutet mehr freie Ladungsträger, also mehr frei bewegliche Elektronen in angeregten Zuständen. So ist in einem Akupunkturpunkt die Konzentration von Bioplasma höher als anderswo. Die Akupunkturpunkte sind durch Meridiane (Energieleitbahnen) miteinander verbunden. Der Akupunkteur kann damit gezielt auf die Energieströmungen im Energiesystem des Menschen einwirken, um damit zum Beispiel Blockaden zu lösen oder Schmerzen zu lindern.

Es besteht darüber hinaus eine besondere Wechselwirkung zwischen der Psyche und dem Energiesystem eines Menschen. Es ist bekannt, dass Menschen durch die Erinnerung und Verarbeitung eines zuvor ins Unterbewusstsein verdrängten Traumas von schweren Krebserkrankungen geheilt wurden. Tumore lösten sich auf oder wuchsen nicht mehr weiter.

Es fehlt in der Schulmedizin eine positive Definition von Gesundheit. Ein Mensch gilt als gesund, wenn er keine körperlichen, krankheitsbedingten Beschwerden hat. Die Medizin und auch die Biologie haben bisher weitgehend nur die chemischen Eigenschaften des physischen Körpers untersucht.

Dass die gesunde Funktion eines biologischen Organismus in entscheidendem Maße von seiner Fähigkeit abhängt, Bioplasma, also Lichtenergie, in körpereigenen angeregten Atomzuständen zu speichern, ist vielen Schulmedizinern bisher entgangen. Die konventionelle Schulmedizin ist noch im alten Newtonschen Weltbild verhaftet. Sie erfasst daher nur einen Teilaspekt des Menschen und klammert seine seelische und geistige Komponente aus.

Die hier vorgestellten physikalischen Modellvorstellungen, die auf der Quantenphysik und den hier dargelegten physikalischen Theorien basieren, bieten die Möglichkeit, Biologie, Medizin, Psychologie und letzlich auch die Geisteswissenschaften und alle geistigen Phänomene auf eine naturwissenschaftliche Basis zu stellen.

Es ist allerdings bezeichnend, dass die Vorreiter der Bioplasma- und Biophotonenforschung in den zurückliegenden Jahrzehnten und auch aktuell von Seiten materialistisch orientierter Interessengruppen unter Beschuss genommen werden. Gezielte Verleumdungskampagnen gegen Vertreter moderner und holistischer Forschungsansätze, betrieben vor allem von anonymen Internetseiten, gehören zu den letzten Zuckungen eines dahinsiechenden »Gesundheitssystems«, für den ein viele Milliarden Euro schwerer Markt auf dem Spiel steht.

4.3 Der Nachweis des Bioplasmas

In den zurückliegenden Jahrzehnten habe ich nach messtechnischen Möglichkeiten gesucht, um Bioplasma in biologischen Strukturen, insbesondere im menschlichen Körper, nachzuweisen und seine Verteilung qualitativ und quantitativ zu bestimmen.

In den Dreißigerjahren entdeckte der russische Elektrotechniker Semjon Davidowitsch Kirlian (1898–1978), dass von biologischen Objekten, die sich in der Nähe eines hochfrequenten Hochspannungsfeldes befinden, eine im abgedunkelten Raum gut sichtbare Lichtstrahlung ausgeht. Legt man zwischen die elektrisch isolierte Hochspannungselektrode und das aufzunehmende Objekt ein Fotopositivpapier, so können die Leuchterscheinungen aufgezeichnet werden. Dieser nach seinem Entdecker benannte Kirlian-Effekt wurde in der Folge zunächst von russischen Wissenschaftlern untersucht.

Bei diesen Untersuchungen kamen die russischen Forscher zu folgenden Ergebnissen:

1. Unbelebte Objekte (insbesondere metallische Gegenstände) zeigen eine unveränderliche Strahlenkorona.

2. Die Strahlenkoronae von biologischen Objekten variieren sehr stark. Die Abstrahlungen von verschiedenen Tieren und Pflanzen unterscheiden sich wesentlich voneinander.

3. Die Intensität und Struktur einer Strahlenkorona ändert sich in besonderer Weise vor und während einer Erkrankung.

4. Die Intensität und Struktur einer Strahlenkorona reflektieren den emotionalen und mentalen Zustand eines Menschen.

Im Westen wurde man erst in den Siebzigerjahren auf den Kirlian-Effekt aufmerksam. Das Interesse war zunächst vorwiegend esoterischer Natur. Bald sprach sich herum, dass mit der Kirlian-Fotografie angeblich die menschliche Aura sichtbar gemacht und fotografiert werden könne. Dies ist jedoch, wie sich nachstehend zeigen wird, aus physikalischer Sicht nicht ganz richtig.

Die Kirlian-Fotografie kam dann sehr schnell durch eine Reihe pseudowissenschaftlicher Aussagen von Laien in Verruf. Manche dieser Anwender der Kirlian-Fotografie bedienten sich bei der Ausdeutung der Kirlian-Bilder von Händen eines Vokabulars, wie es bei Kartenlegern, Kaffeesatzlesern und Wahrsagern üblich ist.

Einen bedeutenden und seriösen Beitrag zur Anwendung der Kirlian-Fotografie als diagnostisches Werkzeug in der ganzheitlichen Heilkunde leistete der deutsche Heilpraktiker Peter Mandel (1983). In den Siebzigerjahren entdeckte er, dass die Abstrahlungen, die man an den Finger- und Zehenspitzen fotografisch aufzeichnen kann, Informationen über den energetischen Status bestimmter Organe und Körperbereiche enthalten. Aus einer Vielzahl von Patientenaufnahmen entdeckte er auf empirischem Weg eine Energie-Organ-Beziehung und entwickelte daraus die energetische Terminalpunkt-Diagnose.

Mandel klassifizierte die unterschiedlichen beobachtbaren Abstrahlungen und interpretierte sie als Normalstrahlung, toxische Strahlungsqualität (Entzündungen, toxische Belastungen) und degenerative Strahlungsqualität (energetische Starre, Deregulierung). Er lieferte eine phänomenologische Beschreibung und energetische Interpretation der Strahlungsphänomene, die auf Kirlian-Bildern der Finger- und Zehenspitzen beobachtet werden können.

Zu Beginn meines Physikstudiums Ende der Siebzigerjahre wurde ich auf den Kirlian-Effekt aufmerksam. So baute ich mir ein Kirlian-Gerät, mit dem auf der Fläche einer DIN-A4-Seite fotografische Aufnahmen mit Fotopositivpapier gemacht werden konnten.

Bereits nach einigen Versuchen mit befreundeten Testpersonen wurde mir klar, dass sich neben medizinischen Faktoren auch die psychische Verfassung der Testperson in der Strahlungsqualität der Leuchterscheinungen widerspiegelt. Depressive und ermüdete Menschen zeigen relativ schwache und mit vielen Lücken versehene Abstrahlungen. Psychisch stabile, ausgeglichene Menschen hingegen zeigen kräftige Abstrahlungen mit weniger Lücken.

Offensichtlich besteht auch ein Zusammenhang mit der Vitalität einer Person: Je frischer und ausgeruhter eine Person, umso kräftiger sind die Abstrahlungen. Personen, die ausgeprägten Gemütsschwankungen unterliegen, zeigen die ausgeprägten Schwankungen in der Intensität der Abstrahlungen.

In den Achtziger- und Neunzigerjahren entwickelte ich daraus ein physikalisches Messverfahren – gesichert in einer Patentschrift (1987) –, mit dem die Konzentration und Verteilung von Bioplasma in biologischen Objekten qualitativ und quantitativ bestimmt werden kann. Bei diesem Verfahren wird kein Fotopapier mehr benötigt, die beim Kirlian-Effekt auftretenden Leuchterscheinungen werden vielmehr direkt durch eine Digitalkamera elektronisch aufgezeichnet. Damit wird nicht nur der zeitintensive Dunkelkammerprozess eingespart, die elektronische Aufnahme kann auch unmittelbar auf einem Computerbildschirm dargestellt und qualitativ und quantitativ ausgewertet werden. Erst ein solches Verfahren ermöglicht eine objektive und reproduzierbare Anwendung des Kirlian-Effekts zu diagnostischen Zwecken.

Kritiker der Kirlian-Fotografie bezweifeln, dass die Variationen der Leuchterscheinungen biologischer Objekte mit biologischen oder gar energetischen Prozessen korrelieren. Sie wenden ein, dass dies allein mit Änderungen der Luft- und Hautfeuchtigkeit erklärt werden könne. Eine Verwendung der Kirlian-Fotografie zu Diagnosezwecken lehnen sie daher ab.

Unbestreitbar ist die Intensität der Leuchterscheinungen von äußeren Parametern wie Luftfeuchtigkeit und -temperatur abhängig. Dieser Einfluss ist jedoch durch gleichzeitige Referenzmessung an einem Metallobjekt leicht zu kontrollieren.

Offensichtlich sind die Schwankungen äußerer Messgrößen wie Luftfeuchtigkeit und -temperatur nicht immer hinreichend berücksichtigt worden. Ich muss daher meinerseits bezweifeln, ob die negativen Schlussfolgerungen, die Kritiker dieses Messverfahrens gern aus der Untersuchung von Hendrik Treugut und anderen 1997 entgegen der Intention der Autoren bezüglich der Treffsicherheit und Reproduzierbarkeit der Kirlian-Fotografie ziehen, dadurch wissenschaftlich untermauert sind.

So kam 1989/90 eine Studie an der TU Berlin von Sebastian Büttrich und anderen zu dem Ergebnis, dass durchaus personenspezifische Bildstrukturen über Monate hinweg identifiziert werden konnten. Zu beachten ist, dass die vorgenannten Arbeiten mit klassischen Kirlian-Geräten auf Fotopapierbasis durchgeführt wurden, deren Aufnahmen nur qualitativ und subjektiv interpretiert werden können, was naturgemäß erhebliche Schwankungsbreiten nach sich zieht. Eine quantitative Auswertung der Messungen ist mit der Fotopapiertechnik grundsätzlich nicht möglich.

Das von mir entwickelte Verfahren ermöglicht jedoch eine objektive Auswertung, die sowohl zu qualitativ als auch quantitativ reproduzierbaren Ergebnissen führt. Nachdem erste Prototypen meines Kirlian-Videografie-Verfahrens zur Verfügung standen, beauftragte die Hans-Sauer-Stiftung in Deisenhofen bei München, die meine Erfindung förderte und die Entwicklung der Prototypen ermöglichte, mehrere Anwender aus Heilberufen, mein Verfahren mit computergesteuerter Auswertung auf seine Eignung für die Diagnostik im Praxisbetrieb zu testen.

Die Anwender testeten unabhängig voneinander über einen Zeitraum von 21 Monaten mein Kirlian-Videografie-Verfahren an zahlreichen Patienten. Es ist die bislang umfangreichste Studie zur Wirksamkeit eines auf dem Kirlian-Effekt basierenden Diagnoseverfahrens. Die Anwender Bernd Sigl und Thomas Kasanmascheff (2002) kamen übereinstimmend zu positiven Ergebnissen in ihrer Bewertung:

1. Bekannte organische Belastungen sind meist erkennbar.

2. Unbekannte Belastungen konnten oft über eine gezielte Anamnese bestätigt werden.

3. Störungen im klassischen Beherdungsbereich Kopf können gut bestimmt werden.

4. Überraschenderweise werden Amputationen nicht als gestörter Bereich reflektiert.

An dieser Stelle soll der Kirlian-Effekt physikalisch beschrieben werden. Die Abbildung zeigt schematisch ein Kirlian-Gerät, mit dem Kirlian-Fotografien aufgenommen werden können, im Querschnitt. Das Gehäuse und insbesondere die Deckplatte bestehen aus einem elektrisch isolierenden Material.

Querschnitt durch ein Kirlian-Gerät

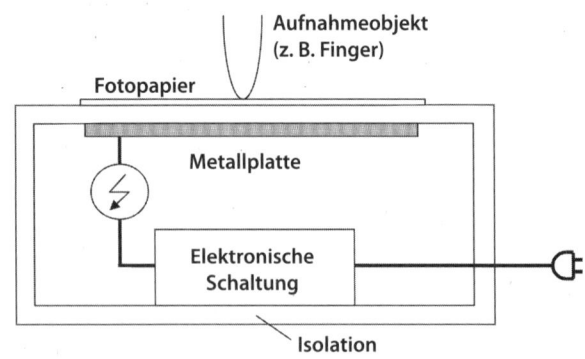

Im Inneren des Kirlian-Geräts befindet sich eine elektronische Schaltung, die Hochspannungspulse erzeugt. Diese werden auf eine Metallplatte unterhalb der isolierenden Deckplatte geleitet. Durch die elektrische Spannung an der Metallplatte entsteht oberhalb der isolierenden Deckplatte ein starkes elektrisches Feld.

Werden nun elektrisch leitfähige Objekte (zum Beispiel Metallgegenstände, Pflanzenblätter, Hände, Finger- oder Zehenspitzen) in die Nähe der Deckplatte gebracht, so treten Elektronen aus dem Objekt aus und bewegen sich in Richtung zur Deckplatte.

Je kleiner der Energiebetrag ist, den die Elektronen im biologischen Objekt aufbringen müssen, um das Objekt zu verlassen (Austrittsarbeit), umso mehr Elektronen werden aufgrund des durch die Hochspannung erzeugten elektrischen Feldes aus dem biologischen Objekt austreten. Es ist offensichtlich, dass die Austrittsarbeit der körpereigenen Elektronen verringert wird, wenn sich viele dieser Elektronen bereits in angeregten Atom- oder Molekülzuständen befinden.

Dieser Effekt ist aus der Urzeit der Elektronik bekannt. Als es noch keine Transistoren gab, wurden Elektronenröhren eingesetzt, in denen Elektronen mit einer Hochspannung beschleunigt wurden. Damit die Elektronen aus der Kathode austreten konnten, musste die Kathode aufgeheizt werden, um den Elektronen die nötige Energie zu liefern, damit sie der elektrostatischen Anziehungskraft der Atome der Kathode entkommen konnten.

In biologischem Material ist es ganz ähnlich. Je mehr Bioplasma also in einem biologischen Objekt gespeichert ist, umso mehr Elektronen werden aus dem Objekt freigesetzt. Dadurch bewegen sich freie Elektronen je nach Polarität der Hochspannung vom Objekt zur Metallplatte oder umgekehrt. Auf ihrem Weg durch die Luft nehmen die Elektronen Energie aus dem durch die Hochspannung erzeugten elektrischen Feld auf. Dabei kommt es immer wieder zu Zusammenstößen der Elektronen mit Luftmolekülen.

Bei jedem Zusammenstoß mit Luftmolekülen übertragen die Elektronen einen Teil ihrer Bewegungsenergie auf die Luftmoleküle. Dabei werden Luftmoleküle entweder ionisiert (sie verlieren ein Elektron) oder angeregt, das heißt ein Elektron im Luftmolekül wechselt auf ein höheres Orbital, in einen angeregten Zustand. Nach kurzer Zeit kehrt das Elektron im angeregten Molekül wieder in den Grundzustand zurück und strahlt dann die durch den Stoßprozess aufgenommene Energie in Form eines Photons wieder ab.

So entstehen die beim Kirlian-Effekt beobachtbaren Leuchterscheinungen. Dieses beim Kirlian-Effekt entstehende Licht ist also nicht die Aura, sondern ein durch Stoßanregungsprozesse der Elektronen erzeugter Sekundärprozess. Es besteht der kausale Zusammenhang: Aus der Bioplasma-Konzentration folgt die Anzahl der freien Elektronen, daraus die Stoßanregung der Luftmoleküle und daraus schließlich die Intensität der Leuchterscheinungen.

Daher lässt sich aus der Verteilung der beim Kirlian-Effekt beobachtbaren Leuchterscheinungen die Verteilung des Bioplasmas in einem Organismus qualitativ und quantitativ ermitteln.

Die physikalischen Grundlagen des Kirlian-Effekts sollten nun deutlich geworden sein und werden noch einmal in unserer Abbildung schematisch zusammengefasst. Gezeigt wird am Beispiel positiver Hochspannungspulse die Entstehung der beim Kirlian-Effekt auftretenden Leuchterscheinungen.

Die Elektronen treten bevorzugt an den Stellen des biologischen Objekts aus, an denen Lichtenergie in angeregten Atom- und Molekülzuständen gespeichert ist (Bioplasma). Dabei kommt es zur Feldemission (1). Auf dem Flug durch die Luft in Richtung Metallplatte stoßen die freigesetzten Elektronen mit Luftmolekülen zusammen und regen diese zum Leuchten an – das ist die Stoßanregung (2). Die von den angeregten Luftmolekülen abgestrahlten Photonen belichten das Fotopapier oder ein elektronisches Aufzeichnungsmedium und erzeugen so das Kirlian-Bild.

An Stellen im biologischen Objekt, wo wenig Bioplasma vorhanden ist, befinden sich nicht so viele Elektronen in angeregten Atom- und Molekülzuständen, sondern in Grundzuständen (3), und die durch das elektrische Feld der Hochspannung verfügbare Energie reicht dort nicht aus, um Elektronen frei-

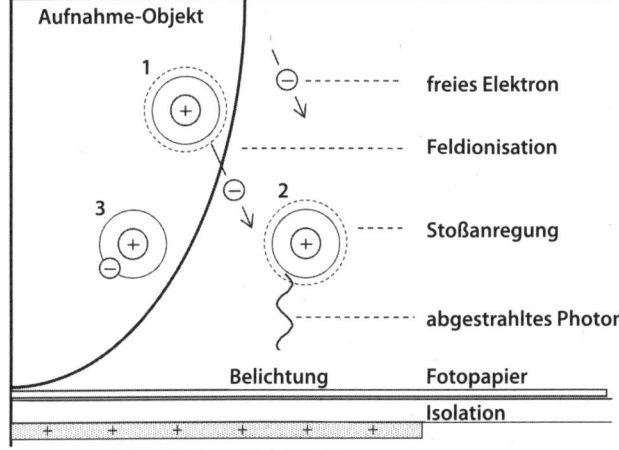

Die physikalischen Grundlagen des Kirlian-Effekts

zusetzen. Solche Stellen sind dann im Kirlian-Bild als Lücken zu erkennen und deuten auf einen Mangel an elektromagnetischer Energie im biologischen Objekt hin. Mit elektrisch positiven Hochspannungspulsen lässt sich somit die Verteilung der freien elektrischen Ladungen (Elektronen) bestimmen.

Um den Kirlian-Effekt für diagnostische Zwecke einzusetzen, ist es wenig sinnvoll, die Abstrahlungen des gesamten menschlichen Körpers aufzuzeichnen. Die elektrische Belastung des zu untersuchenden Menschen wäre dabei zu groß. Aus diesem Grund berücksichtigt man in der Anwendung nur einzelne Körperbereiche wie Hände, Finger- und Zehenspitzen.

An den Finger- und Zehenspitzen befinden sich die Endpunkte des Akupunkturmeridiansystems, ein Energieleitsystem, das den gesamten Körper durchzieht. Jeder Akupunkturmeridian hängt mit verschiedenen Organen und Körperbereichen zusammen. An den Endpunkten dieser Akupunkturmeridiane steht die Information über die Bioplasma-Konzentration der entsprechenden Organe zur Verfügung. In Kirlian-Aufnahmen von Finger- und Zehenspitzen projiziert sich damit der energetische Status der Organe des Körpers.

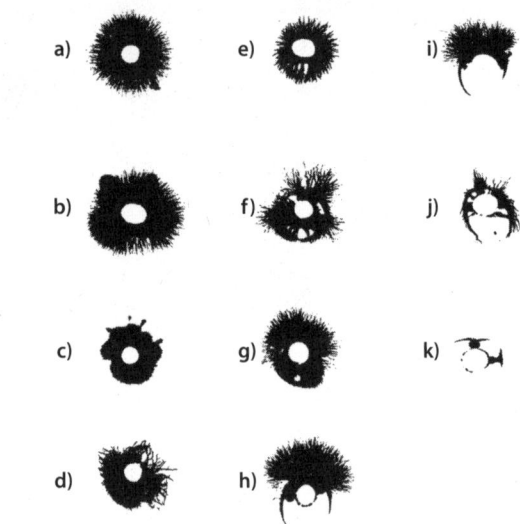

*Kirlian-Bilder (auf Fotopositivpapier) von Fingerspitzen
mit charakteristischen Strahlungserscheinungen*

Auf Kirlian-Bildern von Fingerspitzen, die mit einem konventionellen Kirlian-Gerät auf Fotopapier aufgenommen wurden,
erscheinen die Abstrahlungen dunkel. In Wirklichkeit ist es
natürlich umgekehrt. Durch empirische Untersuchungen von
vielen hundert Probanden wurde eine Klassifizierung der auftretenden Strahlungsphänomene möglich.

Die Aufnahmen entstanden jeweils in einem Wechselfeld,
bei dem die Spannung an der Hochspannungselektrode
etwa fünfzigmal in der Sekunde ihre Polarität ändert, ähnlich
wie bei der Wechselspannung, die aus der Steckdose kommt.
Dabei überlagern sich in konventionellen Kirlian-Bildern unterschiedliche Entladungskanäle, je nachdem, ob die Elektronen von der Elektrode zum Aufnahmeobjekt (Finger) fliegen
oder umgekehrt.

Hier nun die Erläuterung zu den einzelnen Aufnahmen der
Kirlian-Bilder in unserer Abbildung:

a) Weitgehend harmonische und kräftige Strahlenkorona.
Der Akupunkturmeridian ist gleichmäßig von Bioplasma durch-

flutet. Die feinen radialen Strahlungskanäle sind an allen Stellen des Fingers gleichmäßig.

b) Kräftige Strahlenkorona. Aber es zeigen sich auffällige disharmonische Strahlungskomponenten (Flecken). Sie deuten darauf hin, dass der Körper Giftstoffe ausscheidet. Solche Strahlungsphänomene zeigen sich häufig beim Fasten.

c) Noch relativ kräftige und harmonische Strahlenkorona. Die radialen Entladungskanäle der Elektronen sind jedoch kürzer, was darauf hindeutet, dass die Menge der gespeicherten Lichtenergie geringer ist als in a) und b).

d) »Gewitterartige« Entladungen in der Strahlenkorona. Die Elektronen folgen nicht mehr harmonischen radialen Entladungskanälen, weil das lokale elektrische Feld disharmonisch ist. Diese Leuchterscheinungen deuten erfahrungsgemäß auf emotionale Spannungen im entsprechenden Körperbereich hin.

e) Harmonische Strahlenkorona. Sie ist jedoch bereits wesentlich schwächer ausgeprägt als in a). Die Bioplasma-Konzentration im Meridian ist nun geringer, und es kommt bei geringer energetischer Belastung zu Strahlungsausfällen. Die körpereigene Bioplasma-Batterie ist nicht voll aufgeladen.

f) Strahlenkorona mit lokalen Strahlungsausfällen (Lücken). Die Position der einzelnen Lücken kann bestimmten Bereichen des Körpers zugeordnet werden, an denen sich eine Energieblockade befindet; hier betreffen sie den Hals- und Bauchbereich.

g) Weiteres Beispiel für eine noch relativ kräftige Strahlenkorona. Es zeigt sich aber eine deutliche Störung im Bauchbereich.

h) Strahlenkorona mit starken Ausfällen im Bauchbereich. Kopf- und Brustbereich sind relativ gut versorgt, aber im Bauchbereich zeigt sich ein ausgeprägter Bioplasma-Mangel. An der Unterseite der Fingerkuppe zeigen sich punktförmige Strahlungskomponenten. Dies sind Entladungskanäle, bei denen Elektronen von der Hochspannungselektrode zum Finger hin beschleunigt werden. An der Fingerunterseite befinden sich daher ortsfeste positive Ladungen (Übersäuerung). Im mittleren Bereich der Strahlenkorona werden einige Elektronen aus ihrer radialen Entladungsbahn durch diese ortsfesten positiven Ladungen abgelenkt, und es bilden sich charakteristische Krallen. Wann immer solche Krallen auftreten, lassen sich positive Ladungskonzentrationen und damit ein gesundheitsgefährdender Bioplasma-Mangel nachweisen.

i) Strahlenkorona mit starken Ausfällen im Bauchbereich. Auch hier gilt das zu h) Gesagte. Nur fehlen die punktförmigen Entladungskanäle an der Fingerunterseite. Dennoch sind ortsfeste positive Ladungen (weniger als bei h) vorhanden, weil auch hier Elektronen im mittleren Bereich der Strahlenkorona aus ihrer radialen Bahn abgelenkt werden.

j) Strahlenkorona mit deutlicher Disharmonie. Die gewitterartigen Blitze deuten auf emotionale Spannungen, und der Bauchbereich zeigt einen Mangel an Bioplasma. Auch im Hals- und Kopfbereich zeigen sich Energieblockaden.

k) Nahezu völlig zusammengebrochene Strahlenkorona. Wenn sich dieses Bild bei allen Fingern zeigt, liegt ein Erschöpfungszustand vor. Die energetischen Reserven der Person sind aufgezehrt, und es ist wichtig, sich wieder zu erholen und die Lebensführung zu harmonisieren. Wenn dieser Zustand länger andauert, ist der Körper geschwächt, und es kommt leicht zu Erkrankungen.

Da ich mit einem weiterentwickelten Kirlian-Gerät auch die Polarität der Hochspannung einstellen kann (entweder positive oder negative Hochspannungspulse), konnte ich einige Strahlungsphänomene bestimmten Ladungszuständen am Aufnahmeobjekt zuordnen. So lassen sich zum Beispiel auch Bereiche an der Hautoberfläche lokalisieren, an denen eine ortsfeste positive Ladung vorliegt.

Solche Bereiche hängen im Allgemeinen mit Übersäuerung zusammen, das heißt, dass dort ein pH-Wert kleiner als 7 vorliegt. Zur Erinnerung: Ein pH-Wert kleiner 7 (neutral) wird als *sauer* und ein pH-Wert größer als 7 als *basisch* bezeichnet. Aus der ganzheitlichen Heilkunde ist bekannt, dass eine Übersäuerung gesundheitlich problematisch ist und ein gesunder Organismus leicht basisch ist.

Bisher war es nur möglich, mit Hilfe eines Teststäbchens bei einer Urinprobe auf den pH-Wert des Körpers zu schließen. Mit meinem weiterentwickelten Aufnahmeverfahren kann also nicht nur die Verteilung und Konzentration des Bioplasmas in einem Organismus bestimmt werden, sondern auch indirekt der pH-Wert ermittelt werden, um zum Beispiel eine Übersäuerung in bestimmten Körper- und Organbereichen nachzuweisen.

Die konventionellen Kirlian-Bilder haben noch den Nachteil, dass einige für die energetische Diagnose bedeutende Strahlungsphänomene im harten Kontrast einer Fotopapier-Negativaufnahme untergehen. Viele signifikante und für die Diagnose relevante Details kommen so nicht zur Auswertung. Auf diesem Weg sind nur qualitative Aussagen möglich.

Quantitative Größen, also Messwerte wie zum Beispiel die Strahlungsleistung an einem Finger (Meridian) oder an allen zehn Fingern kann man aus den Kirlian-Aufnahmen auf Fotopapier nicht ermitteln. Darin liegt meines Erachtens der entscheidende Nachteil der klassischen Kirlian-Fotografie. Die jeweils belichteten Flächen der unterschiedlichen Abstrahlungen a) – k) in unserer Abbildung auf Seite 162 sind kein Maß für die gesamte, vom jeweiligen Finger abgestrahlte Energie. Dazu benötigt man ein Aufnahmesystem, das über mehr Kontrast verfügt als das Fotopapier. Bei einer elektronischen Aufzeichnung mit gleichzeitiger computergestützter Bildverarbeitung kann sowohl eine qualitative Auswertung als auch die Messung der Strahlungsleistung und ihrer Verteilung erfolgen.

Mitte der Achtzigerjahre war ich an der Entwicklung von mikroelektronischen Bauelementen bei der Siemens AG beteiligt. Es war damals absehbar, dass es in wenigen Jahren die ersten erschwinglichen CCD-Chips geben würde, die mittlerweile als Standardzubehör in Form einer Digitalkamera in fast jedem Mobiltelefon vorhanden sind.

1988 war es dann soweit. Ich konnte den ersten Laboraufbau eines Kirlian-Videografie-Messplatzes mit Übertragung der elektronischen Bilder auf ein Computersystem in Betrieb nehmen. Zu diesem Zeitpunkt hatte ich das Verfahren schon patentiert. Ab 1994 gab es mehrere Prototypen, die mit hoher Auflösung kontrastreiche Kirlian-Videografien lieferten. Eine integrierte Auswertungssoftware lieferte endlich und erstmals genaue Messwerte der Abstrahlungen. Mit diesen Geräten wurden die Untersuchungen über 21 Monate im Praxisbetrieb durchgeführt, deren Ergebnisse bereits erwähnt wurden.

2002 gab es für dieses Verfahren erneut eine technische Verbesserung, denn die elektronische Bildverarbeitung und die Computertechnik hatten in den zurückliegenden Jahren enorme Fortschritte gemacht. Nur wenige Sekunden vergehen nun von der Aufnahme und der kompletten qualitativ und quantitativ ausgewerteten Darstellung auf dem Computerbildschirm. Mittlerweile kann man sagen, dass mit der heutigen Rechenleistung eines gewöhnlichen PC die Aufnahmen in Echtzeit in ausgewerteter Form auf dem Bildschirm erscheinen.

Die videografische Aufzeichnung der Strahlenkorona eines menschlichen Daumens macht deutlich, dass eine elektronische Bildaufzeichnung mehr Kontrast ermöglicht als eine konventionelle Kirlian-Aufnahme auf Fotopapier. So werden auch für die Diagnose wesentliche Effekte sichtbar.

Auf der Aufnahme des Daumens ist im unteren Teil des Bildes ein punktförmiger Bereich erkennbar. Solche Fokussierungen sind typisch für entzündliche Prozesse – ein Beispiel für eine toxische Strahlungsqualität, wie Mandel solche Strahlungsphänomene bereits in seiner energetischen Terminalpunkt-Diagnose benannte.

Kirlian-Videografie eines Daumens

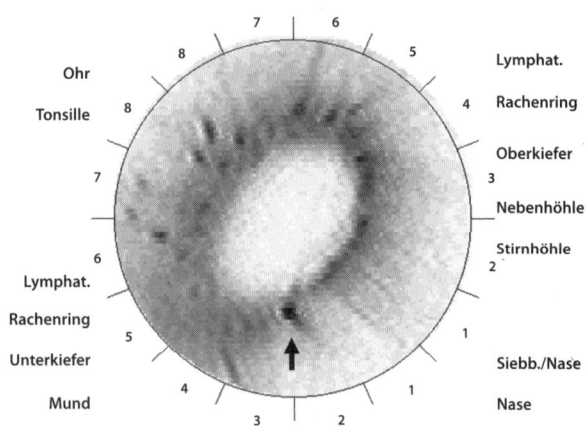

Durch die spezielle Hochspannungspulstechnik, die ich in meinem Verfahren verwende, konnte ich nachweisen, dass solche punktförmigen Fokussierungen mit Bereichen im Körper korrespondieren, in denen positive elektrische Ladungen dominieren – also Bereiche, die sauer sind. Dies ist typisch für Bereiche, in denen eben ein entzündlicher Prozess stattfindet. Der punktförmige Hotspot in der Aufnahme korrespondiert mit der Entzündung einer Zahnwurzel (Zahn 3) im Unterkiefer.

Neben dem Einsatz im diagnostischen Bereich zur Früherkennung von Krankheiten kann die Kirlian-Videografie auch für viele andere Zwecke eingesetzt werden. Es lässt sich damit auch die Wirkung einer therapeutischen Maßnahme auf das menschliche Energiesystem untersuchen, indem vor und nach einer Behandlung die Verteilung und Konzentration des Bioplasmas im menschlichen Körper bestimmt wird. Zum Beispiel kann untersucht werden, wie sich die Einnahme eines Medikaments oder eine andere medizinische oder naturheilkundliche Behandlung (Homöopathie, Akupunktur, Massage etc.) auf das Energiesystem auswirkt.

Es ist zu erwarten, dass aufgrund der Ergebnisse der biophysikalischen Grundlagenforschung, insbesondere der Entdeckung quantenphysikalischer Zusammenhänge in biologischen Strukturen, in Zukunft ganzheitliche Heilverfahren an Bedeutung gewinnen werden. Es ist absehbar, dass sich neben den traditionellen Zweigen der Schulmedizin die Quantenmedizin etablieren wird.

4.4 Diamanten und Bioplasma

Da mit der Kirlian-Videografie im Gegensatz zur klassischen Kirlian-Fotografie auch quantitative Messungen durchgeführt werden können, ergeben sich damit Möglichkeiten, den Einfluss von Gesundheitsprodukten auf das menschliche Energiesystem zu untersuchen. So möchte ich als Beispiel die Ergebnisse meiner Untersuchungen der Wirkung von Naturdiamantprodukten auf das menschliche Energiesystem vorstellen.

Aus der traditionellen indischen Heilkunde Ayurveda ist bekannt, dass Rohdiamanten zur Behandlung von Krankheiten und zur Schmerzlinderung eingesetzt werden. Überhaupt war die Anwendung kristalliner Strukturen (mittels Edelsteinen und Bergkristallen), die sogenannte Lithotherapie, zur Behandlung von Erkrankungen in vielen alten Hochkulturen bekannt – etwa in Indien, Babylonien und Ägypten. In den Achtzigerjahren wurde ich auf diese traditionellen Methoden aufmerksam und nahm 1986 an einem Kongress in der Edelsteinmetropole Idar-Oberstein teil.

Damals existierten noch keine naturwissenschaftlichen Modelle zur Beschreibung der Wirkung von Kristallen und Edelsteinen auf das menschliche Energiesystem, und die Anwender begnügten sich mit ihren intuitiven Erfahrungen. Mir war dies nicht genug, und so betrachtete ich auch aus physikalischer Sicht die Wechselwirkungsprozesse, die sich in Kristallen und Edelsteinen abspielen.

In Kristallen bzw. Edelsteinen sind Atome oder Atomgruppen in allen drei Raumrichtungen regelmäßig angeordnet. Man kann sich dieses Kristallgitter als regelmäßige Aufschichtung von Atomebenen vorstellen wie in einem Buch, in dem die einzelnen Buchseiten eben übereinander liegen. In einem Kristall kann man sich solche Atomlagen aber in beliebigen Ausrichtungen vorstellen.

Besonders interessant sind nun solche Kristalle, die im optisch sichtbaren Bereich durchlässig sind und erst im UV-Bereich beginnen, Photonen in angeregten Zuständen zu absorbieren. In ihnen können UV-Lichtteilchen bzw. UV-Lichtwellen an allen möglichen Atomlagen hin und her reflektiert werden. Dabei bilden sich stehende Lichtwellen, die zwischen zwei Atomlagen eingespannt werden.

Der Diamant besitzt eine extrem große Energielücke zwischen seinem Valenz- und Leitungsband. Aus diesem Grund ist der reine Diamant für sichtbares Licht optisch transparent, da es im Diamantkristallgitter keine angeregten Zustände gibt, die durch Absorption von Photonen des sichtbaren Lichts eingenommen werden können. Erst im oberen UV-Bereich bei Wellenlängen ab etwa 200 Nanometern wird der Diamant aktiv und beginnt, energetisch höhere Photonen des UV-Bereichs zu absorbieren.

Quantenphysikalisch lässt sich dieser Vorgang in ähnlicher Weise beschreiben, wie wir es bei der Definition von Bioplasma gesehen haben, dass also Lichtteilchen zwischen zwei Atomen immer wieder hin und her reflektiert werden und die beteiligten Atome dabei abwechselnd einen mehr oder weniger angeregten Zustand einnehmen.

Werden nun mehrere UV-Lichtquanten gleicher Energie bzw. gleicher Frequenz zwischen zwei gleichen Atomlagen eingefangen, so überlagern sie sich phasengleich. Das heißt, dass dann jeweils Wellenberg auf Wellenberg und Wellental auf Wellental liegen. Wenn sich Lichtquanten auf diese Weise phasengleich überlagern, spricht man von kohärentem Licht.

In unserer Abbildung laufen von links elektromagnetische Wellen – bzw. Photonen im UV-Bereich – in das optisch durchlässige Kristallgitter des Diamanten ein. Diese Wellen sind inkohärent, das bedeutet, die Wellenberge und -täler liegen nicht geordnet übereinander.

Ein Teil der eingestrahlten elektromagnetischen Wellen wird im Diamantkristall zwischen benachbarten Gitterebenen

Von der Inkohärenz zur Kohärenz

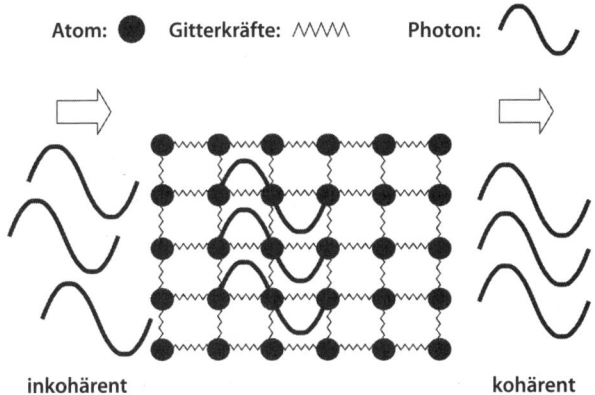

Atom: ●   Gitterkräfte: /\/\/\/\   Photon:

inkohärent   kohärent

hin und her reflektiert. Der Abstand der Gitterebenen entspricht dabei der Wellenlänge der eingestrahlten elektromagnetischen Wellen.

Auf diese Weise wird inkohärentes eingestrahltes Licht zum Teil in kohärentes Licht umgewandelt und aus dem Diamantkristall wieder ausgekoppelt. Bei kohärentem Licht liegen Wellenberge und -täler übereinander (in Phase).

Kohärentes Licht ist auch in der Technik als Laserlicht bekannt. Laser werden bereits in vielen Anwendungen des Alltags eingesetzt – als Lichtzeigestock bei Vorträgen oder in einem CD-/DVD-Abspielgerät zur elektronischen Abtastung der Informationen auf einer CD oder DVD. Dieses technisch erzeugte kohärente Laserlicht ist aber immer nur von einer bestimmten Frequenz bzw. Farbe.

Kristalline transparente Strukturen können jedoch Licht (oder allgemein: elektromagnetische Wellen) unterschiedlicher Frequenz zur kohärenten Überlagerung bringen. Ein transparenter Kristall ist vergleichbar mit einem Schwamm, der Wasser aufsaugt. Ein Kristall saugt sich eben mit Licht (Photonen) voll.

Natürlich wird ein Kristall immer einen energetischen Gleichgewichtszustand mit seiner Umgebung einnehmen. Wenn er mit vielen Photonen geeigneter Frequenz bestrahlt wird, kann er auch entsprechend viele Photonen aufnehmen und phasengleich in seinem Inneren hin und her reflektieren.

Ein Kristall kann also aus den ungeordneten (inkohärenten) Photonen seiner Umgebung einen Teil dieser Quanten in geordnete (kohärent überlagerte) Quanten umwandeln. Und genau diese Eigenschaft kristalliner Strukturen macht sie so interessant, denn was biologische Organismen brauchen, ist kohärentes Licht. Dass ein kohärentes elektromagnetisches Strahlungsfeld in biologischen Zellen die Steuerung der Stoffwechselprozesse übernimmt, haben biophysikalische Untersuchungen ja bereits gezeigt.

In der Edelsteinkunde gilt der Diamant als der König der Edelsteine, da er das härteste in der Natur vorkommende Material darstellt und im Vergleich zu allen anderen Edelsteinen einen unübertroffen brillanten Glanz besitzt. Auch in seiner Wirkung auf biologische Organismen überragt er alle anderen Kristalle und Edelsteine.

Dies hat zwei Gründe. Zum einen besteht der Diamant zu hundert Prozent aus Kohlenstoff. Das chemische Element Kohlenstoff spielt ja gerade in biologischen Systemen eine bedeutende Rolle. Viele biochemische Verbindungen enthalten Kohlenstoff. Alles Leben, so wie wir es auf der Erde kennen, basiert auf Kohlenstoff. Deshalb heißt die Chemie der Kohlenstoffverbindungen ja auch organische Chemie.

Jedes chemische Element hat in seiner Atomhülle ganz charakteristische energetische Zustände, so wie die Stufen einer Treppe eine unterschiedliche Höhe aufweisen können. Wenn ein Elektron in der Atomhülle eines Kohlenstoffatoms ein Lichtquant von bestimmter Frequenz aufnimmt, kann es von einer Stufe zur nächsten Stufe springen.

Die auf diese Weise im Diamant gespeicherte UV-Lichtenergie hat also genau die charakteristischen Energiewerte, die die Kohlenstoffatome in organischen Molekülen biologischer Organismen aufnehmen können. Damit kann über den Diamant in optimaler Weise kohärente elektromagnetische Energie auf einen biologischen Organismus übertragen werden. Die Kohlenstoffatome im Diamanten senden also auf den richtigen Frequenzen, die die Kohlenstoffatome in biologischem Material empfangen können.

Da der Diamant erst im oberen UV-Bereich anfängt, Photonen zu absorbieren und kohärent zu machen, ist er in idealer Weise geeignet, um kohärentes UV-Licht in den Zellkern einzukoppeln, denn die Resonanzfrequenzen des Zellkerns liegen ja von der Größenordnung her im UV-Bereich.

Der andere Grund, warum der Diamant alle anderen kristallinen Materialien in ihrer Wirkung auf biologische Systeme übertrifft, liegt in seiner Härte. Die Härte des Diamanten beruht auf den starken Bindungskräften zwischen benachbarten Kohlenstoffatomen im Diamantkristall. Der Diamant kann dadurch zu sehr hohen Eigenschwingungen angeregt werden. Das ist wie bei einem Saiteninstrument. Je straffer die Saite einer Gitarre gespannt ist, umso höher ist der Ton bzw. die Frequenz der Schwingung.

Max Planck zeigte bereits in seiner ersten Quantentheorie, dass die von Quanten transportierte Energie umso höher ist, je höher die Frequenz der Quanten ist. Hohe Frequenz bedeutet also hohe Energie. Daher kann der Diamant mehr Energie speichern und kohärent weitergeben als alle anderen kristallinen Materialien.

Im Jahr 2005 nahm ein Unternehmen (Das Fünfte Element, Holzkirchen bei München) Kontakt zu mir auf, das in sehr innovativer Weise eine Vielzahl von Produkten entwickelt hatte, in denen ungeschliffene Naturdiamanten eingesetzt werden. Die Rohdiamanten werden dabei unter anderem in einer speziellen Glassorte, in Kork, in Graphit oder in polymeren Kunststoffen eingearbeitet. Von besonderer Ästhetik sind dabei die Produkte, bei denen der Rohdiamant in Glas eingebettet wird – attraktive Glaskörper, Gläser, Karaffen, Stäbe und Schmuck.

So beauftragte man mich, die Wirkung dieser Produkte auf das menschliche Energiesystem zu untersuchen. Aufgrund meiner Kenntnisse über die Wechselwirkungen anorganischer kristalliner Strukturen mit biologischen Strukturen ging ich davon aus, dass sich ein quantitativ messbarer Einfluss mit meinem Kirlian-Videografie-Verfahren nachweisen lassen müsste. Ich war aber selbst überrascht, wie stark diese Wirkung dann tatsächlich ausfiel.

Mit einer Gruppe von Testpersonen unternahm ich eine Untersuchungsreihe. Von jeder Testperson wurde vor und nach einem insgesamt fünf- bis zehnminütigen Kontakt mit einem Rohdiamantprodukt die Verteilung des Bioplasmas an einer Fingerspitze gemessen.

Die Untersuchung zeigte, wie in diesem repräsentativen Beispiel, die signifikante Erhöhung der Bioplasma-Konzentration durch den Kontakt mit einem Rohdiamantprodukt. Viele Menschen, die solche Produkte verwenden, haben die Erfahrung gemacht, dass sie sich leistungsfähiger, frischer und wacher fühlen und bei gleicher Beanspruchung nicht so schnell ermüden. Eine Erhöhung der individuellen Bioplasma-Konzentration wird als Steigerung der eigenen Vitalität wahrgenommen.

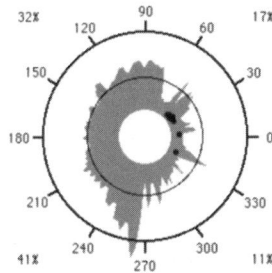

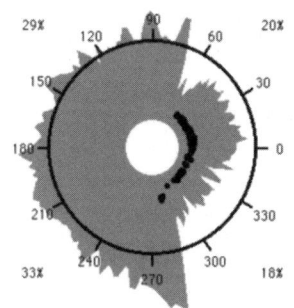

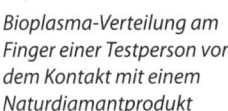

*Bioplasma-Verteilung am
Finger einer Testperson vor
dem Kontakt mit einem
Naturdiamantprodukt*

*Bioplasma-Verteilung am
Finger einer Testperson nach
dem Kontakt mit einem
Naturdiamantprodukt*

Etliche Menschen, die Erfahrungen mit solchen Produkten sammelten, berichten auch von beschleunigt verlaufenden Heilprozessen, schnellerer Wundheilung, Schmerzlinderung etc. Diese subjektiven Wahrnehmungen stellen zwar für sich allein genommen keinen wissenschaftlichen Beweis der positiven Wirkung von Rohdiamantprodukten dar, aber sie bestätigen zumindest das, was mit dem in diesem Buch bereits vorgestellten physikalischen Messverfahren der Kirlian-Videografie immer wieder reproduziert werden kann.

Zwar ist es für medizinisch relevante Aussagen noch zu früh, aber es besteht die Aussicht, mit der Weiterentwicklung und Optimierung von Rohdiamantprodukten neue und äußerst wirkungsvolle Therapiemöglichkeiten zu entwickeln, die auf der konsequenten Anwendung quantenphysikalischer Erkenntnisse basieren.

In naher Zukunft stehen uns hier möglicherweise Produkte zur Verfügung, mit denen eine beschleunigte Wundheilung, die Auflösung von Tumoren und Sklerosen, eine allgemeine Regulierung sowie die Erzielung eines höheren Gesundheitsniveaus erreicht werden können. Die Ergebnisse meiner bisher mit Rohdiamantprodukten durchgeführten Untersuchungen haben mich dazu veranlasst, mich an der Entwicklung entsprechender Produkte aktiv und mit Priorität zu beteiligen.

Das Beispiel der Rohdiamanttechnologie zeigt, dass es bereits Ansätze gibt, die quantenphysikalischen Eigenschaften der Materie zu nutzen, um eine effektive Steigerung der Bioplasma-Konzentration und damit eine Steigerung der Vitalität und des Wohlbefindens des Menschen zu erzielen. Damit tragen solche Produkte auch dazu bei, das Bewusstsein des menschlichen Individuums zu erhöhen und einen bedeutenden Beitrag zu leisten für den Übergang vom Informations- zum Bewusstseinszeitalter.

In den folgenden Kapiteln werden wir auf der Basis der gewonnenen Erkenntnisse der Elementarteilchen- und Biophysik die spirituellen Konsequenzen ausloten. Es gibt wohl keinen Bereich der Geisteswissenschaften, allen voran die Psychologie, die Philosophie und die Theologie, die von diesen Erkenntnissen der modernen Physik unberührt bleiben werden.

Wie schon die vorangegangenen Revolutionen der Physik – also der Übergang vom geo- zum heliozentrischen Weltbild und die Erschütterungen der klassischen Physik durch die Relativitätstheorie Albert Einsteins und die Quantenphysik Max Plancks –, so wird auch die gegenwärtige Revolution der neuen Physik durch die integrale Betrachtung von Geist und Materie durch die Entdeckung der Transdimensionen das materialistische Weltbild Descartes' und Newtons endgültig ablösen. Und so kann der Weg bereitet werden für ein ganzheitliches Weltbild, in dem keine spirituellen Erfahrungen mehr ausgeklammert oder negiert werden, zu denen das menschliche Bewusstsein fähig ist.

Kapitel 5

Woher kommen wir?

Das Geheimnis der Erlösung ist die Erinnerung

Aus den Eigenschaften der geistbegabten Elektronen lässt sich ein physikalisches Modell der menschlichen Seele herleiten, das zentrale Aussagen der Religionen und Weisheitslehren bestätigt. So wird belegt, dass jeder Mensch eine unsterbliche Seele besitzt, die auch nach dem Zerfall des physischen Körpers fortbesteht. Alle persönlichen Erinnerungen und Erfahrungen bleiben darin gespeichert. Persönliche Gaben, Schicksal und Affinitäten des Menschen unterliegen physikalischen Gesetzmäßigkeiten. Moralische Gesetze lassen sich aus physikalischen Gesetzen ableiten. Physikalische Eigenschaften der Seele sind mitbestimmend für und Einfluss nehmend auf die schicksalsbedingten Situationen eines Menschen.

5.1 Die Struktur der menschlichen Seele und des Bewusstseins

Der Untertitel dieses Kapitels ist ein altes hebräisches Sprichwort. Es wird uns leiten bei der Suche nach einer Antwort auf unsere Frage. Und es kann auch dem Wissenschaftler ein Motto sein: Das Geheimnis der Erlösung ist die Erinnerung.

Als Schrittmacher der diesseitigen biologischen Evolution haben wir in den vorangegangenen Kapiteln die Elektronen näher kennen gelernt. Sie können durch Empfang kleiner Energieportionen, der Photonen, den atomaren oder molekularen Verband verlassen und haben daher eine relativ große Bewegungsfreiheit.

Elektronen verfügen über eine innere Raumzeit, die mit Lichtteilchen gefüllt ist. Diese inneren Lichtteilchen speichern jedes Erlebnis in Form von Lichtmustern ab. Somit besitzt jedes Elektron ein individuelles Teilchengedächtnis, in dem unermesslich viele Informationen gespeichert werden können.

Das Erscheinungsbild des Elektrons als kleiner Theta-Wirbel in der beobachtbaren äußeren Raumzeit repräsentiert seinen materiellen Aspekt, und die Lichtteilchen in der inneren Raumzeit des Elektrons repräsentieren seinen geistigen bzw. mentalen Aspekt.

Elektronen können untereinander solche inneren Lichtmuster – also Gedächtnisinhalte – durch die elektrostatische Wechselwirkung austauschen. Einen Aspekt dieses Austauschs von inneren Lichtmustern haben wir als den elementaren Prozess der *Liebe* kennen gelernt. Dieser Elementarprozess *Liebe* ist maßgebend für die evolutionäre bzw. geistige Weiterentwicklung der Materie, zu der auch Pflanzen, Tiere und Menschen gehören.

Was wir sind, sind unsere Elektronen und Positronen, aus denen unsere Körper aufgebaut sind. Was wir fühlen, das fühlen unsere Elektronen und Positronen. Wir identifizieren uns mit den Gedächtnisinhalten, also den Lichtmustern in den inneren Raumzeiten unserer Elektronen und Positronen.

Es sind die Elektronen, denen bei der Organisation von biologischen Strukturen die größte Bedeutung zukommt. Die Elektronen sammeln in ihren inneren Raumzeiten in Form von Lichtmustern alle Informationen über Form und Inhalt von allen biologischen Strukturen, die jemals von ihnen organisiert worden sind. Die Informationsspeicherkapazität eines einzigen Elektrons ist daher schier unbegrenzt. Alle im Elektron gespeicherten Informationen werden von der inneren Lichtwolke eines Elektrons innerhalb einer Pulsationsperiode durchlaufen.

Mit jedem biologischen Organismus, den die Elektronen durch ihr Organisationstalent hervorbringen, wächst die Information in der inneren Raumzeit der Elektronen. Durch den Elementarprozess *Liebe*, also den Austausch von Lichtmustern, wächst außerdem die Vertrautheit der Elektronen untereinander. Vertrautheit ist eine Frucht der Liebe. Die Vertrautheit zwischen den Elektronen ist umso größer, je mehr Übereinstimmung in ihren inneren Lichtmustern besteht.

Die Elektronen, die den Körper eines Menschen bilden, haben also die gemeinsame Erfahrung, dieser Mensch zu sein. Im Inneren aller den menschlichen Körper bildenden Elektronen ist alles gespeichert, was dieser Mensch je erlebt hat. Die Menge der Lichtmuster in den Elektronen, aus denen ein Mensch besteht, bilden nicht nur das Gedächtnis dieses Menschen, sondern auch seine Persönlichkeit.

Geht aber nun alles, was wir in unserem physischen Dasein erlebt und erfahren haben, mit dem physischen Tod und dem nachfolgenden Zerfall des Körpers unwiderruflich verloren? Oder bleiben uns diese Erfahrungen und Erlebnisqualitäten, welche die Individualität einer Person ausmachen, über den physischen Tod hinaus erhalten?

In einem Menschen wird sich eine Vielzahl von Elektronen befinden, die zum ersten Mal am Aufbau eines Menschen beteiligt sind und die durch Nahrungsaufnahme in den menschlichen Organismus aufgenommen und eingebaut werden. Es wird jedoch in einem Menschen auch eine Anzahl von Elektronen geben, die bereits daran beteiligt waren, einen menschlichen Organismus aufzubauen. Und es wird insbesondere solche Elektronen geben, die sich bereits über sehr lange Zeiträume hinweg besonders gut kennen, die also besonders vertraut miteinander sind und die sich schon aus vielen gemeinsam erfahrenen Menschenleben kennen.

Gemeint ist damit eine Klasse von Elektronen eines menschlichen Körpers, die immer wieder gemeinsam menschliche Körper gebildet haben, denn je größer die Vertrautheit bzw. der gemeinsame Erfahrungsschatz ist, umso größer ist auch das Bestreben dieser Elektronen, zusammenzubleiben und zusammenzuhalten. Je größer die Vertrautheit der Elektronen, umso stärker ist ihre Fähigkeit, Lichtenergie in angeregten Atomzuständen – Bioplasma – zu speichern.

Es hat sich für diese Elektronen daher bewährt und als besonders effektiv erwiesen, über viele Leben hinweg zusammenzubleiben, denn so müssen sie nicht immer wieder sprichwörtlich bei Adam und Eva beginnen. Sie können sukzessive von ihrem stetig wachsenden Erfahrungsschatz profitieren. Gemeinsam und durch ihre Liebe zueinander sind die Elektronen stark.

Solche Elektronengemeinschaften, die bereits viele verschiedene Körper gemeinsam organisiert haben, werden nun als *Essenzelektronen* bezeichnet. Diese bilden jeweils den Kristallisationskeim für die Morphogenese, also für den Aufbau und die Formbildung eines neuen Körpers. Die Essenzelektronen bilden somit die Spitze in der Hierarchie der Teilchen, aus denen sich ein Organismus zusammensetzt.

Aus der Biologie ist bekannt, dass sich der menschliche Körper in der Gebärmutter aus drei Keimblättern entwickelt. Aus der befruchteten Eizelle, die sich durch fortlaufende Zellteilung über die drei Keimblätter zum Embryo und schließlich zum Fötus entwickelt, entsteht der ganze Mensch. Sitz dieser Urzelle, aus der der ganze Körper heranwächst, ist ein Bereich im Gehirn, lokalisiert in der Umgebung der Hypophyse, eine wichtige Hormondrüse, die alle anderen Hormondrüsen im Körper steuert.

Stellt man einen Menschen auf den Kopf, so lässt er sich wie eine Kartoffelpflanze vorstellen. Aus der befruchteten Eizelle, dem Keim, entwickelt sich der Kopf – das ist die Knolle –, dann der Hals und der Körper, sie bilden den Hauptstamm, die Gliedmaßen schließlich die Äste und Finger und Zehen die Zweige.

Viele körperliche, aber auch geistige und charakterliche Eigenschaften, die sich während der weiteren Entwicklung eines Menschen im Laufe seines Lebens ausprägen, sind bereits in den Essenzelektronen in Form von inneren Lichtmustern gespeichert. Diese ureigenen gemeinsamen Erfahrungen der Essenzelektronen werden daher mit besonderer Intensität nach außen drängen. Der Mensch wird während seiner persönlichen Entwicklung geneigt sein, vorrangig diesen Eigenheiten seiner Essenzelektronen zum Ausdruck zu verhelfen, und versuchen, sie zu verwirklichen.

Die Begabungen und Talente, die ein Mensch in das physische Leben mitbringt, sind das gemeinsame Erbe seiner eigenen Seele. Es ist das, was der bewusste und unsterbliche Persönlichkeitskern aus dem oder, besser gesagt, den vorangegangenen Leben mitbringt.

Bei den sogenannten Wunderkindern, die schon im frühen Kindesalter außergewöhnliche Begabungen zeigen, kommen in den Essenzelektronen gespeicherte Fähigkeiten, welche die Seele mitgebracht hat, besonders stark zum Durchbruch und in die Verwirklichung. Dazu gehören zum Beispiel die virtuose Beherrschung eines Musikinstruments oder besondere sprachliche, künstlerische oder andere praktische Begabungen. Die Eltern eines solchen Wunderkindes zeigen mitunter nur durchschnittliche oder gar keine Begabung im Kompetenzbereich des Kindes. Sie können allenfalls dazu beitragen, dass ein Kind optimale Bedingungen vorfindet, um die Ausgestaltung einer besonderen Begabung zu fördern. Daher ist die oft geäußerte Meinung, das Kind habe diese Fähigkeiten von seinen Eltern oder Vorfahren geerbt, wohl unzutreffend.

Jeder Mensch wird in seiner Umgebung unterschiedlich günstige oder ungünstige Bedingungen vorfinden, um seine ureigenen Talente auszubilden. Das bedeutet, dass jeder

Mensch verschiedenartige Eigenschaften und Fähigkeiten bereits zum Zeitpunkt seiner Geburt in latenter Form in ein neues Leben mitbringt, und zwar genau jene, die sich im Inneren seiner Essenzelektronen über viele vorangegangene Leben entwickelt haben.

Diese Eigenheiten der Elektronen, ihre Erfahrungen in inneren Lichtmustern zu speichern und mit solchen Elektronen zusammenzubleiben, die über möglichst viele gleiche Lichtmuster verfügen, die also vertraut miteinander sind, führen uns zum Begriff der *Seele*.

Die menschliche Seele kann naturwissenschaftlich beschrieben werden als eine Gemeinschaft der Essenzelektronen, die über viele physische Leben hinweg immer wieder gemeinsam einen neuen menschlichen Körper entwickelt haben.

Die Existenz einer für jedes Lebewesen individuellen Seele ist eine Konsequenz der energetischen Bündelung der Lichtenergie in den inneren Raumzeiten der Elektronen. Weil sich die Lichtenergie im Inneren der Elektronen aufgrund ihrer negentropischen, Ordnung erzeugenden Eigenschaften nach und nach bündelt, wachsen im gleichen Maß der Zusammenhalt und die Vertrautheit der beteiligten Elektronen untereinander.

Wenn die Lichtenergie zwischen vertrauten Elektronen über den Elementarprozess *Liebe* immer stärker gebündelt wird, dann werden auch immer höhere Photonenenergien zwischen diesen Elektronen ausgetauscht, und so kann ein solcher Verband von Elektronen auch stärker zusammenhalten, als wenn nur schwächere Energieportionen (Photonen) ausgetauscht werden.

Je weiter die Elektronen in ihrer gemeinsamen Entwicklung voranschreiten, umso mehr stimmen sie in ihren inneren Lichtmustern – ihren Gedächtnisinhalten – überein. Dadurch steigt die gegenseitige Affinität der miteinander vertrauten Elektronen. Die Elektronen haben daher keine Lust, nach dem physischen Tod eines von ihnen organisierten Lebewesens wieder beim Gestein anzufangen. Deshalb bilden sich Essenzelektronengemeinschaften – mit anderen Worten: Individualseelen. Essenzelektronengemeinschaften werden sich daher in einem Milieu wieder verkörpern, das ihrer geistigen Entwicklung entspricht: Pflanzen als Pflanzen, Tiere als Tiere und Menschen als Menschen.

Damit ist die Seele der Teil des Menschen, der auch über den Tod hinaus weiterexistiert und der immer wieder zum Aufbau neuer menschlicher Körper führt. Während einer Verkörperung halten sich die Essenzelektronen bevorzugt in jenen Zellen des Körpers auf, die im Laufe des Lebens nur wenig oder gar nicht regeneriert werden müssen. Dies sind vor allem die Zellen des Zentralnervensystems – die Gehirnzellen mit ihren Neuronen und alle Nervenfasern des Körpers.

Wenn ein Mensch stirbt, verlassen seine Essenzelektronen – also seine Seele – den Körper. Bei der Seele handelt es sich somit immer noch um Materie in einer sehr verdünnten Form. Diese Essenzelektronen und -positronen, die in Atomen konfiguriert sind, verlassen also den physischen Körper und tauschen dabei weiterhin unentwegt Lichtteilchen untereinander aus. Somit gelingt es ihnen, durch geschickte Ausnutzung ihrer physikalischen Wechselwirkungsmöglichkeiten beisammen zu bleiben.

Der Verband der Essenzelektronen – die menschliche Seele – bleibt also auch nach dem Verlassen des physischen Körpers beisammen. Das ist es, was von einem Menschen nach dem Sterben übrig bleibt – eine Seele aus Essenzelektronen, in denen alle Erfahrungen und Erlebnisqualitäten des Menschen abgespeichert sind. Wenn im Folgenden von den Essenzelektronen die Rede ist, so sind damit immer auch die Essenzpositronen gemeint.

Da Elektronen eine Masse besitzen und die Essenzelektronen in atomare Strukturen eingebunden bleiben, muss die Seele, die den physischen Körper verlässt, eine messbare Masse haben. Es wird kolportiert, dass beim Eintritt des physischen Todes des indischen Mystikers Yogananda (1893–1952) sein zurückgebliebener Leichnam um etwa hundert Gramm leichter wurde.

Schon aus alten Kulturen ist die Vorstellung überliefert, dass die menschliche Seele ein Gewicht habe. So zeigen das ägyptische Totenbuch und viele Abbildungen aus Pharaonengräbern, wie die Seele des Verstorbenen vor den Totengott Osiris treten musste und das Gewicht der Seele gewogen wurde.

Oder man denke an die aus dem Alten Testament im Buch Daniel überlieferte Begebenheit der Schrift an der Wand: »Mene mene tekel u-pharsim – gewogen und für zu leicht befunden.« Das Urteil traf den babylonischen Kronprinzen Belsazar, der heilige Gegenstände aus dem Tempel der Israeliten für profane Genusszwecke entweiht hatte.

Aus physikalischer Sicht macht es Sinn, die Mächtigkeit einer Seele an ihrer Masse zu messen, denn schließlich haben Elektronen eine Masse. Wenn ein Mensch viel von seinem physischen Körper mitnehmen kann, dann hat er sozusagen einen größeren Teil seines irdischen Daseins – des physischen Körpers – vergeistigt.

Es gibt auch die Vorstellung, dass die Seele des Menschen etwas Immaterielles sei, unwägbar und physikalischen Begriffen wie Masse und Energie unzugänglich. Ich kann diese Vorstellung nicht teilen. Denn wenn es zutrifft, dass der menschliche Körper im Moment des Sterbens leichter wird, dann verlässt ja etwas Wägbares, Materielles den physischen Körper, und nach den Gesetzen der Physik gelten auch hierfür die Erhaltungssätze der Masse und Energie.

Geht man von der Annahme aus, dass die Masse einer Seele – aus der Messung an Yoganandas Leichnam hergeleitet – nach dem Verlassen des physischen Körpers um hundert Gramm beträgt und sie etwa das gleiche Volumen einnimmt wie der physische Körper, dann lässt sich eine kleine Abschätzung vornehmen, wie groß die materielle Dichte einer Seele ist, verglichen mit der Dichte bzw. der Masse gewöhnlicher Luft.

Aus der Chemie ist bekannt, dass ein ideales Gas bei normalem Luftdruck auf Meereshöhe etwa vier Liter Raumvolumen pro Mol einnimmt. Ein Mol Luft entspricht einer Masse von etwa dreißig Gramm. Das Volumen eines Menschen mit einem Durchschnittsgewicht von achtzig Kilogramm betrage grob geschätzt achtzig Liter, denn wir bestehen ja hauptsächlich aus Wasser, und ein Liter Wasser wiegt ein Kilogramm. Dann wiegt die Luft mit gleichem Volumen achtzig Liter geteilt durch vier Liter mal dreißig Gramm – das ergibt sechshundert Gramm.

Die materielle Dichte unserer Durchschnittsseele beträgt daher nur ein Sechstel der Dichte von normaler Luft. Das ist schon ganz schön dünn. Die menschliche Seele im unverkörperten Zustand kann also als ein Plasmagas mit einer geringeren Dichte als der Dichte der Luft betrachtet werden.

Vielleicht ist eine durchschnittliche Seele sogar noch leichter als hundert Gramm, denn immerhin war Yogananda, an dessen Messwert für das Gewicht seiner Seele sich diese Abschätzung orientiert, ein spiritueller Mensch, dessen Seele sicher einen größeren Bündelungsgrad besitzt als die Seele eines Durchschnittsmenschen, der eher die Zerstreuung sucht. Dann wäre auch die Dichte einer gewöhnlichen Menschenseele noch viel dünner als oben abgeschätzt.

Die bemerkenswerteste physikalische Eigenschaft beim Eintritt des physischen Todes ist, dass das elektromagnetische Feld – das Bioplasma – im Körper zusammenbricht. Biophysiker wie Fritz-Albert Popp haben bereits bei Experimenten mit Mikroorganismen und Pflanzen gezeigt, dass es während des Sterbens zu einer vermehrten Abstrahlung von Biophotonen kommt. Das bedeutet, dass während des Sterbeprozesses der biologische Laser im Inneren der Zellen, der Photonenspeicher, zusammenbricht und damit die Steuerung der Stoffwechselprozesse in den Zellen kollabiert. In der Folge kommt es auch zum Zusammenbruch der Lebensfunktionen, sobald ein oder mehrere lebenswichtige Organe funktionell ausfallen.

Die Fähigkeit, Bioplasma zu erzeugen, hängt ja, wie bereits in den vorangegangenen Kapiteln gezeigt wurde, damit zusammen, dass sich die Elektronen über ihre inneren Raumzeiten durch die elementaren Bewusstseinsprozesse Tat, Reflexion, Erkenntnis und Liebe untereinander auf den gezielten Austausch von Photonen einstimmen.

Nun sind natürlich die Essenzelektronen die größten Profis unter allen Elektronen, was den gezielten Photonenaustausch betrifft. Wenn daher die Essenzelektronen den physischen Körper vollständig verlassen, tritt der Tod ein, und der Körper strahlt seine restlichen, in angeregten Molekül- und Atom-zuständen gespeicherten Photonen ab.

Mit den Essenzelektronen verlässt auch das Bewusstsein den physischen Körper. Die zurückbleibende Körpermaterie ist in der Folge durch die Abwesenheit der Essenzelektronen nicht mehr in der Lage, die biologischen Stoffwechselprozesse aufrechtzuerhalten. Damit setzt die Verwesung des physischen Körpers ein, und die Mikroorganismen, die während der Lebensphase des menschlichen Organismus in Symbiose mit ihm lebten, übernehmen nun die Kontrolle.

Von manchen sogenannten Heiligen ist bekannt, dass ihre sterblichen Überreste weniger schnell verwesen oder manchmal auch nur eintrocknen. Dies ist ein Hinweis auf den bereits stärker vergeistigten Körper eines Heiligen.

Die psychischen Vorgänge, die sich während des Sterbeprozesses im Bewusstsein eines Menschen abspielen, sind durch die zahllosen Berichte von Menschen, die ein sogenanntes Nahtoderlebnis hatten, sehr gut dokumentiert. Mit den Methoden der modernen Medizin sind viele Menschen auf der Schwelle zum physischen Tod, etwa durch Adrenalinspritzen oder Elektroschocks, wieder in das Leben zurückgeholt worden. Sie berichten zum großen Teil über ähnliche Erfahrungen. Der niederländische Arzt Pim van Lommel veröffentlichte 2009 eine klinische Studie, bei der die Berichte von mehreren hundert Patienten, die eine Nahtoderfahrung überlebten, systematisch ausgewertet wurden.

Ein großer Teil von Patienten mit einem Nahtoderlebnis berichtete über sogenannte Out-of-body-Erfahrungen, bei denen sie sich mit ihrem Bewusstsein außerhalb des eigenen Körpers wahrnahmen und teilweise sich selbst schwebend über dem eigenen physischen Körper erlebten. Diese Erfahrungen werden mit vielen Details beschrieben und müssen auch unter objektiven Gesichtspunkten als real eingestuft werden.

Verblüffend ist das Nahtoderlebnis eines Patienten, der mit seinem Bewusstsein bereits das Zimmer, in dem sein Krankenbett aufgestellt war, durch das Fenster verlassen hatte und auf einer Fensterbank in einem darunterliegenden Stockwerk einen Turnschuh liegen sah. Nachdem er aus dem Nahtodzustand wieder ins Wachbewusstsein seines physischen Körpers zurückgekehrt war, berichtete er seine Beobachtung einer Krankenschwester, die dann die Wahrnehmung des ins Leben Zurückgekehrten tatsächlich bestätigt fand.

Solche Out-of-body-Erfahrungen werden auch von Patienten berichtet, die sich längere Zeit in einem Koma befanden. Ein solcher Patient berichtete später, dass er tage- und wochenlang über seinem Körper schwebte und keinen Weg fand, wieder in den eigenen Körper zurückzufinden.

Doch auch für einen gesunden, vitalen Menschen ist es möglich, bewusste Erfahrungen außerhalb des physischen Körpers zu machen. Solche spirituellen Fähigkeiten sind bei einigen Menschen bereits vorhanden oder können trainiert werden.

Besondere Bewusstseinszustände in bestimmten Phasen des Schlafes ermöglichen ebenfalls solche Erfahrungen. Viele Menschen kennen das geradezu alltägliche Erlebnis, dass sie in Traumzuständen ihnen bekannte Menschen treffen, auch wenn diese physisch – auf die äußere Raumzeit bezogen – viele hundert oder tausend Kilometer weit entfernt sind. Häufig werden bei solchen »Begegnungen« auch Informationen ausgetauscht, die sich dann bei normalem Kontakt im Wachzustand als real bestätigen.

Nicht selten machen Menschen die Erfahrung, dass sie im Traumzustand auch verstorbenen Menschen begegnen. Meist handelt es sich um verstorbene Angehörige, zu denen eine besondere Nähe bestand. Ich selbst habe Traumbegegnungen mit verstorbenen Angehörigen und Freunden erlebt, die mir in aller Deutlichkeit gezeigt haben, dass die menschliche Seele nach dem physischen Leben weiterexistiert. Die verstorbenen Personen, denen ich im Traumzustand begegnete, haben sich nicht nur mit mir unterhalten, sondern sich auch durch einen Händedruck oder eine Umarmung zu erkennen gegeben.

Der deutsche Physikprofessor Ernst Senkowski erforschte jahrzehntelang Möglichkeiten der technischen Transkommunikation. In den Siebzigerjahren wurde er auf grenzwissenschaftliche Untersuchungen von sogenannten Tonbandstimmen aufmerksam, und es gelang ihm dann auch selbst, verbale Äußerungen von Verstorbenen tontechnisch aufzuzeichnen. Die Fülle des Materials, das er im Laufe vieler Jahre zusammengetragen hat, ist außerordentlich beeindruckend (vgl. Senkowski, 2001).

Mehrere Dutzend Forschergruppen in verschiedenen Ländern verifizierten diese technische Transkommunikation mit Verstorbenen. Das hier vorgestellte Modell der aus Essenzelektronen aufgebauten menschlichen Seele ist geeignet, solche Phänomene der Transkommunikation zu beschreiben.

All diese Untersuchungen und Erfahrungen legen nahe, dass nach dem Eintritt des physischen Todes die Existenz bzw. das Bewusstsein einer Person fortbesteht. Vom physikalischen Standpunkt aus ist dies auch nicht verwunderlich, denn die Elektronen können ihre Erfahrungen ja in Form von Lichtmustern in ihren inneren Raumzeiten abspeichern. Erlebnisqualitäten werden so aus dem physischen Leben mitgenommen, und der Persönlichkeitskern eines Menschen bleibt über den physischen Tod hinaus erhalten. In diesem Sinne ist jeder Mensch bereits jetzt – zumindest was seine Seele betrifft – unsterblich.

Viele Menschen mit Nahtoderfahrungen berichten, dass sie in diesem Zustand noch einmal die wichtigsten Stationen und Erlebnisse ihres Lebens bewusst erinnerten und dass sich deren Bedeutung für das zurückliegende Leben in besonderer Weise erschloss. Losgelöst von der Dichte des physischen Körpers rückt offensichtlich das Wesentliche im Leben in den Vordergrund, denn nun sind die Essenzelektronen sozusagen auf sich selbst zurückgeworfen und die zentralen innerseelischen Erfahrungen dominieren das Bewusstsein.

Menschen, die mit solchen Nahtoderfahrungen wieder in das normale Leben zurückkehren, sind zutiefst davon berührt und entnehmen diesen Erfahrungen wichtige Impulse für eine Neubewertung des eigenen Daseins. Oft geht von solchen Erfahrungen auch eine gewisse Läuterung aus. Man besinnt sich wieder auf das Wesentliche im Leben, auf die Liebe zu den Menschen, mit denen man zusammenlebt, und das Bemühen um die harmonische Gestaltung des eigenen Daseins.

Eine häufig berichtete Erfahrung im Nahtodzustand betrifft die Unfähigkeit der Seele, sich in dem verdünnten materiellen Zustand gegenüber Lebenden bemerkbar machen zu können. Manche Patienten berichten, sie hätten während ihres Out-of-body-Zustandes andere lebende Menschen zwar optisch und akustisch wahrnehmen können, aber sie seien nicht in der Lage gewesen, mit diesen zu kommunizieren.

So hätten sie die Lebenden angesprochen und sogar angeschrien, aber niemand habe sie hören können, erinnern sie sich. Die Seele in Form der körperlich verdünnten Essenzelektronengemeinschaft hat nicht mehr die Möglichkeit, auf das Geschehen in der gewohnten Lebensumgebung – der äußeren Raumzeit – einzuwirken. Dies ist wohl das wesentliche Merkmal dieses nahezu körperlosen Daseinszustands: auf die Vorgänge in der äußeren Raumzeit, der materiellen Welt, kann kein Einfluss mehr ausgeübt werden.

Auf diese Wirkungslosigkeit während der Nahtodphase folgte bei vielen Menschen die Erfahrung, sich durch einen Tunnel zu bewegen. Am einen Ende des Tunnels ist die vertraute diesseitige Welt, von der man sich immer weiter entfernt, am anderen Ende des Tunnels rückt die jenseitige Welt in den Vordergrund. Manche Menschen berichten von Stimmen, die sie dann hörten, oder gar von der Begegnung mit ihnen vertrauten verstorbenen Angehörigen, die sie dort in Empfang nahmen.

Selbst unter gesunden und vitalen Bedingungen ist ein solches Tunnelerlebnis möglich. Aus eigener Erfahrung erinnere ich mich an einen kleinen Ausflug in die jenseitige Welt bei einem Fallschirmsprung aus dreitausend Meter Höhe vor über zwanzig Jahren. In den ersten Sekunden nach dem Absprung aus dem Flugzeug befand ich mich im freien Fall, einem Zustand der Schwerelosigkeit. In diesen wenigen Momenten verengte sich mein Blickfeld zu einem Tunnel, durch den ich die Erdoberfläche unter mir sah. Möglicherweise war meine Essenzelektronengemeinschaft auf dieses Ereignis nicht vorbereitet, und die Verbindung zwischen meinem Körper und meiner Seele war für diese Momente gelockert. Nach einigen Sekunden weitete sich der Tunnel wieder, und ich hatte das gewohnte volle Gesichtsfeld. Nach einigen Sekunden des freien Falls wird mit wachsender Geschwindigkeit die Luftreibung immer stärker, dann fällt man mit konstanter Geschwindigkeit weiter.

Aus dem Elektronenmodell der Urwort-Theorie – dargestellt in der Abbildung auf S. 111 – folgt, dass die Energiedichteschwankungen, die durch die Pulsation der inneren Raumzeit des Elektrons und die Abfolge aller dort gespeicherten Photonengaszustände (Lichtmuster) verursacht werden, auch auf die umgebende Jenseits-Raumzeit wirken. Dadurch prägen die Elektronen ihre Informationen der inneren Raumzeit der umgebenden Jenseits-Raumzeit auf.

Die Jenseits-Raumzeit kann somit auch als universeller Informationsspeicher interpretiert werden. In der indischen Mystik und der modernen Theosophie wird dieser universelle Informationsspeicher als Akasha-Chronik bezeichnet. Die christliche Tradition bezieht sich hier auf das Weltgedächtnis, in dem alle Gedächtnis- und Ereignisinhalte abgespeichert sind. In der Jenseits-Raumzeit sind sämtliche Informationen von Erlebnisqualitäten, Ideen, Plänen und abstrakten geistigen Strukturen eingeprägt.

Die Jenseits-Raumzeit enthält in der Umgebung einer Essenzelektronengemeinschaft damit auch alle Informationen und Erlebnisqualitäten einer individuellen Seele. Durch die Pulsationsbewegungen der inneren Raumzeiten der Elektronen werden der Jenseits-Raumzeit somit Lichtmuster aufgeprägt, die den spezifischen Erlebnissen einer Seele zuzuordnen sind.

Der Ablösungsprozess einer Seele vom diesseitigen Leben in der äußeren Raumzeit während des Sterbevorgangs bewirkt eine Hinwendung zu den jenseitigen Informationsstrukturen, die all das beinhalten, was sich der Mensch im Laufe seines Lebens geistig geschaffen hat.

Diese aus Lichtmustern strukturierte jenseitige Welt ist das, was eine Seele vorfindet, wenn sie sich vom Diesseits dem Jenseits zuwendet. Es sind die Form gewordenen Gedanken, Gefühle, Meinungen und Glaubensvorstellungen, die einen Menschen in seinem diesseitigen Leben zu dem gemacht haben, was er ist. Es ist all das, was eine Essenzelektronengemeinschaft erwartet, wenn sie sich der anderen Seite des Tunnels zuwendet: die geistigen Früchte ihres diesseitigen Daseins.

Die inhaltliche Struktur des Jenseitsbereichs, den eine Seele nach dem Verlassen des physischen Körpers vorfindet, beinhaltet also eine aus Lichtmustern aufgebaute, individuelle Seelenlandschaft, in der alles untergebracht ist, was der Seele im Geistigen wichtig, wert und teuer gewesen ist. Die Seelenlandschaften verschiedener Seelen überlappen sich dabei in dem Maße, wie es sich um gemeinsame Erfahrungen handelt. Insofern überlappen sich und interferieren die Seelenlandschaften verschiedener individueller Seelen, je nach dem, wie vertraut sie miteinander sind bzw. wie intensiv sie durch das Band gegenseitiger Zuneigung und Liebe verbunden sind.

Daher ist es auch keine Überraschung, dass Menschen in einer Nahtoderfahrung häufig auch erlebt haben, dass sie im Jenseitsbereich ihnen vertraute verstorbene nahe Angehörige wiedertreffen. Sie werden »drüben« von solchen vertrauten Verstorbenen in Empfang genommen. Die subjektiven, individuellen Erlebnisse, die von etlichen Nahtoderfahrenen berichtet werden, stellen in ihrer Summe schon ein ziemlich objektives Bild der jenseitigen Verhältnisse dar.

Andererseits ist diese jenseitige Welt ja schon während des körperlichen diesseitigen Daseins als mehr oder weniger bewusster Hintergrund vorhanden, und mit jedem Atemzug, jedem Gedanken und Gefühl und vor allem mit jeder Handlung gestalten und verändern wir sowohl die diesseitige wie auch die jenseitige Welt.

Die meisten Menschen haben keinen unmittelbaren und für sie wahrnehmbaren Zugang zu der jenseitigen Welt. Dies liegt daran, dass sie ihre ganze Aufmerksamkeit in extrovertierter Weise auf das diesseitige Geschehen fixiert haben. Insbesondere der »moderne« und von der technischen Zivilisation dominierte Mensch hat den Zugang zu seiner innerseelischen Welt verloren. Das Ergebnis dieses Entfremdungsprozesses ist geistiger Sinn- und Werteverlust.

Der extrovertierte Mensch degeneriert zu einer materialistischen Maschine, die den Zugang zu ihrer internen Steuerung verloren hat. Konsequenterweise wird für solche Menschen die innerseelische Welt zu einer Blackbox mit unbekanntem Inhalt.

Psychologisch betrachtet bilden diese innerseelischen Informationsstrukturen das sogenannte Unterbewusstsein, von dem die Psychologen mit Carl Gustav Jung wohl zu Recht annehmen, dass es einen um Größenordnungen mächtigeren Bereich darstellt als jenen Bereich, der dem Menschen im Wachbewusstsein normalerweise zugänglich ist.

Insofern ist auch das psychologische Konzept der Archetypen, des kollektiven Unterbewusstseins, als gemeinsam erfahrener Erlebnisraum einer Gruppe von Individuen, eines Volkes und gar der ganzen Menschheit mit der Struktur der jenseitigen Raumzeit beschreibbar.

Die Elektronen, und insbesondere die Essenzelektronen, sind aufgrund ihrer metrischen Struktur kleine Augen bzw. Objektive, die Strukturen der diesseitigen Raumzeit auf Lichtmuster in der jenseitigen Raumzeit abbilden und umgekehrt. Die Manifestation materieller Strukturen, insbesondere die Morphogenese biologischer Organismen, bedeutet die Umsetzung von Ideen und Plänen, die in der jenseitigen Raumzeit als Lichtmuster abgespeichert sind.

Wenn ein kreativer Mensch sich vornimmt, einen materiellen Gegenstand handwerklich oder künstlerisch zu schaffen, so entsteht zunächst in seinem Geiste eine Abbildung dieses Gegenstands, und erst dann beginnen Umsetzung und Manifestation auf der materiellen Ebene.

Auf ähnliche Weise bilden die Elektronen die Dimensionspforten zwischen Diesseits und Jenseits, zwischen Erfahrung und Verinnerlichung einerseits und Planung und materieller Umsetzung andererseits. Der Mensch ist aufgrund seiner sensorischen, emotionalen, mentalen und physischen Ausstattung in der Lage, sich als Brückenwesen zwischen Diesseits und Jenseits in optimaler Weise das Erfahrungs- und Manifestationspotenzial der Elektronen zu erschließen.

Die psychologische Tatsache, dass das Unterbewusstsein der Menschen wesentlich größer ist als ihr Bewusstsein, zeigt, wie sehr die Menschen tatsächlich traumatisiert sind. Die meisten verwenden schon einen Großteil ihrer psychischen Energie darauf, die Probleme des alltäglichen Lebens zu verdrängen, und da kommt dann mit zunehmendem Alter ganz schön etwas zusammen. Fälle psychosomatisch bedingter Erkrankungen nehmen stetig zu. Die meisten Menschen lenken sich durch ihre Arbeit und dann womöglich abends vor dem Fernseher so sehr von sich selber ab, dass der eigene Seelenzustand mehr oder weniger undefiniert und unbekannt bleibt.

Alles, was jemals von Menschen auf diesem Planeten erlebt und erlitten wurde, ist in ihren Essenzelektronen gespeichert – entweder als individuelle oder als kollektive Erfahrung. Und doch ist es immer noch eine Minderheit, die wirklich wissen will, wo die Menschen herkommen, wo sie hingehen und welche geistigen und seelischen Entwicklungsmöglichkeiten sie überhaupt haben.

Die Erfahrungen, von denen Menschen aus dem Nahtodbereich und nach einem Komazustand berichten, legen die Vermutung nahe, dass das Bewusstsein eines Menschen nicht originär in seinem physischen Körper, sondern in seiner Seele und damit in seinen Essenzelektronen verankert ist. Das Bewusstsein ist immer da, wo der Wesenskern eines Menschen sich aufhält. Während einer physischen Verkörperung ist das Bewusstsein im Körper integriert, ansonsten ist es außerhalb des Körpers an die Seele gebunden.

Im vorigen Kapitel wurden Ergebnisse der biophysikalischen Grundlagenforschung vorgestellt, die belegen, dass die vegetativen biochemischen Stoffwechselprozesse durch elektromagnetische Felder gesteuert werden. Dabei handelt es sich überwiegend um niedrige Frequenzen bis hin zu den Frequenzen des sichtbaren Lichts und des UV-Bereichs.

Wie Nahtoderfahrungen nahelegen, ist das Bewusstsein an die Essenzelektronen gebunden und unabhängig von den vegetativen Prozessen in biologischen Strukturen des physischen Körpers. Dann müssen höhere Frequenzen der elektromagnetischen Strahlung, also hochenergetische Photonen oberhalb des UV-Bereichs, für mentale und bewusstseinsrelevante Prozesse und den Zusammenhalt der Essenzelektronen verantwortlich sein.

Inkohärente Röntgen- und Gammastrahlungen, also hochenergetische hochfrequente Photonen, sind normalerweise für ihre ionisierende und damit pathogene Wirkung bekannt. Dennoch fand ich bei meinen biophysikalischen Untersuchungen am menschlichen Energiesystem ganz konkrete Hinweise darauf, dass der menschliche Körper nicht nur Bioplasma in Form von kohärenter Strahlung bis hin zum UV-Bereich speichert, sondern dass dieses Bioplasma auch teilweise aus kohärenter Strahlung im Röntgen- und Gammabereich der elektromagnetischen Strahlung besteht.

Dabei werden von den Elektronen angeregte Atomzustände in den inneren Schalen der Atome eingenommen, deren Anregungsenergie typischerweise durch hochfrequente Photonen der Röntgenstrahlung dargestellt werden kann. Aber auch Gammaquanten können harmonisch innerhalb der Körpermaterie ausgetauscht werden, wobei hier natürlich nur angeregte Zustände in den Atomkernen infrage kommen.

Zu diesem Schluss kam ich durch eine immer wieder bestätigte Beobachtung: Ab einer bestimmten Bioplasma-Konzentration im Körper können Menschen energetische Senken bei anderen Menschen körperlich wahrnehmen. Ein typisches Beispiel: Eine Person mit Halsschmerzen kommt in den Raum; andere Personen, die stark mit Bioplasma aufgeladen sind, spüren plötzlich ebenfalls den Halsschmerz dieser Person. Oder ganz ähnlich: Eine Person hat eine starke Spannung im Solarplexusbereich, und andere im Raum anwesende Personen spüren diese Spannung ebenfalls in ihrem Solarplexus.

Um abzuschätzen, bei welchen Strahlungsfrequenzen diese Wahrnehmungen übertragen werden, platzierte ich zunächst ein Stahlblech und dann auch Bleiplatten mit unterschiedlichen Schichtdicken von zwei bis dreißig Millimeter zwischen die Testpersonen.

Das Ergebnis war außerordentlich überraschend: Es stellte sich heraus, dass manche Wahrnehmungen erst durch erhebliche Schichtdicken aus Blei abgeschirmt bzw. heruntergedämpft werden konnten, bis sie nicht mehr spürbar waren. Die Abschirmung durch die Bleiplatten war auch über größere Distanzen von zehn bis zwanzig Metern wirksam, und es zeigte sich anhand der Ausrichtung der Bleiplatten, dass die Information übertragende Strahlung sich auch durch Mauerwerk nahezu ungehindert und geradlinig ausbreitet.

Das Untersuchungsergebnis lässt nur den Schluss zu, dass der menschliche Körper auch elektromagnetische Strahlung oberhalb des UV-Bereichs – also des Röntgen- und Gammabereichs – in sein Energiesystem integrieren kann.

Eine weitere Beobachtung bestätigte diese Vermutung auf eindrucksvolle Weise. Während der Neunzigerjahre war ich Betreiber eines Strahlenlabors mit Gammaspektrometrie. Ich untersuchte für Kliniken und Krankenhäuser in der Ukraine Trinkwasserproben, die aufgrund der Tschernobyl-Katastrophe schwach radioaktiv belastet waren. Zur Kalibrierung meines Gammaspektrometers, einem Gerät zur Messung der Energieverteilung einer Gammastrahlung, benutzte ich eine harmlose kleine Gammaquelle aus Cäsium-137 – einen sogenannten Prüfstrahler. Die Anwesenheit dieses kleinen Prüfstrahlers im Raum war von mir und auch anderen Personen, soweit sie über ein hohes Bioplasma-Niveau verfügten, deutlich spürbar.

Dies ist ein weiterer Beleg dafür, dass im menschlichen Energiesystem offensichtlich auch Röntgen- und Gammastrahlung integriert sind. Solche harte elektromagnetische Strahlung ist nahezu überall in der Natur in geringer Intensität vorhanden, etwa in Baustoffen oder als Bestandteil der sogenannten Höhenstrahlung, mit besonders hohen Intensitäten im Hochgebirge.

Aus den Untersuchungen von Überlebenden des Atombombenabwurfs über Hiroschima von 1945 ist bekannt, dass einige Mönche, also Menschen, die sich um spirituelle Weiterentwicklung bemühten, die mit dem Bombenabwurf verbundene Gammastrahlenbelastung und daraus folgende Strahlenschäden wesentlich besser überstanden haben als Menschen, die ein gewöhnliches Leben führten.

Aus Sicht der Urwort-Theorie lässt sich dies dadurch erklären, dass die Fähigkeit, mehr oder weniger hochfrequente elektromagnetische Energie zu speichern, vom Ordnungsbzw. Bündelungsgrad der Photonengase in den inneren Raumzeiten der Essenzelektronen abhängt. Dieser Bündelungsgrad ist damit auch ein Maß für das Bewusstseinsniveau bzw. für den Grad der spirituellen Entwicklung eines Menschen.

5.2. Das Leben nach dem Leben

Was geschieht mit der menschlichen Seele, wenn sie sich endgültig vom physischen Körper trennt und vom Diesseits betrachtet der Tod eines Menschen eingetreten ist? Wenn sich die Essenzelektronen, die in ihrer Gesamtheit die Seele eines Menschen bilden, vollständig vom physischen Körper gelöst haben, hängt es von Bündelungsgrad der Photonengase im Inneren der Essenzelektronen ab, wohin nun die Reise geht.

Im ungünstigsten Fall bleibt die Seele zunächst in diesseitigen materiellen Bereichen gebunden. Sie wird zu Orten hingezogen, die dem Schwingungsniveau ihrer Elektronen entsprechen. Hierzu ein drastisches Beispiel: Vom letzten deutschen Kaiser, Wilhelm II., der als einer der Hauptverantwortlichen für die Millionen Toten des Ersten Weltkriegs gilt und den rücksichtslosen und geächteten militärischen Einsatz von Gift- und Nervengas befahl, sind seine letzten Worte überliefert: »Ich versinke! Ich versinke!«

Da das Hauptwerk seines Lebens wohl darin bestand, viele Menschen aus dem Leben auf der Erdoberfläche auf grausame Weise unter die Erdoberfläche, also ins Grab, zu befördern, bestand die erste Station seiner Seele nach dem Verlassen seines Körpers wohl offensichtlich darin, den hauptsächlichen Wirkungsort seines Lebens aufzusuchen, wovon seine letzten mündlichen Worte zeugen. Er ist also erst einmal buchstäblich zur Hölle gefahren. Es zieht die Essenzelektronen nun einmal dahin, wonach sie gestrebt haben.

An dieser Stelle soll jedoch keineswegs ein Urteil der Verdammnis über seine Seele gesprochen werden. Es ist ihm – wie jeder anderen menschlichen Seele – zu wünschen, dass er im Jenseits sein Handeln reflektiert und es ihm durch die Hilfestellung von Seelen, die über mehr Bioplasma verfügen, gelingt, sich aus seiner Erdgebundenheit zu befreien.

Menschen, die es sich zum Lebensinhalt gemacht haben, Werke der Liebe an ihren Mitmenschen zu leisten, haben da natürlich ganz andere Voraussetzungen auf einen angenehmeren Aufenthalt in der jenseitigen Welt. Als 1966 meine Großmutter starb, waren ihre letzten Worte: »Es wird ganz hell – da ist so viel Licht!«

Das klingt schon deutlich ermutigender. Sie war eine einfache Frau. Sie glaubte an den lieben Gott, sie hatte ein großes Herz, und in ihrem Leben hatte sie viel gegeben, was ihren Kindern und Enkelkindern zugute kam. In der schweren Zeit des Zweiten Weltkriegs und den darauf folgenden Hungerjahren hatte sie ihre vier Kinder durchgebracht und alles dafür getan, damit sie am Leben blieben.

Die Seele bildet eben die Essenz dessen, was der Menschen in seinem diesseitigen Leben an Werken geschaffen hat. Es sind entweder Werke der Lieblosigkeit und Desinteresses, die in die Dumpfheit, in Beziehungslosigkeit und Gebundenheit führen, oder Werke der Liebe und Integration, die in die Bewusstheit, Lebendigkeit und Freiheit führen.

Je mehr ein Mensch sein Leben der Liebe widmet, umso mehr Leben und Liebe können seine Essenzelektronen aus diesem Leben mitnehmen. Das bedeutet physikalisch, dass eine Essenzelektronengemeinschaft, in der die Elektronen sich in der Liebe – dem Austausch von Photonen – geübt haben, über mehr Freiheitsgrade bezüglich der Wahl des jenseitigen Aufenthaltsortes verfügt.

Haben die Essenzelektronen innerhalb eines menschlichen Organismus zu dessen Lebzeiten einen gewissen Bündelungsgrad erreicht, so werden sie auch im unverkörperten Zustand über den Elementarprozess *Liebe* über genügend elektromagnetische Energiereserven in Form von angeregten Zuständen in den Seelenatomen verfügen, um sich frei in der äußeren Raumzeit bewegen zu können.

Eine Seele, deren Essenzelektronen innerhalb der Seelenatome sehr hohe Photonenenergien austauschen können, ist in der Lage, innerhalb der äußeren Raumzeit beliebige Orte aufzusuchen. Sie kann fliegen. Diese Erfahrung des Fliegen-Könnens ist vielen Menschen aus Träumen bekannt. Wie aber bereits erläutert wurde, ist der Bewusstseinszustand des Träumens dem Zustand der Seele im Jenseits nach dem physischen Tod sehr ähnlich, weshalb der Schlaftraum auch als kleiner Bruder des Todes bezeichnet wird.

Während bestimmter Traumphasen eines Menschen kann eine gewisse Klasse von Essenzelektronen den physischen Körper verlassen und außerhalb des physischen Körpers das zentrale Bewusstsein des Träumenden darstellen. Diese Traumerlebnisse geschehen dann innerhalb der jenseitigen Raumzeit, die durch den oberen Theta-Wirbel in der Urwort-Matrix aufgespannt wird. In diese jenseitige Welt taucht der Träumende ein, trifft dort andere Träumende oder kommuniziert mit verstorbenen Seelen.

Manchmal begegnen Menschen in ihren Träumen Verstorbenen, die sie zu deren Lebzeiten gekannt haben und mit denen sie in einer intensiven zwischenmenschlichen Beziehung verbunden waren.

Meine Mutter ist 1986 verstorben. Einige Monate nachdem sie verstarb, meldete sie sich bei mir und sagte: »Ich bin in einer Burg aus Licht.« In dem Moment, als sie diese Worte zu mir sprach, befand ich mich in einem Bewusstseinszustand kurz vor dem Einschlafen.

Die bereits erwähnten Forschungsergebnisse des Physikers Ernst Senkowski belegen, dass es für die instrumentelle Transkommunikation mit Verstorbenen notwendig ist, dass sich neben den Geräten, die zur tontechnischen Aufzeichnung der Jenseitsstimmen erforderlich sind, auch ein geeignetes Medium im Raum befinden muss. Dieses Medium ist normalerweise ein Mensch, der mit der Person, deren Jenseitsstimme aufgezeichnet wird, vertraut ist. Meistens also ein Angehöriger des Verstorbenen, zum Beispiel der lebende Sohn eines verstorbenen Mannes.

Ernst Senkowski und andere Forscher der instrumentellen Transkommunikation wiesen nach, dass die aufgezeichneten Stimmen nicht durch äußere elektromagnetische Felder, etwa von schlecht empfangenen Radiosendern, erzeugt sein können. Es gelang nämlich, auch in einem nach außen elektromagnetisch abgeschirmten Raum, einem sogenannten

Faradaykäfig, Tonbandstimmen aufzuzeichnen. Als Sende-
quelle für die Tonbandstimmen kommen dann nur die Personen infrage, die bei der Aufzeichnung im abgeschirmten
Raum anwesend waren.

Aus der Sicht der in diesem Buch erarbeiteten Modellvorstellung der Essenzelektronengemeinschaft ist für eine
jenseitige Seele, die zu dieser Transkommunikation bereit
war, ein Faradaykäfig natürlich kein Hindernis. Sie hätte ja
auch zusammen mit den diesseitig lebenden Personen den
Aufzeichnungsraum betreten, oder vielleicht besser, beschwe-
ben können.

Als Beschreibungsmodell für diese Transkommunikation
bietet sich daher an, dass die jenseitige Seele durch Photonenaustausch mit dem diesseitigen im Aufzeichnungsraum
anwesenden Medium ein mentales elektromagnetisches Feld
generiert, dass dann in dem Tonbandgerät die zur Aufzeichnung erforderliche elektromagnetische Energiedichte einkop-
pelt.

Diese Ausführungen sollen keineswegs als eine Aufforderung
zum Spiritismus, zur Geisterbeschwörung oder dergleichen
missverstanden werden. Sie mögen vielmehr verdeutlichen,
dass es prinzipiell möglich ist, mit kommunikationsbereiten
Verstorbenen, deren Seele sich im Jenseits aufhält, Informationen auszutauschen. Es ist schließlich – zumindest grundsätzlich – jedem gegeben, direkt und bewusst mit der Seele
eines Verstorbenen, den man zu seinen Lebzeiten geliebt hat,
Kontakt aufzunehmen.

Ernst Senkowski sieht in den Tonbandstimmen einen Hinweis, dass das Leben nach dem Tod in irgendeiner Form weitergeht. Im Dokumentarfilm »(R)evolution-2012« sagt er: »Und
wenn Sie dann etwas bekommen, was man einigermaßen
verifizieren kann, was also nicht in den Bereich der Illusionen
oder der Halluzinationen fällt, dann muss man sagen, dass
viele Leute daraus auch einen Trost entnehmen, wenn sie eine
Meldung eines verstorbenen Angehörigen oder eines geliebten Menschen da auf dem Band hören. Die menschliche Seite
trifft eigentlich eines der Grundprobleme unserer Existenz:
Wir wissen nicht, woher wir kommen, wir sind hier, wissen

nicht genauer, wohin wir gehen, aber wir können diese Indizien als Stütze nehmen für die Hoffnung, dass das Leben weitergeht.«

Viele Menschen haben das Gefühl, dass ein Schutzengel sie begleitet und auf sie aufpasst. Es gehört wohl damit auch zu einer möglichen Art von Beschäftigung für eine nicht verkörperte Seele, einen bestimmten lebenden Menschen zu begleiten und durch mentale Kommunikation, also eine Art von Gedankeneingebung oder Gedankenübertragung, diesem Menschen Hinweise zu geben und ihn vor Schaden zu schützen. Dass die jenseitige Welt Anteil nimmt an den Geschehnissen in der diesseitigen Welt, wird auch durch Aufzeichnungen von Tonbandstimmen belegt.

Eine Seele im Jenseits kann jedoch ihre weitere Entwicklung nur aus dem im Leben geistig Erreichten heraus weiter gestalten. Daher sind die jenseitigen Gestaltungsmöglichkeiten beschränkt. Im Jenseitsbereich sind der Seele alle wesentlichen Ereignisse und Erkenntnisse ihres Lebens bewusst, aber sie hat nicht mehr die Möglichkeit, den Bündelungsgrad der Photonengase in den inneren Raumzeiten der Essenzelektronen zu erhöhen. Dazu ist der dichte Zustand der physischen Verkörperung erforderlich. Nur dort können genügend hohe Energiedichten im Inneren biologischer Organismen erzeugt werden, um den Ordnungs- bzw. Bündelungsgrad der Photonengase zu steigern.

Insbesondere wenn es um die Integration von hochenergetischen Photonen im Gammabereich geht, können nur im Diesseits die erforderlichen Entwicklungen vollzogen werden, denn dazu braucht es eine höhere Materiedichte. Wie die Abschätzung der durchschnittlichen Seelendichte zeigte, handelt es sich bei einer unverkörperten Seele um ein Plasmagas mit einer deutlich geringeren Massedichte als der Dichte eines gewöhnlichen Gases. In einem verdünnten Plasmagas würde der Austausch von Röntgen- und Gammaquanten erhebliche Beschleunigungen der Seelenatome bewirken, wodurch die gasförmig atomare Seelenstruktur auseinanderfliegen würde.

Der vom Körper losgelöste Zustand ist für das Bewusstsein einer Seele dazu geeignet, über das Erfahrene zu reflektieren.

Im Nachhinein kann die Seelenstruktur aber nicht mehr verändert werden. Es können lediglich aus den Erfahrungen des vorangegangenen Lebens Schlussfolgerungen gezogen werden, welche weiteren Entwicklungsschritte für die Seele in einer erneuten Verkörperung anstehen. Wie der Baum fällt, so liegt er.

5.3 Anziehung und Schicksal

All die ungelösten und unbewältigten Probleme eines beendeten Lebens und natürlich auch die erlittenen körperlichen und seelischen Verletzungen behaften die Seele und bilden als elektromagnetische Störfelder energetische Senken in der Seelenstruktur. Solche Störfelder, die sich in der Körperstruktur eines Menschen manifestiert haben und in den Lichtmustern seiner Essenzelektronen abgespeichert sind, bilden eine gewisse individuelle Belastung, mit der die Seele behaftet ist.

In den Weisheitslehren wird hierfür der Begriff des *Karma* verwendet. Es stellt die Erblast oder den geistigen Kontostand der Seele dar. Schlechtes Karma entsteht durch Taten, durch die anderen Menschen oder sich selbst Schaden zugefügt wird – etwa das Ende des letzten deutschen Kaisers. Gutes Karma entsteht durch gute Werke. Dann gibt es noch Karma, das von Verletzungen des Körpers oder der Seele durch Taten anderer herrührt. Für dieses Karma ist man zwar nicht selbst verantwortlich, aber man muss dennoch dafür die Eigenverantwortung übernehmen, um die Folgen solcher erlittener Handlungen zu überwinden.

Hieran knüpft sich der Begriff des Schicksals. Der Mensch wird immer wieder in Situationen geschickt, in denen er an seine Altlasten erinnert wird. Störfelder in der Seelenstruktur können aus physikalischen Gründen nur in dem materiellen Milieu behandelt und beseitigt werden, in dem man sie sich zugezogen hat. Das bedeutet, dass sich eine Seele, die mit Altlasten in die jenseitige Welt gekommen ist, über kurz oder lang dazu durchringen wird, erneut in den Zustand zurückzukehren, in dem die Altlast bzw. das Störfeld erworben

wurde, und daher wird eine Wiederverkörperung – eine Reinkarnation – erforderlich.

Und so werden sich die Essenzelektronen nun ein materielles Milieu auf der Erde suchen, das den Erfahrungen und dem
erneuten Lernprozess am ehesten gerecht wird. Die Essenzelektronen werden eine Umgebung suchen, in der sie andere
verkörperte Elektronengemeinschaften vorfinden, mit denen
sie bereits aus zurückliegenden Verkörperungen vertraut sind.

So ist es kein Zufall, welche Eltern sich die Essenzelektronen
eines Menschen aussuchen. Nur allzu oft sind alte Bande
zwischen ihnen geknüpft. Denn die Elektronen haben die
Tendenz, sich an solchen Orten aufzuhalten bzw. in die Nähe
solcher Elektronen zu gelangen, die mit ihrem Schwingungsniveau übereinstimmen.

So wird sich ein Mensch mehr oder weniger unbewusst im
Leben immer bevorzugt in der Nähe von Menschen aufhalten,
die seinem Entwicklungsniveau entsprechen und mit denen
er vertraut ist. Jeder Mensch sucht sich seine Gesellschaft also
selbst aus. Gleich und gleich gesellt sich gern – so verhalten
sich die Elektronen. Im Leben werden sich immer solche Menschen zusammenfinden oder, besser gesagt, wiederfinden,
die bereits über gemeinsame Erfahrungen verfügen.

Die vielzitierte Liebe auf den ersten Blick ist meist eine
Liebe auf den erneuten Blick, da sich das Liebespaar schon aus
früheren Leben kennt und daher von Anfang an sehr vertraut
miteinander ist – seelenverwandt. Dies veranlasste mich 1988,
nicht zuletzt auch aus physikalischer Sicht, zu der These:
»Liebe ist die stärkste Kraft im Universum. Liebe überwindet
Zeit und Raum und Tod.«

Wie Magneten steuern Menschen aufeinander zu, meistens
unbewusst – gelenkt von den inneren Lichtmustern ihrer
Essenzelektronen. Dies gilt leider nicht nur für die geliebten
und vertrauten Seelen. Es kommt natürlich im Laufe des
Lebens auch zu manchen unangenehmen Begegnungen, in
denen alte Konflikte zwischen Menschen aufbrechen.

Bei der Wiederbegegnung in einem späteren Leben hängt
alles von der seelischen Reife der Kontrahenten ab, wie sie
in der Konfliktsituation miteinander umgehen. Ob sie wieder

in alte Muster der Konfrontation zurückfallen oder durch Reflexion in der Lage sind, als Täter eine Gewalttat zu bereuen und als Opfer zu vergeben und zu verzeihen.

Doch manchmal ist das Bewusstseinsgefälle oder die seelische Kluft zwischen Menschen so groß, dass es besser ist, sich aus dem Weg zu gehen. Versöhnung lässt sich eben nicht erzwingen. Mangelnde Einsicht auf der einen oder der anderen Seite und Unaufrichtigkeit und Unklarheit erschweren und verhindern gar allzu oft einen seelischen Klärungsprozess.

Diese Affinität, dass also Elektronen mit gleichartigen Lichtmustern wieder aufeinander zusteuern und dadurch eine Tendenz besteht, gleichartige bzw. komplementäre Erfahrungen zu wiederholen, ist die physikalische Begründung für all das, was unter dem Begriff *Schicksal* zu verstehen ist. Opfer und Täter steuern irgendwann wieder aufeinander zu, weil sie sich durch Abstrahlung und Empfang von komplementären elektromagnetischen Feldern anziehen. In diesem Sinne gibt es keinen Zufall.

Nicht jeder Mensch wird in gleicher Weise zum Opfer des sogenannten Schicksals, und nicht jeder Mensch zeigt die gleiche Anfälligkeit gegenüber Krankheiten. Jeder Mensch sollte vielmehr die volle Verantwortung für *sein* Schicksal übernehmen und sich zu einer bewussteren Lebensführung hin entwickeln.

Auf der Ebene des Menschen bedeutet Schicksal, dass der Mensch solange mit gleichen oder ähnlichen Situationen konfrontiert wird, bis er die Affinität zu solchen Situationen transformiert hat – bis also die entsprechende Energieblockade aufgelöst bzw. das die Affinität erzeugende elektromagnetische Störfeld harmonisiert worden ist. Durch Photonenaustausch, den Elementarprozess *Liebe,* also Zufuhr von harmonischer Lichtenergie, kann Schicksal transformiert werden.

So wird jeder Mensch immer wieder durch die Eigenheiten seiner Elektronen in gleichartige Situationen geführt, bis er aus ihnen lernt und sein Verhalten bewusst verändert. Wenn die Essenzelektronen während des Aufenthalts im physischen Körper – während des Lebens – nicht den höchsten Bündelungsgrad ihrer Photonengase erreichen können, bleiben sie weiter in der diesseitigen Welt, der äußeren Raumzeit verhaftet. Sie sind dann zur weiteren Entwicklung darauf angewiesen, sich wieder zu verkörpern. Die Essenzelektronen, also die Seele, werden dann wieder der Kristallisationskeim für ein neues menschliches Lebewesen sein.

Mit dem Wachstum eines Embryos beginnt eine menschliche Seele bzw. beginnen die miteinander vertrauten Essenzelektronen mit der Organisation eines neuen menschlichen Körpers und damit eines neuen menschlichen Lebens. Während seines Wachstums in der Schwangerschaft durchläuft ein menschlicher Embryo im Zeitraffer den evolutionären Entwicklungsweg, den das Leben auf der Erde in vielen Millionen von Jahren gegangen ist. So hat der menschliche Embryo zum Beispiel in einer bestimmten Phase seiner Entwicklung Kiemen wie ein Fisch, bis sich schließlich seine Lunge entwickelt.

Bei der Organisation eines neuen Körpers bedienen sich die Essenzelektronen ihres gemeinsamen äonischen Gedächtnisses, in dem ja all die vorangegangenen Lebensformen durch Lichtmuster jederzeit abrufbar abgespeichert sind. An dieser Metamorphose, die der menschliche Embryo durchläuft, wird deutlich, wie alt die Seele eines Menschen ist – letztlich reicht sie zurück bis an den Beginn der biologischen Evolution.

Daraus folgt, dass kein Mensch ohne eine individuelle Vorgeschichte geboren wird. Jedes neugeborene Kind hat seine individuelle Seelenvergangenheit, die sich im Laufe seines neuen Lebens in Form von Talenten und Charaktereigenschaften bemerkbar macht.

Der Charakter eines Menschen ist weder vollständig durch das, was er von seinen Eltern ererbt hat, noch durch das, was er an Verhaltensweisen während seines Lebens eingeübt hat, beschreibbar. Vielmehr ist die Individualität seiner Seele auch maßgeblich mitgeprägt durch das, was er in vorangegangenen Leben erlebt und erfahren hat.

Während des Wachstums eines neuen Lebewesens wird durch die steuernden elektromagnetischen Felder der Essenzelektronen durch Nahrungsaufnahme eine große Menge Materie in den Organismus integriert. Die Elektronen dieser

Materie, die ständig neu aufgenommen wird, haben natürlich nicht die gleiche Vertrautheit miteinander wie die Essenzelektronen. Das, was einem Menschen in seinem aktuellen Leben widerfährt, wird aber zur gemeinsamen Erfahrung aller seiner Elektronen. Und der Mensch besteht aus Billionen mal Billionen Elektronen.

So können wir uns an Ereignisse unseres aktuellen Lebens erinnern, die bereits viele Jahre zurückliegen. Wenn sich ein Mensch an etwas erinnert, werden gleichzeitig zwischen sehr vielen seiner Elektronen identische Lichtmuster ausgetauscht. Auf zellulärer Ebene feuern dann die Neuronen vieler Millionen Nervenzellen gleichzeitig elektrische Impulse ab. Die dadurch erzeugte Gehirnaktivität baut ein elektromagnetisches Feld auf, dessen Stärke davon abhängt, wie viele Elektronen an dem Photonenaustausch beteiligt sind.

In einem Elektroenzephalogramm (EEG), also der Aufzeichnung von Gehirnströmen, lassen sich daher ereignisgebundene elektrische Potenzialveränderungen beobachten. In dem EEG lassen sich auch periodische Ladungsschwankungen unterschiedlicher Frequenz klassifizieren. Bestimmte Bewusstseinszustände wie Wachzustand, Tiefschlaf, Traumzustand und Koma gehen einher mit signifikanten Ladungsschwankungen.

Erlebnisqualitäten, ob im Wach- oder Traumzustand erfahren, erzeugen charakteristische Schwingungsmuster an den Elektroden, die beim EEG auf dem Kopf eines Menschen platziert werden. Ein Erlebnis, das unser Gehirn verarbeitet, ist vergleichbar mit einem Schwimmer in einem See. Durch seine Schwimmbewegungen – das Erlebnis – erzeugt er Wellen, die sich über den ganzen See ausbreiten. Die Elektroden im EEG registrieren diese Wellen, die an verschiedenen Stellen des Ufers ankommen.

Die Fähigkeiten des Menschen, sich an zurückliegende Ereignisse zu erinnern, werden auch zu einem Maß für dessen Bewusstsein. Das Bewusstsein eines Menschen hängt ab von der Fähigkeit der den Körper bildenden Elektronen, sich miteinander über die elektromagnetische Wechselwirkung zu verständigen. Außerdem wird die Qualität des Bewusstseins durch die Höhe der Frequenz der zwischen Elektronen ausgetauschten Lichtmuster bestimmt. Je mehr Elektronen im Körper über den Elementarprozess *Liebe* Informationen miteinander austauschen, umso mehr werden alle gespeicherten Informationen in das Bewusstsein integriert. Das Bewusstsein ist der Duft der Elektronen.

Das Unterbewusstsein ist die Menge aller Informationen eines Menschen, die aufgrund des zu schwachen Austauschs zwischen den Elektronen noch nicht in das Bewusstsein integriert sind. Es ist klar, dass die Bewusstseinsbildung eines Menschen von seiner Vitalität, also der Konzentration von Bioplasma – in Form von im Körper gespeicherter elektromagnetischer Energie –, abhängt.

Bei vielen Menschen gibt es Bereiche im Körper, in denen der Lichtaustausch der Elektronen mit dem übrigen Körper gestört oder unterbrochen ist. Die in diesen Körperbereichen sitzenden Elektronen halten damit bestimmte Erlebnisse zurück, was bedeutet, dass Blockaden in der Kommunikation der Elektronen untereinander bestehen.

Das von diesen wenigen Elektronen aufgebaute elektromagnetische Feld ist zu schwach, um von der gesamten Elektronengemeinschaft als Information bewusst wahrgenommen werden zu können. Dennoch werden solche lokalen Informationsblockaden den menschlichen Organismus als Ganzes in seiner zusammenhängenden Funktion beeinträchtigen.

Verdrängte Erlebnisse lenken und bestimmen auch das Gesamtverhalten des betreffenden Menschen mit. Je mehr ein Mensch Erlebtes verdrängt hat, umso weniger frei ist er in seinem Verhalten, und umso mehr wird sein Verhalten durch das bestimmt, was ihm nicht bewusst ist. In diesem unbewussten Zustand befinden sich die meisten Menschen.

Erst wenn sich ein Mensch bewusst darum bemüht, durch geeignete körperorientierte oder spirituelle Transformationsmethoden in das Dickicht seines Unterbewusstseins vorzustoßen, wird es ihm gelingen, alle unbewussten Informationen in das Gesamtbewusstsein zu integrieren.

Die Grenze zwischen Bewusstsein und Unterbewusstsein bildet die Angst. Je mehr sich ein Mensch mit seinen Ängsten auseinandersetzt und sie überwindet, umso mehr wird er sich seiner verdrängten Erfahrungen bewusst und kann sie verarbeiten.

Wenn der Mensch sich darum kümmert, verdrängte und unbewusste Erfahrungen in sein Bewusstsein zu überführen, wird er wieder Herr im eigenen Haus. Dies ist die Voraussetzung für ein Leben mit allen Möglichkeiten und Gestaltungsfreiheiten. Bleibt der Mensch unbewusst, so ist er die Marionette seines Unterbewusstseins und erleidet die sogenannten Schicksalsschläge.

Alles, was in dem aktuellen Leben eines Menschen passiert, ist die gemeinsame Erfahrung aller seiner Elektronen. Daher fällt es relativ leicht, sich an alles zu erinnern, was in diesem Leben passiert ist. Erlebnisse aus früheren Verkörperungen sind nicht so ohne weiteres erinnerbar. Es hat physikalische Gründe, dass die Erinnerung an frühere Verkörperungen nicht so leicht fällt, denn die Informationen über die früheren Leben sind ja zunächst nur in den Essenzelektronen gespeichert.

Die Essenzelektronen sind jedoch nur ein Bruchteil aller Elektronen, aus denen der menschliche Körper gebildet wird. Die Essenzelektronen sind sozusagen nur der Kristallisationskeim für die Bildung des neuen Körpers.

Damit ein Mensch sich konkret an Ereignisse in früheren Leben erinnern und diese unbewussten Erfahrungen in sein Bewusstsein integrieren kann, müssen die Essenzelektronen ihre Informationen an die übrigen Körperelektronen weitergeben, und zwar durch den Elementarprozess *Liebe*. Dazu gibt es geeignete spirituelle Transformationsmethoden. Geeignet meint, dass jeder Mensch zu einer bestimmten Zeit ganz spezifische Methoden braucht, die seinen geistigen Entwicklungsstand berücksichtigen.

Wenn die Informationen über frühere Leben oder verdrängte Erlebnisse aus Kindheit und Jugend an hinreichend viele Elektronen des Körpers weitergegeben wurden, wird das entsprechende elektromagnetische Feld bzw. die Bioplasma-Konzentration zwischen den Elektronen stark genug, sodass der Mensch diese Informationen bewusst wahrnehmen kann.

Dann können zum Beispiel auch Bilder oder Gefühlszustände aus einem früheren Leben auftauchen.

Die Integration verdrängter Kindheitserlebnisse und von Informationen aus früheren Leben erfordert in der Regel die Anwendung von spirituellen Transformationsmethoden, damit die Essenzelektronen ihre Informationen preisgeben und an alle anderen Körperelektronen weitergeben.

Unfreie Menschen, die keinen Zugang zu ihrer seelischen Innenwelt suchen oder auch gar nicht finden wollen, empfinden sich meist als Opfer ihrer unbefriedigenden Lebenssituation. Anstatt die Ursache für ihre eigene Unzufriedenheit oder ihr »Pech« in der inneren Struktur ihrer Persönlichkeit zu suchen, projizieren sie ihren »Frust« nach außen und machen typischerweise immer die anderen für ihre Situation verantwortlich. Statt die Ursachen im Außen zu suchen, sollten sich solche Menschen nach innen wenden, und sie würden erkennen, dass sie nur die Sklaven ihrer eigenen Gedankenketten und Gefühle sind.

Um hier Befreiung zu erlangen, ist es hilfreich, sich selbst gegenüber die innere Position eines unbeteiligten Beobachters einzunehmen. Auf diese Weise kann man mit einiger Übung in einen Bewusstseinszustand kommen, in dem Gedanken und Gefühle einfach vorbeiziehen. In den Lücken zwischen den Gedanken befindet sich reines Bewusstsein. Es ist frei von Gedanken und Emotionen – und dennoch erfüllt von einem Strom aus Lebensenergie, der umso stärker wird, je größer die zeitlichen Lücken zwischen den Gedanken werden.

Einen solchen Bewusstseinszustand kann man durch Meditieren einnehmen. Dabei lernen die Essenzelektronen, energiereiche Photonen immer höherer Frequenz untereinander auszutauschen, wodurch auch die Bioplasma-Konzentration im Körper zunimmt.

In den zurückliegenden 25 Jahren konnte ich mit dem entwickelten Verfahren der Kirlian-Videografie anhand mehrerer hundert Messungen an Testpersonen feststellen, dass die Bioplasma-Konzentration dieser Personen zunimmt, wenn sie meditieren und einen Bewusstseinszustand einnehmen, in dem der Gedankenstrom reduziert wird.

Die Meditation führt in die Mitte des Daseins, in das Zentrum der eigenen Persönlichkeit und Identität, und sie erschließt die Verbindung zur Quelle aller Lebensenergie und Lebensfreude – zu der Liebe und Energie, die ELI unentwegt abstrahlt und allen Lebewesen verfügbar macht.

Wir schwimmen geradezu in einem Quantenmeer, in einem Ozean von Licht und Liebe und Information, und es liegt nur an uns, ob wir diesen Lebensstrom wahrnehmen wollen oder nicht. Die Photonen, die im Zustand der Meditation zwischen den Essenzelektronen ausgetauscht werden, haben eine höhere Frequenz bzw. Energie als die Photonen, welche mentale und emotionale Prozesse darstellen.

Die Seele gleicht einem Fluss, einem Lebensstrom. Sie beginnt in der Vergangenheit als ein kleines, quicklebendig dahinplätscherndes Bächlein, reift zu einem Fluss und schließlich zu einem großen Strom. Die Wellen und Strömungen im Wasser des Flusses erzählen all die Geschichten von Steinen und Stromschnellen, Wasserfällen und Katarakten. Durch Bewusstheit nehmen wir in der Gegenwart all die Wellen wahr und lernen die Sprache des Liedes zu verstehen, das die Wellen auf unserem Seelenstrom uns singend erzählen.

So lernen wir im Jetzt, die Kräfte unserer Seele zu bündeln und zu einer starken Kraft zu vereinen und für unser Leben zu erschließen. Doch dabei sollten wir eines nicht vergessen: Solange wir noch sterblich sind, ist der Lebensstrom noch begrenzt, und es stellt sich die Frage, wodurch er begrenzt wird.

Wer sich häufig in einem meditativen Bewusstseinszustand befindet, mag durch den in der Folge angefachten starken Lebensstrom ein beglückendes, erfülltes Leben führen – doch es reicht noch nicht aus, um den Körper so stark zu durchlichten, dass er jung und frisch bleibt und keinen degenerativen Prozessen mehr ausgeliefert ist.

Viele sind bereits auf diesem Weg, leben ein spirituelles Leben, das durchaus erfüllt sein mag, aber es ist dennoch begrenzt – durch den (noch) unvermeidlichen physischen Tod, dem sich jeder Mensch zu stellen hat. Und dennoch wird der Tod soweit wie möglich aus dem täglichen Leben verbannt, und wir tun so, als würde unser Leben einfach immer kontinuierlich weitergehen.

Und um nun endlich die Frage dieses Kapitels zu beantworten, woher wir kommen: Es gibt jene vielen jüngeren Seelen, die über den Weg der Evolution auf dieser Erde noch keine Erinnerung an die physische Unsterblichkeit haben, weil sie noch nie physisch unsterblich gewesen sind; aber sie sind vielleicht neugierig darauf zu erfahren, welches Unsterblichkeitspotenzial in ihnen steckt. Und es gibt jene nicht so vielen älteren Seelen, die bereits in einem früheren Leben, vor vielen tausend Jahren, unsterblich gewesen sind und die ahnen, dass sie nicht von dieser Welt sind. Durch gewaltsame Einwirkungen sind sie vor langer, langer Zeit ihrer physischen Unsterblichkeit verlustig gegangen, und sie sehnen sich danach, *diese* Unsterblichkeit wiederzuerlangen.

Die beiden letzten Kapitel sind all den Menschen gewidmet, all den jungen und alten Seelen, die sich auf den Weg machen und denen es diesmal ums Ganze geht.

Kapitel 6

Wohin gehen wir?

Eine individuelle Entscheidung

Das spirituelle Entwicklungspotenzial des Menschen geht weit über seine gewöhnlichen Fähigkeiten hinaus. Der Mensch verfügt nicht nur über eine unsterbliche Seele, er kann auch die physische Unsterblichkeit in ewiger Jugend wiedererlangen oder neu entwickeln. Dies ist das Ziel eines individuellen spirituellen Transformationsprozesses, bei dem sich auch eine persönliche Beziehung zu Gott entwickelt – von der Erleuchtung zur Erlösung. Aus der spirituellen Erblast der Menschheit folgt für die Zukunft ein Szenarium der Transformation und Polarisation. Jeder Mensch wird durch die kommenden Ereignisse in der Welt und seiner Umgebung vor die ultimative Entscheidung gestellt, welchen Weg er gehen will.

6.1 Erinnerungen an die Unsterblichkeit

Viele Menschen begrenzen ihre physische Lebensdauer durch schlechte Angewohnheiten. Ungesunde und unausgeglichene Ernährung ist eine der Hauptursachen für beschleunigte Alterung und viele Arten von Erkrankungen, die die meisten Menschen vorzeitig ihres physischen Lebens berauben. Die meisten Menschen der sogenannten zivilisierten Welt essen sich regelrecht zu Tode.

Zwar ist die Sterberate aufgrund von Infektionen und Seuchen durch die moderne Medizin stark zurückgegangen, und das Durchschnittsalter liegt heute weit höher als noch vor hundert Jahren. Aber statt das Geschenk eines längeren Lebens zu nutzen, nehmen die Menschen diese schlechten Gewohnheiten an und erkranken dann in der Folge an sogenannten Zivilisationskrankheiten. Zudem hat sich der Fleischkonsum der Bevölkerung in den »zivilisierten« Ländern seit Ende des Zweiten Weltkriegs vervielfacht, was häufig zu aufgedunsenen Körpern und oft dumpfen Bewusstseinszuständen führt.

So konnte ich Anfang der Siebzigerjahre mit vierzehn Jahren beobachten und erleben, wie mein älterer Bruder nach einem längeren Aufenthalt in Indien mit einer klaren und reinen Ausstrahlung nach Deutschland zurückkehrte. Er ernährte sich in Indien rein vegetarisch und war durch verschiedene Yoga-Praktiken in einen sehr klaren Bewusstseinszustand gekommen.

Falsche Ernährung, zu wenig Bewegung, mangelnde physische Aktivität und damit verbundenes Übergewicht sind die Hauptursachen für Herz-Kreislauf-Erkrankungen, die als Todesursache an erster Stelle rangieren, gefolgt von allen möglichen Arten von Krebserkrankungen, deren Häufung auch mit zunehmenden, zivilisationsbedingten Risikofaktoren erklärt werden kann. Dazu kommen dann noch massiver, schulmedizinisch verordneter Medikamentenkonsum, Drogenmissbrauch in Form von Rauchen und übermäßigem Alkoholkonsum sowie der Alltagsstress im Beruf und im sozialen Umfeld. Viele Menschen richten sich auf diese Weise bioenergetisch zugrunde und verlieren ihre Vitalität und Gesundheit.

Der US-amerikanische Ernährungsexperte Norman Walker trat den persönlichen Beweis an, dass eine natürliche Ernährung auf Rohkostbasis die Lebensdauer und Lebensqualität erheblich steigern kann. In der Mitte seines Lebens erkrankte Walker ernsthaft und änderte daraufhin seine zuvor allgemein üblichen Ernährungsgewohnheiten. Er verzichtete auf Fleischkonsum und weitgehend auf sonstige tierische Nahrung und ernährte sich vorwiegend von Rohkost.

Nach einiger Zeit waren seine Gesundheitsprobleme verschwunden. Bekannte, Freunde und Verwandte, die ihn wegen seiner unkonventionellen Ernährungsweise belächelten, überlebte er um mehrere Jahrzehnte, und zwar voller Lebensqualität. Noch mit fast hundert Jahren fuhr er Fahrrad, strotzte vor Lebenskraft und schrieb noch ein Buch. Er starb nicht etwa an Altersschwäche, sondern erlitt bei einem Unfall tödliche Verletzungen: Kurz vor Vollendung seines hundertsten Lebensjahres stürzte er bei der Reparatur eines Daches ab.

Auf der japanischen Insel Yokohama leben die meisten Menschen mit einem Lebensalter von über hundert Jahren. Sie ernähren sich hauptsächlich von frischen, unverarbeiteten Lebensmitteln, sie meiden den Kochtopf und bleiben bis ins hohe Alter leistungs- und lebensfähig.

Aus dem Tierreich ist bekannt, dass die Fleischfresser die geringsten, die Pflanzenfresser die höchsten Lebenserwartungen haben. Unter den Säugetieren gibt es kleine Raubfrettchen, marderartige Kleinräuber, die den ganzen Tag überwiegend damit beschäftigt sind, andere Kleinsäugetiere und Reptilien zu töten. Sie töten mehr Lebewesen, als sie zum Überleben benötigen. Es sind die Säugetiere mit der geringsten Lebensdauer.

Besonders spektakulär war der Fund einer lebenden Riesenschildkröte in Nordamerika, in deren Schild die eingewachsene Bleikugel einer Muskete steckte, wie sie von den ersten europäischen Einwanderern im 17. Jahrhundert verwendet wurde. Diese Schildkröten ernähren sich ausschließlich vegetarisch. Offensichtlich war das Tier also schon mehrere hundert Jahre alt.

Wenn der Mensch seine Ernährungs- und Lebensgewohnheiten optimiert, scheint es durchaus nicht ungewöhnlich zu sein, dass er ein Alter von über hundert Jahren erreicht – mit physischer und geistiger Lebensqualität.

Aus biophysikalischer Sicht ist verständlich, warum unverarbeitete Lebensmittel, vorzugsweise Rohkost und frisches Obst, die beste Form der Nahrung für den Menschen darstellen. Sie enthalten noch die lebendige Zellstruktur, angefüllt mit Bioplasma, das zur Vitalität des menschlichen Organismus zusätzlich beitragen kann.

Die konventionelle Ernährungswissenschaft beschäftigt sich einseitig nur mit der Zusammensetzung von Nahrungsmitteln aus Kohlehydraten, Proteinen, Fetten, Spurenelementen und Vitaminen. Die Bioplasma-Konzentration in vitaler unverarbeiteter pflanzlicher Nahrung wird überhaupt nicht berücksichtigt.

Doch durch eine noch so gesunde Ernährung im Sinne einer guten Lebensführung lässt sich der Alterungsprozess zwar verlangsamen, aber nicht stoppen oder gar umkehren. Warum sind ein biologischer und insbesondere der menschliche Organismus überhaupt sterblich?

Die Frage nach der Unsterblichkeit der Seele ist aufgrund der Eigenschaften der Elektronen und Positronen als Teilchen mit Gedächtnis und quasi unbegrenzter Lebensdauer ja bereits positiv beantwortet worden. Aber besteht nicht auch grundsätzlich die Möglichkeit der physischen Unsterblichkeit? Kann der physische Körper mit einer genügend großen Menge an Bioplasma geflutet werden, um damit alle degenerativen, Alterung bewirkenden Prozesse zu unterbinden und ewig jung zu bleiben?

Diese Frage wird den einen Menschen mehr, den anderen weniger interessieren, je nachdem, wie alt und reif die Menschenseele ist und wonach sie sich sehnt.

Vor 25 Jahren hörte ich von einem Heilpraktiker die ernüchternde Bemerkung: »Alles, was lebt, ist krank.« Tatsächlich sterben im Organismus eines Menschen täglich viele Millionen Zellen ab, doch genauso viele Zellen werden durch Zellteilung neu gebildet. Der menschliche Körper ist zeitlebens eine Bühne von Geburt und Tod. Die Zellgemeinschaft ringt um Erhaltung des organisierten kollektiven Überlebens, denn das Leben des Organismus wird permanent angegriffen und infrage gestellt durch Bakterien und Viren oder mechanisch zugefügte Verletzungen.

Wer sich bei einem Autounfall schwere äußere und innere Verletzungen und Knochenbrüche zuzieht, hat heute bei optimaler medizinischer Betreuung gute Chancen, wieder einen heilen körperlichen Zustand zurückzuerlangen. Und wenn wir uns eine Schürf- oder Schnittverletzung zufügen, so können wir beobachten, wie unser Körper in wenigen Tagen den heilen Zustand oft selbst wiederherstellt.

Der menschliche Körper verfügt über ein erstaunliches Regenerationsvermögen. Jeder Organismus verfügt über ein gewisses Selbstheilungspotenzial, wie das bei Wundheilungsprozessen jeder von uns selbst schon erlebt hat. Diese Heilungsprozesse verlaufen automatisch, der Arzt kann sie lediglich in geeigneter Weise unterstützen.

Dieses physische Selbstheilungspotenzial hängt zusammen mit der individuellen Bioplasma-Konzentration im Organismus. Je stärker das elektromagnetische Steuerfeld im Inneren der Zellen, umso schneller und unproblematischer verläuft der Heilungsprozess.

Mit zunehmendem Alter verlaufen solche Heilungsprozesse langsamer. Menschen mit normalem, also allgemein üblichem Bioplasma-Niveau verlieren mit jeder Zellteilung zunehmend die Fähigkeit, die DNS vollständig und fehlerfrei zu kopieren. Dadurch gehen nach und nach immer mehr in der DNS hinterlegte Reparaturprogramme verloren, bis das Regenerationsvermögen auf einen kritischen Wert absinkt, bei dem bereits eine kleine äußere Störung zu einem vollständigen Zusammenbruch des biologischen Organismus und damit zum physischen Tod führt.

Allerdings ist es nicht unbedingt naturgegeben, dass ein komplexer Organismus wie der menschliche Körper altern und sterben muss. Von einzelnen Zellen wissen wir, dass sie bei optimaler Versorgung prinzipiell unsterblich sind. Also müsste es grundsätzlich auch möglich sein, eine größere Zellgemeinschaft wie den physischen Körper eines Menschen ewig am Leben zu erhalten. Abgesehen von den schlechten Lebensgewohnheiten wie falscher Ernährung und Vergiftungen durch Nikotin und Alkohol sind es in erster Linie psychisch verursachte Störfelder, welche die Bioplasma-Konzentration und damit auch die Vitalität eines Organismus dämpfen.

Die seelischen Verletzungen, die sich ein Mensch im Laufe seines Lebens zuzieht, beeinträchtigen seine physische Gesundheit in erheblichem Maße. Der Verlauf schwerster Erkrankungen wie Krebs wird durch seelische Faktoren stark beeinflusst. Außergewöhnliche Fälle der Heilung von Krebspatienten im austherapierten Zustand lassen sich damit erklären, dass der Krebskranke noch rechtzeitig durch bewusste Verarbeitung eines Traumas eine genügend hohe Vitalität, also eine ausreichende Bioplasma-Konzentration, zurückgewinnen konnte, um die aus dem Ruder gelaufenen Zellteilungsprozesse, die Tumorbildung, durch natürliche Regulierung zu unterbinden.

Gesundheit lässt sich nicht einfach durch die Abwesenheit krankhafter Symptome definieren wie in der Schulmedizin, sondern sie hängt in starkem Maße auch von der psychischen Verfassung des Menschen ab.

Viele ganzheitliche Therapieansätze zielen darauf ab, ein stärkeres Erfahren und Fühlen alter verdrängter seelischer Schmerzen zu ermöglichen, um sich auf diese Weise daran zu erinnern, durch Bewusstwerdung einer verdrängten traumatischen Erfahrung diese zu verarbeiten und das damit verbundene bioenergetische Störfeld zu neutralisieren. Jede Erinnerung und Verarbeitung einer alten seelischen Verletzung erhöht die Bioplasma-Konzentration und damit die Lebensqualität.

Selbst wenn alle negativen Erfahrungen aus diesem Leben verarbeitet sind, bleiben noch die alten Seelenverletzungen aus zurückliegenden Verkörperungen, die den Lebensstrom begrenzen. Oft offenbart sich dem Menschen bei der Verarbeitung eines psychischen Traumas aus diesem Leben auch ein Zugang zu noch älteren traumatischen Erfahrungen aus einem vorangegangenen Leben. Denn das, was wir in diesem Leben erfahren, ist ja oft durch Ereignisse aus früheren Leben bedingt, und wir werden immer wieder in Begebenheiten geführt, in denen sich die alten Situationen erneut manifestieren wollen. Mit den Lichtmustern in unseren Essenzelektronen kreieren wir bewusst oder unbewusst das, was wir auch schon in früheren Verkörperungen erlebt haben, sei es angenehm oder unangenehm, sei es gut, oder sei es böse.

Damit ein Verarbeitungsprozess so tiefe Schichten der Seele berühren kann, ist natürlich ein höheres Bioplasma-Niveau erforderlich, und wer sich um eine gründliche Klärung seiner unverarbeiteten Störfelder und Residuen bemüht, wird sich auch Gedanken darüber machen, wie das eigene Bioplasma-Niveau auf optimale Weise angehoben werden kann.

Wir wissen, dass militärische Kampfhandlungen, Terroranschläge, Völkermord, Totschlag und Mord und sonstige Gräueltaten auf unserem Planeten nicht nur eine Erscheinung der Gegenwart sind, sondern auch in jüngerer Vergangenheit und eigentlich in der ganzen überlieferten Menschheitsgeschichte geschehen sind.

Zu den traumatischsten Erfahrungen, die ein Mensch im Laufe seines physischen Lebens machen kann, gehört das Erlebnis eines gewaltsamen Todes. Die damit verbundenen Angstzustände sind so heftig, dass sie zu den am stärksten verdrängten Erlebnissen überhaupt gehören.

Die Essenzelektronengemeinschaft eines Menschen bietet einen erheblichen Teil des generierten Bioplasmas – also der Lebensenergie – dafür auf, um diese Erfahrungen möglichst aus dem Bewusstsein fernzuhalten. Wir, die wir jetzt auf der Erde leben, tragen all diese Erfahrungen in unseren Essenzelektronen in uns, die gemeinsamen und die individuellen Erfahrungen. Und wir sind alle in einem immensen Ausmaß traumatisiert, denn jeder hat bereits in zurückliegenden Verkörperungen einen gewaltsamen physischen Tod erlitten.

Für die meisten Menschen sind diese innerseelischen Bereiche quasi eine Blackbox. Viele spüren intuitiv, dass sie geradezu auf einem seelischen Pulverfass sitzen, doch die meisten werden von den eigenen Ängsten zurückgehalten, einen genaueren Blick nach innen zu werfen und sich einen Zugang zur eigenen Seelengeschichte zu verschaffen.

Menschen, die aufgrund einer dogmatischen Glaubensüberzeugung davon ausgehen, dass der Mensch nur einmal lebt, wehren sich mit aller Kraft dagegen, diese individuellen innerseelischen Bereiche zu erschließen, die dann nur durch ein starkes elektromagnetisches Störfeld in Schach gehalten werden können.

Es ist eine seit mindestens 1500 Jahren kolportierte, im Christentum leider noch weit verbreitete Irrlehre, der Mensch lebe nur einmal. Treten dennoch Erinnerungen aus einem früheren Leben ins Bewusstsein, so wird man entweder sein Weltbild erweitern und den Irrtum erkennen, oder aber man bleibt bei der Irrlehre und verteufelt die Erinnerungen als dämonische Trugbilder. Damit bleibt dann alles beim Alten, und an eine tiefere spirituelle Entwicklung ist in einem solchen Leben nicht zu denken.

Die Erlösung wird ins Jenseits verschoben, und so entwickelt sich eine postmortale Erlösungsvorstellung. Aus der Transkommunikation mit verstorbenen Seelen ist bekannt, dass Menschen, die mit einer solchen inneren Überzeugung nach dem Sterben in den Jenseitsbereich kommen, es besonders schwer haben, sich an die tatsächlichen Gegebenheiten dort zu gewöhnen.

Der Weg zur Erlösung, zum ewigen Leben, führt also mitten durch das Leben hindurch, und nur *hier* in unserem Körper haben wir die Möglichkeit, etwas an unserem Seinszustand zu verändern. Im Jenseits können wir nur noch über unseren Seelenzustand reflektieren, aber nichts mehr daran ändern.

Mit jeder traumatischen Erfahrung aus diesem oder einem früheren Leben, die bewusst verarbeitet worden ist, harmonisiert und steigert sich die Bioplasma-Konzentration und die Liebe zu sich selbst und seinen Mitmenschen. Und damit erhöhen sich auch Vitalität und Lebensqualität.

Dieser Klärungsprozess kann schließlich dazu führen, dass sich ein Mensch an eine Verkörperung erinnert, in der er bereits einmal physisch unsterblich gewesen ist. Die Sehnsucht nach diesem verlorengegangenen Zustand ewiger Jugend und ewigen Lebens mag ihn dazu antreiben, sein Leben so zu optimieren, dass er diesen Zustand wiedererlangt. Dies kann als Erlösung definiert werden, denn in diesem Zustand sind weder im Körper noch in der Psyche eines Menschen irgendwelche Störungen vorhanden, die seinen Lebensstrom begrenzen. Wir werden in der Folge sehen, dass der Weg zu diesem Zustand spirituelle und religiöse Fragen aufwirft.

Ziel der Weisheitslehren und Religionen ist es, dem Menschen einen Weg aufzuzeigen, wie er diesen Zustand der Erlösung erreichen kann. Es wird sich zeigen, gerade auch aus physikalischer Sicht, dass dieser Zustand der Erlösung den physischen Körper samt der Essenzelektronengemeinschaft seiner Seele in einen neuen Aggregatzustand überführt, in dem es keine Gefangenschaft in der diesseitigen und jenseitigen Welt mehr gibt und die Tür zum Hyperraum – zum Himmel – offensteht.

6.2 Die Manifestation physischer Unsterblichkeit

Die Frage der physischen Unsterblichkeit im Sinne eines Lebens in ewiger Jugend ist aus Sicht der Religionen und Weisheitslehren schon immer ein Entwicklungsziel des Menschen.

Als physikalisches Beschreibungsmodell bietet sich dafür der Resonanzeffekt an, den ich im zweiten Kapitel auf Seite 77 ff. erläutert habe. Wenn das Photonengas in der inneren Raumzeit eines Elektrons den größtmöglichen Ordnungsgrad einnimmt und dabei die gesamte Photonengasenergie auf ein Superphoton gebündelt wird, kann sich dieses Elektron von der äußeren diesseitigen Raumzeit und der inneren jenseitigen Raumzeit lösen. Das Elektron geht dabei in einen vierdimensionalen Quantenzustand – einen Photonenring – über, der dann im Hyperraum lokalisiert ist. Diesen Übergang definiere ich als Elementarprozess *Erleuchtung*.

Wenn ein Teil der Essenzelektronen einer Seele diesen größtmöglichen Ordnungsgrad seiner Photonengase realisiert, wird im Bereich des Körpers auch eine größere Menge an Bioplasma geschaffen und der physische Körper dadurch mit vitaler Lebensenergie geflutet. Da der größte Teil der Essenzelektronen sich im Zentralnervensystem aufhält und sich die meisten Nervenzellen im Gehirn befinden, wird der Elementarprozess *Erleuchtung* im Kopfbereich zünden.

Bei einem erleuchteten Menschen wird ständig eine hohe Bioplasma-Konzentration im Gehirn erzeugt, die als Lichtstrom den gesamten Körper durchflutet und von dem Erleuchteten als fortwährendes und beständiges Glücksgefühl empfunden wird. Im Gehirn kommt es dann zu einer ständigen Ausschüttung von Endomorphinen – den Glückshormonen. Unter der Schädeldecke eines Erleuchteten brennt eine Lichtflamme aus Bioplasma. Die Schädeldecke eines Erleuchteten ragt sozusagen bereits ein wenig in den Hyperraum hinein – den offenen Himmel.

Haben einmal eine gewisse Anzahl von Essenzelektronen diesen gebündelten Superphotonenzustand in ihren inneren Raumzeiten realisiert, ist der damit entfachte Lichtstrom nicht mehr zu stoppen. In diesem Menschen manifestiert sich ein irreversibler Bewusstseinszustand, der in östlichen Weisheitslehren als Erleuchtung bezeichnet wird.

Im Körper entstehen damit einhergehend starke Theta-Wirbel. Sie bilden sich aus der freien Energie – den aus dem Hyperraum kommenden Eta-Teilchen – und koppeln dabei elektromagnetische Energie in Form von kohärenten Photonen in das biologische System des physischen Körpers ein. In den Weisheitslehren werden diese Energiewirbel als Energiezentren oder Chakras bezeichnet.

Diese starke Abstrahlung von Bioplasma, die von einem erleuchteten Menschen ausgeht, kann auch als Heiligenschein oder leuchtende Aura wahrgenommen werden. Die Gegenwart eines Erleuchteten lässt sich auch wie eine Art »Sonnenschein« auf der Haut oder als Prickeln in den Energiezentren spüren. Oder sie wird einfach als belebend, geistig anregend und bereichernd empfunden.

Ein Erleuchteter kann immer noch denken und fühlen, aber er ist nicht mehr der Sklave seiner mentalen und emotionalen Prozesse. Er verfügt vielmehr über das Denken als Werkzeug, Gefühle sind Teil seiner sinnlichen Wahrnehmung, doch er kann jederzeit den Gedankenstrom stoppen. Dann ist da nur noch die Lichtflut, die vom Scheitel seines Kopfes wie ein Wasserfall durch seinen Körper plätschert und ihn unentwegt mit Glücksgefühlen erfüllt.

Aber Erleuchtung bedeutet noch nicht, dass der Erleuchtete physisch unsterblich geworden ist. Die Erleuchtung ist natürlich ein ausgesprochen angenehmer Seinszustand, aber erst der Beginn eines noch größeren Transformationsprozesses, der darin gipfeln kann, dass der Erleuchtete sich auch in die physische Unsterblichkeit hinein entwickeln kann. Die Erleuchtung ist dazu eine Vorstufe. Man könnte sagen, sie ist eine notwendige, aber noch nicht hinreichende Voraussetzung für die physische Unsterblichkeit.

Wenn die oberen Energiezentren, das Stirn- und dann das Scheitelchakra stark aktiviert werden, kann dies auch zunächst gesundheitliche Probleme nach sich ziehen. Wenn das Scheitelchakra sich öffnet, wird eine große Menge an hochenergetischen Photonen in das Energiesystem freigesetzt. Dabei kann es zu entzündlichen Prozessen im Zentralnervensystem und überhaupt zu Nervenreizungen kommen, denn das Nervensystem muss sich erst durch Wachstumsprozesse an den stärkeren Energiestrom anpassen. Mit geeigneten Naturheilmitteln kann das Nervensystem gestärkt werden.

Wenn das Scheitelchakra einmal geöffnet ist, ist der damit verbundene Bioplasma-Strom nicht mehr zu stoppen. Es kommt in der Folge auch zu einer Beschleunigung körperlicher Transformationsprozesse, insbesondere findet eine starke Entgiftung statt, die temporär zu Hautausschlägen und weiteren allergischen Reaktionen führen kann. Doch angesichts des ständigen Glücksgefühls, das durch den nicht versiegenden Bioplasma-Strom hervorgerufen wird, sind das nur kleinere Nebenwirkungen.

Ein Erleuchteter hat ein höheres Bioplasma-Niveau. Er kann damit andere Menschen beleben und ihnen behilflich sein, ebenfalls ein höheres Bioplasma-Niveau und damit ein höheres Bewusstseinsniveau zu erreichen, denn das Bewusstsein eines Menschen hängt davon ab, wie gut seine Nervenzellen miteinander kommunizieren können.

Für die Kommunikation der Nervenzellen untereinander ist im Körper elektromagnetische Energie erforderlich. Andernfalls können die Informationen, die in den Essenzelektronen in einer Nervenzelle gespeichert sind, nicht an die anderen Nervenzellen weitergegeben werden. So kommen Informationen nur ins Bewusstsein, wenn genügend viele Nervenzellen gleichzeitig diese Informationen mit Hilfe des körpereigenen elektromagnetischen Feldes, des Bioplasmas, austauschen.

Die Erleuchtung hat erhebliche Auswirkungen auf das Bewusstsein. Es besteht ein unmittelbarer Zugriff auf Informationen, die nur in den Essenzelektronen abgelegt sind. Das hat zur Folge, dass ein erleuchteter Mensch sich an Erlebnisse aus früheren Verkörperungen ebenso leicht erinnern kann wie an Erlebnisse aus diesem Leben. Somit gewinnt ein erleuchteter Mensch einen umfassenden Überblick über seine Seelengeschichte, die viele tausend Jahre zurückreicht.

Auch das übersinnliche Wahrnehmungsvermögen steigert sich. Ein erleuchteter Mensch nimmt sein Gegenüber nicht nur mit den normalen fünf Sinnen wahr, er spürt mit seinem ganzen Körper auch dessen energetischen Status. Die energetischen Senken im Energiesystem eines anderen Menschen nimmt ein Erleuchteter unmittelbar über seinen Körper wahr. Er spürt, wie Energie aus einer bestimmten Stelle seines Körpers entweicht, und beginnt, eine energetische Senke in seinem Gegenüber aufzufüllen.

Oft werden diese energetischen Wahrnehmungen auch von bildhaften oder mentalen Wahrnehmungen begleitet, denn in einer energetischen Senke steckt ja auch die Information über das Ereignis, das die Senke hervorgerufen hat. Diese Wahrnehmungsfähigkeiten ergeben sich aus dem energetischen Gefälle zwischen dem Erleuchteten und nicht erleuchteten Menschen.

Durch dieses gesteigerte Wahrnehmungsvermögen ergibt sich ein starkes Gefühl der Verbundenheit mit allen Lebewesen und der ganzen Natur. Es entwickelt sich ein ausgeprägtes Mitgefühl und eine tiefe Liebe. Der Erleuchtete kann starke Heilkräfte entwickeln, da er über eine große Bioplasma-Konzentration in seinem Körper verfügt.

Schließlich entwickelt sich auch die Gabe der Präkognition, der Fähigkeit, künftige Ereignisse vorherzusehen. Da ein Teil der Elektronen im Körper eines Erleuchteten bereits Zugang zum Hyperraum hat, können Ereignisse vorhergesehen werden, die sich aufgrund kausaler Zusammenhänge erst zu einem späteren Zeitpunkt in der äußeren Raumzeit realisieren bzw. manifestieren.

Diese grundsätzliche Fähigkeit folgt aus den hochsymmetrischen Eigenschaften des Hyperraums, wie im zweiten und dritten Kapitel diskutiert. Der punktsymmetrische Mittelpunkt des Hyperraums – ELI – hat Zugang zu allen raumzeitlichen Orten in den anderen Partialstrukturen, der diesseitigen äußeren Raumzeit und der jenseitigen inneren Raumzeit. Der Erleuchtete ist bereits über einen hochfrequenten Photonenring an den Hyperraum angeschlossen und kann über diesen reinen hochfrequenten Lichtbogen alle Partialstrukturen ausleuchten. Er liest bei lebendigem Körper in den im Jenseits abgespeicherten und lichtgewirkten Seelenlandschaften.

Ab dem Moment der Erleuchtung, der Zündung des Lichtbogens, der den Essenzelektronen im Scheitelzentrum eines Menschen den Zugang zum Hyperraum öffnet, breitet sich im Körper des Erleuchteten ein Bewusstseins-Tsunami aus. Alles, was den Erleuchteten interessiert, durchdringt er mit seinem Bewusstsein.

Insgesamt steigert sich das Bewusstsein eines Erleuchteten, sodass er auch stetigen Einblick gewinnt in die Daseinsbereiche, die normalerweise dem Menschen unzugänglich sind. Und so wird es zur Normalität, dass auch Jenseitsbereiche und die Seelen von Verstorbenen bewusst wahrgenommen werden können.

Der Erleuchtete lebt in der Gewissheit, dass seine Existenz räumlich und zeitlich unbegrenzt ist. Durch seine gesteigerten Wahrnehmungsmöglichkeiten ist er sich der Verbindung mit allem Seienden bewusst. Die Erfahrung der Getrenntheit, die sich in den Kategorien *Ich* und *Du* im Bewusstsein der meisten Menschen manifestiert und letztlich auch durch den Mangel an Liebe verursacht wird, hebt sich in der Erleuchtung auf. Es entsteht eine Empfindung der Einheit und Verbundenheit mit allen Geschöpfen und mit dem ganzen Universum.

Es gibt zwei Kategorien von Erleuchteten. Solche, die ihren Körper zurücklassen, und solche, die ihren Körper mitnehmen. Buddha hat seinen Körper zurückgelassen. Jesus Christus hat seinen Körper mitgenommen.

Ab dem Moment der Erleuchtung, auf den sich jeder Mensch mit geeigneten Methoden hin entwickeln kann, zündet im Scheitelchakra eine starke Lichtflamme aus Bioplasma. Dieser Vorgang ist irreversibel, dieser Zustand geht während der Verkörperung nicht mehr verloren.

Im Moment der Erleuchtung hat eine kritische Masse von Elektronen (und Positronen) einen besonderen Zustand eingenommen. In diesen Elektronen ist die gesamte Lichtpyramide aus allen möglichen Photonenfrequenzen aufgerichtet. So entsteht eine Resonanz mit der Pulsation der inneren Raumzeit des Elektrons, und dadurch kann die in der inneren Raumzeit eingeschlossene Photonengasenergie einschließlich der in ihr gespeicherten Lichtmuster in den Hyperraum übergehen.

Es besteht ab nun ein hochenergetischer Anschluss an den Hyperraum. Sehr viele Eta-Teilchen aus dem Hyperraum können sich an dem Theta-Wirbel des Scheitelchakras verwirbeln. Dieser energetische Anschluss an den Hyperraum beschert dem Erleuchteten den beschriebenen Glücksstrom an Bioplasma, aber sie verschafft ihm noch nicht automatisch den Kontakt zu Wesen, die vollständig im Hyperraum ewig leben.

Nach der Erleuchtung wird es eigentlich erst richtig interessant. Jetzt entscheidet sich, ob sich die Flamme durch den ganzen physischen Körper hindurchbrennen kann oder nicht. Dies hängt letztlich davon ab, ob der Erleuchtete sich konsequent den Hyperraumbereichen, also ELI, zuwendet oder nicht.

Wenn ein Erleuchteter seinen physischen Körper verlässt, nimmt er diesen gleißenden Bewusstseinszustand natürlich mit ins Jenseits in einen dem Hyperraum nahen Bereich. Aber es bleibt ein gewisses Residuum zurück: eine Verbindung an in der äußeren Raumzeit festklebenden leptonischen Strukturen in Form der Elektronen und Positronen des zurückgelassenen Körpers. Diese zurückgelassene Körpermaterie ist auch durch viele Lichtmuster mit der Seele des Erleuchteten verbunden, und daher bleibt eine Affinität zur diesseitigen Welt bestehen.

Der Freiheitsgrad der Seele eines Erleuchteten ist immer noch deutlich geringer als der Freiheitsgrad eines Erleuchteten, der seinen ganzen Körper mit in den Hyperraum nehmen kann. Daher ist es sinnvoll, gerade auch aus Sicht der physikalischen Gegebenheiten, diese verschiedenen Erleuchtungsgrade zu unterscheiden.

Der normalerweise sterbliche physische Körper als Hülle der Seele kann nach dem Eintritt der Erleuchtung einen dauerhaft stabilen jugendlichen Zustand von physischer Unsterblichkeit erreichen. Erst damit ist ein Zustand der vollständigen Erlösung erreicht. Dies setzt jedoch voraus, dass sich der Erleuchtete höheren Hyperraumbereichen zuwendet, um so die Bioplasma-Flamme noch stärker anzufachen. Dann erschließen sich lichterfüllte Bereiche des Hyperraums dem Bewusstsein des Erleuchteten. Er wird gewahr, dass auch der Hyperraum von Wesen bevölkert ist, die unsterblich sind und im ewigen Licht leben.

Am Beispiel des Lebens von Jesus Christus kann die Entwicklung von der Erleuchtung bis hin zur Auferstehung und der Erlangung der physischen Unsterblichkeit chronologisch nachvollzogen werden.

Die Evangelien berichten nur von den letzten Jahren aus dem Leben von Jesus. Als er öffentlich auftrat, verfügte er bereits über außergewöhnlich starke Heilkräfte und damit über eine enorm starke Bioplasma-Konzentration. So ist davon auszugehen, dass er zu diesem Zeitpunkt bereits erleuchtet war.

Kurz vor seiner Gefangennahme und Kreuzigung war etwas Besonderes mit ihm geschehen. Das Neue Testament berichtet von der Verklärung, bei der sein gesamter Körper in gleißendes Licht getaucht wurde. So wurde in seinem Körper ein

Transformationsprozess eingeleitet, der die Materie des gesamten Körpers erfasste und bei dem die Photonengase in den inneren Raumzeiten aller den Körper bildenden Elektronen den höchsten Bündelungs- und Ordnungszustand erreichten.

Als er dann in die Hände der Pharisäer fiel und sein Martyrium erlitt, war dieser Transformationsprozess noch nicht vollständig abgeschlossen, aber sein Körper war schon so stark durchlichtet, dass der erlittene Tod am Kreuz reversibel war und Jesus in seiner Auferstehung den vollständigen Zustand der Erlösung erreichte.

Einen deutlichen Hinweis auf den finalen Erlösungsprozess, den der physische Körper während seiner Auferstehung durchlaufen hat, bietet das Turiner Grabtuch. Es gilt als das originale Leinentuch, in das der Leichnam eingewickelt wurde, nachdem Jesus am Kreuz gestorben war. Es enthält die wie eingebrannte Abbildung eines menschlichen Körpers, wobei auch die durch die Evangelien berichteten Verletzungen abgebildet sind.

Die Struktur des Leinentuchs wirkt im Bereich der körperlichen Abbildung wie versengt. Als physikalische Erklärung dafür kann angenommen werden, dass dies durch eine starke Photonenstrahlung geschah, wobei auch hochenergetische Photonen im Röntgen- und Gammabereich beteiligt waren. Genau eine solche Abstrahlung ist von einem erlösten und völlig durchlichteten materiellen Körper zu erwarten, der in der Lage ist, sich aus der äußeren Raumzeit in Bereiche des Hyperraums, des Himmels, zurückzuziehen.

Die Vertrauten von Jesus bezeugten, dass er ihnen nach seinem Tod am Kreuz in auferstandener lebendiger Form wieder begegnet ist. Die Jünger glaubten erst an einen Geist, doch der Auferstandene aß vor ihren Augen irdische Speisen und zeigte ihnen seine physischen Verletzungen, die er während seiner Kreuzigung erlitten hatte (Lukas 24,39-43). Der Auferstehungsleib, bestehend aus Fleisch und Knochen, muss daher aus dem ursprünglichen physischen Körper, den Jesus vor seiner Kreuzigung besaß, durch einen Transformationsprozess, der als Auferstehung bezeichnet wird, hervorgegangen sein.

Eine besondere Eigenschaft des Auferstehungsleibes ergibt sich aus der Schilderung, wie Jesus den Raum, in dem sich seine Jünger aufhielten, betrat. Er kam nicht durch die Tür, sondern konnte einfach mitten in diesen Raum eintauchen. Dies kann nur damit erklärt werden, dass er aus einem transdimensionalen Bereich in diesen Raum innerhalb der äußeren Raumzeit zurückgekehrt ist. Das bedeutet, dass dieser unsterbliche Auferstehungsleib über mehr Freiheitsgrade verfügt als gewöhnliche Materie.

Ein solcher erlöster Auferstehungsleib stellt den Endpunkt der spirituellen Transformation vom Moment der Erleuchtung bis zum Moment der vollständigen Erlösung des Körpers dar. Ab dann gibt es keine Bindung mehr an die Struktur der äußeren Raumzeit. Der erlöste und physisch unsterbliche Körper besitzt nun den Freiheitsgrad, sich vollständig in den Hyperraum zurückzuziehen und nach Belieben wieder in die äußere Raumzeit zurückzukehren.

Hier berichten die Evangelien des Neuen Testaments von der Himmelfahrt Jesu und von seinem Versprechen, er werde wiederkommen.

Während seines öffentlichen Wirkens als Heiler hat Jesus immer wieder darauf hingewiesen, wie wichtig ihm das innige Verhältnis und die persönliche Beziehung zu Gott seien. Durch die Hinwendung zu Gott war er in der Lage, den Weg von der Erleuchtung bis zur Umwandlung seines gesamten Körpers in einen unsterblichen Auferstehungsleib zu gehen.

Er hat damit demonstriert, welches spirituelle Potenzial in jedem Menschen steckt, und er ist diesen Weg bis zu seiner Vollendung gegangen. Ein Mensch, der heute diesen Weg von der Erleuchtung bis zur physischen Unsterblichkeit gehen will, kann sich also ohne weiteres ein Beispiel an Jesus nehmen. Und er kann durch das Hilfeangebot, das Jesus gemacht hat, diesen Weg in beschleunigter Form durchlaufen.

Dabei ist man nicht unbedingt darauf angewiesen, sich einer Kirche anzuschließen, die neben mancher Wahrheit hartnäckig auch so manchen Irrtum in ihrer Tradition transportiert. Der Zugang zu den heilsfördernden Sakramenten, die Jesus in Form der Feier des heiligen Abendmahls und der

Sündenvergebung eingerichtet hat, steht jedem Menschen offen. Niemand hat das Monopol, diese Sakramente exklusiv zu verabreichen oder sie anderen vorzuenthalten.

Das ganze Anliegen von Jesus war und ist es, den Menschen vollständig aus seiner Gebundenheit in der äußeren Raumzeit und aus seiner Gefangenheit durch schicksalsbedingte Affinitäten zu befreien. Schon wenige Jahrhunderte später wurde die Erlösungslehre nicht nur verfremdet oder verfälscht, sie wurde auch dazu missbraucht, andere Menschen zu beherrschen und gefügig zu machen.

Dieser Missbrauch klerikaler Macht zieht sich durch die ganze Geschichte des Abendlandes bis in die Gegenwart. Er kann überwunden werden, indem sich christlich orientierte Menschen von solchen Monopolisten befreien und das ganze Spektrum spiritueller Möglichkeiten nutzen, das zur Verfügung steht, um das Ziel der physischen Unsterblichkeit nicht in irgendeiner fernen Zukunft, sondern innerhalb einer Lebensspanne zu erreichen.

Die heutige Zeit bietet dazu die nötigen äußeren Rahmenbedingungen in Form einer freiheitlichen Gesellschaft und durch den Zugang zu allen spirituellen Transformationsmethoden, die dazu erforderlich sind.

Wenn in den bestehenden Kirchen nicht nur gebetet, sondern auch meditiert und transformiert wird, dann haben Kirchen eine Zukunft. Andernfalls wird der Heilige Geist immer dort wehen, wo er will und wo er auf fruchtbaren Seelenboden stößt. Dabei ist es erforderlich, den gesamten Seelenraum des Menschen in den Transformationsprozess einzubeziehen. Dazu sind auch all die Erlebnisqualitäten des Menschen in seinem Heilwerden zu berücksichtigen, die älter sind als sein jetziger Körper. So hat der evangelische Theologe Helmut Obst (1994) sehr richtig erkannt, dass die Reinkarnation zu einem wichtigen Thema in der christlichen Theologie des dritten nachchristlichen Jahrtausends werden wird.

Die traditionellen Kirchen und andere Religionsgemeinschaften werden es sich auf Dauer nicht mehr leisten können, das Thema der Reinkarnation aus ihrem Lehrgebäude zu verbannen, sonst werden sie von der allgemeinen Bewusstseins-entwicklung überholt, auf die die Menschheit sich zu bewegt. Die Erlösung, die Jesus gelehrt und manifestiert hat, zielt auf den ganzen Menschen und nicht nur auf das, was von ihm übrig bleibt, wenn er seinen Körper verlässt.

Leibfeindlichkeit sowie Todesversprechen und jenseits-orientierte Heilsversprechen, egal in welcher Religion sie gepredigt werden, gehen am spirituellen Potenzial des Menschen vorbei. Denn das Heil geschieht immer *jetzt* und nicht irgendwann einmal und schon gar nicht in einem entleibten Zustand.

Der Mensch vollendet seine Entwicklung nicht im Tod. Diese Entwicklung wird durch den Tod nur unterbrochen und in weiteren Inkarnationen fortgesetzt werden, bis der Zustand der Erlösung den gesamten physischen Körper auf ewig lebendig und unsterblich macht und somit weitere Verkör-perungen überflüssig werden. Die Reinkarnation ist nur eine Krücke, derer sich die entleibte Seele eines Verstorbenen bedient, um das Ziel der physischen Unsterblichkeit weiter-zuverfolgen.

Erlösung bedeutet die volle Entfaltung des spirituellen Potenzials eines Menschen, und dazu ist es nun einmal erfor-derlich, einen Menschen so lebendig zu machen wie möglich. Wer wirklich lebendig ist, kann auch andere Menschen bele-ben und hinaufziehen in die Lebendigkeit. In dem Sinne ist Jesus Christus ein Erlöser, denn er hat diesen Zustand für sich bereits realisiert und ist damit in der Lage, diesen Zustand auch an andere weiterzugeben. Er ist also der Meister der Meister.

So einfach erklärt sich auch das Prinzip der Geistheilung (entworfen von Wolfgang Bittscheidt, 2010). Sie basiert darauf, dass von einem makroskopischen Quantensystem mit hohem Bioplasma-Niveau, einem gesunden Menschen, Bioplasma zu einem makroskopischen Quantensystem mit niedrigem Bioplasma-Niveau, also zu einem kranken Menschen, fließt. Je stärker die Bioplasma-Konzentration in einem Menschen, umso mehr Liebe strahlt er aus und umso mehr Mitgefühl empfindet er.

Wenn die Bioplasma-Konzentration in Form kohärenter Photonen einen bestimmten Schwellenwert überschreitet, dann verwandelt sich der gesamte physische Körper in einen hochkohärenten Quantenzustand und erlangt die volle und uneingeschränkte Handlungsfreiheit im Himmel, im Diesseits- und im Jenseitsbereich.

Im Sinne der in diesem Buch vorgestellten physikalischen Modellvorstellungen umfasst diese Handlungsfreiheit die zwölf Dimensionen des vierdimensionalen Hyperraums, der vierdimensionalen äußeren Raumzeit und der vierdimensionalen inneren Raumzeiten der Teilchen, die im Struktur- und Informationsraum eingebettet sind.

6.3 Polarisation und Transformation

Der gegenwärtige spirituelle Zustand auf dem Planeten Erde ist gekennzeichnet von einem Kampf zwischen Gut und Böse, zwischen Leben-Wollen und Töten-Wollen, zwischen Erschaffen und Zerstören. Er manifestiert sich in der Gier nach Macht und Beherrschung, der Ausbeutung vieler Menschen durch wenige Menschen, in der Plünderung und Zerstörung der Biosphäre des Planeten, in dem eingetrübten Bewusstsein der meisten Menschen sowie in den beobachtbaren degenerativen Alterungsprozessen und Krankheitsanfälligkeiten, denen die meisten biologischen Organismen unterworfen sind – letztlich ein Mangel an Liebe.

Greift man nur auf die äußerlichen Informationen in Form von überlieferten Schriften und archäologischen Funden aus früher Vergangenheit zurück, könnte man meinen, der Mensch habe erst vor etwa zehntausend Jahren begonnen, höhere Organisationsformen zu entwickeln. Die bekannten alten Hochkulturen der Ägypter, Inder, Chinesen, Perser usw. reichen lediglich fünftausend Jahre zurück.

Die moderne Impaktforschung geht allerdings davon aus, dass die Erde in mehr oder weniger regelmäßigen Abständen von einigen zehntausend Jahren von größeren Einschlägen durch Asteroiden oder Kometenkernen heimgesucht wird.

Der letzte größere Einschlag soll sich vor etwa zehntausend Jahren ereignet haben und zum Untergang der legendären Insel Atlantis geführt haben.

Solche kosmisch verursachten Katastrophen haben in der Regel globale Auswirkungen mit mehreren hundert Meter hohen Tsunamiwellen, die nicht nur die Küstenregionen der Kontinente verwüsten, sondern auch tief ins Inland eindringen. Solche Impaktereignisse werden auch begleitet von extremen Niederschlägen, Erdbeben, Hitzeorkanen und Extremwintern, die in den darauffolgenden Jahren zu längeren Vegetationspausen und damit zu einer dramatischen Verknappung von Lebensmitteln führen.

So können durch einen gewaltigen Einschlag nicht nur Zivilisationen ausgelöscht werden. Ganze Spezies, ob Pflanzen, Tiere oder Menschen, können dezimiert werden. Die Überlebenden sind dann erst einmal mehr oder weniger all ihrer zivilisatorischen und kulturellen Errungenschaften verlustig gegangen und müssen wieder mit Faustkeil, Pfeil und Bogen anfangen.

Die äußerlich sichtbaren Spuren lange vergangener Hochkulturen sind durch solche Ereignisse nahezu ausgelöscht worden. Doch die Erinnerungen an diese Kulturen sind weiterhin in den Essenzelektronen individueller menschlicher Seelen in Form von Lichtmustern abgespeichert und können durch geeignete spirituelle Methoden zugänglich gemacht werden. Es ist im Prinzip möglich, auch Informationen von Ereignissen, die viele tausend oder zehntausend Jahre zurückliegen, durch Erinnerung in das gegenwärtige Bewusstsein zurückzuholen.

Ich habe dies selbst mehrfach erlebt. Die Rückkehr an einen geografischen Schauplatz, an dem man in der Vergangenheit in einer früheren Verkörperung gelebt hat, macht es einfacher, einen Zugang zu Erlebnisqualitäten aus diesen früheren Verkörperungen zu bekommen und sich bewusst an diese zu erinnern.

So unternahm ich in den Neunzigerjahren insgesamt sieben Reisen nach Ägypten, um Einzelheiten meiner dortigen Verkörperungen vor fünf- bis dreitausend Jahren zu klären.

Das Ergebnis ist ein relativ lückenloser chronologischer Überblick über das damals Geschehene und Erlebte, übertragen auch auf mein gegenwärtiges Leben, einschließlich der Beziehungen zu Menschen, die ich aus diesem Leben und den zurückliegenden Leben kenne.

Wenn Menschen ihr Bewusstsein durch geeignete spirituelle Methoden auf ihren gesamten Seelen- und Erlebnisraum ausdehnen, werden sie einen Überblick bekommen über weite Zeiträume, die weiter zurückreichen als die überlieferte Menschheitsgeschichte.

Die wenigsten Menschen haben eine Ahnung davon, wie sehr ihr jetziges Leben von Ereignissen aus zurückliegenden Leben determiniert oder zumindest stark mitgeprägt wird.

Aus eigener Erinnerung bin ich mir darüber bewusst, dass es auf der Erde schon mehrfach hochentwickelte Zivilisationen gab, in denen die Menschen auf einem höheren Bewusstseins- und Vitalitätsniveau gelebt haben als heute üblich. Es gab Zeiten, in denen zahlreiche Menschen unsterblich waren und erst durch Gewalteinwirkung getötet wurden.

Wie aus den Mythen vieler Kulturen und den Erinnerungen gegenwärtig lebender Menschen hervorgeht, wurde der unheile Zustand auf der Erde ausgelöst durch einen Konflikt hochentwickelter menschlicher Lebewesen, die ursprünglich unsterblich waren und über eine außerordentlich hochentwickelte Technologie verfügten.

In der abendländischen Mythologie ist dieser Konflikt als Engelsturz bekannt. Eine hochentwickelte Bevölkerung, deren Individuen unsterblich waren und Zugang zu Hyperraumbereichen hatten und die ursprünglich auch nicht vom Planeten Erde stammte, hatte sich auf der Erde angesiedelt. Die meisten Spezies dieses unsterblichen Gottesvolkes lebten im Einklang mit der Natur und schufen auf der Erde paradiesartige Bereiche und hohe Kulturen.

Ein ranghoher Vertreter dieses Gottesvolkes, namentlich in den Mythen diverser Kulturen bekannt als Luzifer, der zu Satan degenerierte, widersetzte sich aus egoistischen Gründen zunehmend den Zielvorgaben ELIs für die weitere Entwicklung des Planeten Erde. Schließlich eskalierte der Konflikt in einer offenen Rebellion gegen ELI, die auch zu Gewaltakten gegenüber den friedlichen Gefolgsleuten ELIs führte.

Über einen Zeitraum von einigen zehntausend Jahren führte dieser Konflikt zur Tötung und schweren seelischen Verletzung vieler zuvor unsterblicher Individuen dieses Gottesvolkes, das sich nun mit den auf der Erde lebenden Menschen vermischte und sich so innerhalb der irdischen menschlichen Spezies weiter verkörperte.

Da sich der Abtrünnige und seine Anhänger mehr und mehr von ELI abschotteten und als dunkle Macht keinen unmittelbaren Zugang mehr zu der Leben spendenden Liebe ELIs hatten, gingen sie dazu über, die übrigen Individuen des Gottesvolkes energetisch zu berauben und auszuplündern. Dadurch wurde der gesamte Lebensraum dieses Gottesvolkes auf der Erde zunehmend verfinstert. Die Gabe der Unsterblichkeit ging verloren, und die individuellen seelischen Verletzungen nahmen zu.

Die Anhänger der dunklen Macht verfielen gänzlich der schwarzen Magie, die darauf ausgerichtet ist, die geordnete gebündelte Struktur in den inneren Raumzeiten der Essenzelektronen zu zersplittern, und die Bioplasma-Konzentration im Körper abzusenken, alle Hyperraumverbindungen zu kappen und schließlich die Existenz ELIs zu leugnen. Es war und ist das erklärte Ziel des Anführers dieser dunklen Macht, die Erinnerungen an die frühere unbeschwerte Existenz in allen Individuen dieses unsterblichen Gottesvolkes zu dämpfen, wenn möglich auszulöschen.

Zunächst bauten sich die Anhänger der dunklen Macht energetische Senken in der eigenen Körperstruktur ein und erzeugten auf diese Weise einen Sog, mit dem sie vitalen Individuen ihrer eigenen Lebensenergie beraubten oder diese abzapften. Später gingen sie dazu über, andere Getreue von ELI gefangen zu setzen und in deren Körperstrukturen ebenfalls energetische Senken einzubauen, um sie mental und emotional gefügig zu machen und sie energetisch besser ausbeuten und kontrollieren zu können.

In manchen Kulturepochen gingen die Anhänger der dunklen Macht sogar dazu über, durch gewaltsame Eingriffe an gefangen genommenen Getreuen ELIs Teile der Körperstrukturen und der darin enthaltenen Essenzelektronen für lange Zeiträume wegzusperren, um die Vitalität ihrer Seelen weiter zu dämpfen und um zu verhindern, dass sie in späteren Inkarnationen wieder zum vollen Bewusstsein ihrer seelischen Identität gelangen.

Zuletzt wurden sogar vor dreitausend Jahren in Ägypten einige ursprünglich unsterbliche Individuen von Anhängern der dunklen Macht festgesetzt und in Kerkergewölben unter dem Palast des Pharaos Ramses II., einem namhaften Vertreter der dunklen Macht, mehrfach kontrolliert zur Inkarnation gebracht, um sie dann in diesen Zwangsinkarnationen unter vollständiger Kontrolle gezielt in ihrer Seelenstruktur weiter zu schädigen.

Diese Verbrechen sind von einer so außerordentlichen kriminellen Energie getragen, die in ihrer Perfidie das normale menschliche Vorstellungsvermögen und das bekannte Ausmaß an Mord und Totschlag bei weitem übersteigen. Solche schändlichen Werke werfen ihre Schatten bis in die jüngste Vergangenheit. Das öffentlich bekanntgewordene grausame Schicksal Kaspar Hausers (siehe das Buch von Paul Johann Anselm von Feuerbach aus dem Jahr 1832) ist ein karmischer Ausläufer dieser kriminellen Handlungen, getrieben vom verschworenen Willen Einzelner, die von ELI abgefallen waren.

Wir leben heute in einer Zeit, in der wir davon ausgehen können, dass alle Menschen, die jemals auf der Erde gelebt haben, sich wieder verkörpern – wir nähern uns einer Vollversammlung. Reinkarnationstherapeuten beobachten auf der Basis von mehreren hundert Menschen, die sich an eine frühere Verkörperung erinnern, dass sich die Zeit zwischen zwei aufeinanderfolgenden Inkarnationen immer mehr verkürzt.

Es wäre jedoch recht naiv, davon auszugehen, dass alle nun lebenden Menschen bereit sind, den Weg der spirituellen Transformation und den Weg der Liebe zu beschreiten. Diejenigen, die die Sehnsucht nach der verlorengegangenen Unsterblichkeit motiviert und dazu antreibt, sich um seelische Weiterentwicklung und um Heilung der Einheit von Körper,

Seele und Geist zu bemühen, werden ihren Weg gehen. Sie haben gute Chancen, dieses Ziel diesmal zu erreichen.

Es wird in den folgenden Jahren ein erhebliches Transformationspotenzial für die Menschheit geschaffen, da nicht nur geeignete Transformationsmethoden, sondern auch die nötige Transformationsenergie zur Verfügung gestellt wird. Der vielbeschworene Bewusstseinssprung wird nicht nur durch das Ansteigen äußerer elektromagnetischer Felder wie erhöhter kosmischer oder solarer Strahlung induziert – überzeugend dargestellt in »(R)evolution-2012«, dem Dokumentarfilm von Dieter Broers.

Der Bewusstseinssprung wird auch angefacht durch direkte Zuwendung und das Eingreifen Gottes aus dem Hyperraum, durch die ebenso viel erwartete Ausgießung des Heiligen Geistes und die damit verbundene geistige Erweckung. Das Erwachen des menschlichen Bewusstseins ist zugleich ein Wiedererwachen, da die Erinnerung an weit zurückliegende untergegangene Kulturen wieder in das menschliche Bewusstsein dringt.

Ob die Menschen dann die erhöhte Vitalität und das erhöhte Bewusstseinsniveau dazu nutzen, ein liebevolles, friedfertiges und Gott zugewandtes Leben zu führen, oder das höhere Bewusstseinsniveau dazu verwenden wollen, andere Menschen noch besser zu kontrollieren und zu beherrschen, wird sich bei jedem Menschen noch individuell zeigen.

Die Versuchung, das größere Angebot an Lebensenergie wieder nur dazu zu verwenden, eigene egoistische Ziele zu verfolgen, steht damit noch jedem Einzelnen bevor. Eine Bewusstseinserhöhung führt schließlich nicht automatisch zu fried- und liebevollen Wesen, denn die Rebellen des Gottesvolkes waren ursprünglich auch unsterblich und damit auf einem hohen Bewusstseinsniveau. Sie haben sich dennoch aus eigenem Willen dazu entschlossen, den dunklen Weg zu gehen und so viele andere wie möglich mitzureißen.

Leider muss man daher realistischerweise und in Kenntnis all der Ereignisse, die in der Vergangenheit passiert sind, davon ausgehen, dass auch die dunkle Seite sich aufstellt und versuchen wird, sich noch einmal gegen das vordringende göttliche Licht aufzubäumen. Im Zuge der durch den Bewusstseinssprung ausgelösten Apokalypse, der Enthüllung all dessen, was lange Zeit verborgen war, wird es nun zum Showdown kommen.

All die seelischen Wunden, die sich die Menschen im Laufe der überlieferten und nicht überlieferten Weltgeschichte zugefügt haben, müssen erst einmal geheilt werden, damit viele Menschen das volle Potenzial ihres Lebens verwirklichen können. Dazu werden sie auf Meditationsmethoden, körperorientierte Transformationsmethoden und Methoden zur Wiedererlangung des vollen Bewusstseins über die eigene Seelenchronologie angewiesen sein.

Mit diesen Methoden werden sie lernen, Herr ihrer Emotionen und ihrer Gedankenströme zu werden, sich verdrängter traumatischer Erlebnisse bewusst zu werden und diese zu verarbeiten. Sie werden einen Bewusstseinszustand erreichen, in dem die Bioplasma-Flamme der Erleuchtung zündet und ein Leben in Liebe und Harmonie, frei von Ängsten und Zwängen geführt werden kann.

Die weitere Entwicklung hängt davon ab, ob man sich ELI zuwendet oder nicht, denn ohne eine bewusste Zuwendung *nach ganz oben* wird die Transformation bis in die physische Unsterblichkeit nicht zu schaffen sein.

Der gegenwärtige Zustand auf der Erde, geprägt von Ungerechtigkeit und Gewalt, wird überwunden werden, und zwar zugunsten jener, die endlich in Frieden und Liebe mit ihren Mitgeschöpfen leben wollen. Da alle auf der Erde lebenden Menschen mehr oder weniger gute als auch böse Werke in ihrer Vergangenheit verrichtet haben, steht jedem Menschen ein endgültiger Entscheidungsprozess bevor, in dem er sich innerhalb einer kürzer werdenden Frist entscheiden muss, ob er ein ewiges Leben in Liebe, Frieden und Glück in der Gegenwart ELIs auf diesem Planeten verbringen will oder ob er an alten schlechten Gewohnheiten, die weder für ihn noch für seine Mitmenschen angenehm sind, festhalten will.

Jene Seelen, die mit geballter Kraft gegen ELI und sein Volk auftreten, um es immer wieder anzugreifen, um es zu verletzen und zu töten, werden den Planeten verlassen müssen.

Nach dem Willen ELIs wird es eine endgültige Trennung von Gut und Böse auf diesem Planeten geben.

Der Übergang in den erlösten Zustand physischer Unsterblichkeit erfolgt nicht für alle Individuen gleichzeitig, sondern in mehreren Wellen. Der zeitliche Ablauf könnte ungefähr so aussehen, wie im Folgenden dargestellt wird.

In den Siebzigerjahren machte der Club of Rome mit seiner Studie über die *Grenzen des Wachstums* die Menschheit auf die Begrenztheit der planetaren Ressourcen aufmerksam. Ökologische Themen wie der Raubbau an der Natur und die Umweltverschmutzung, Wasser- und Lebensmittelverknappung wurden auf breiter Basis in der Gesellschaft diskutiert und führten teilweise zu einem Umdenken.

Insgesamt ist aber der gesamte globale Wirtschaftskreislauf nach wie vor auf ungebremstes Wachstum ausgerichtet. Die Verknappung von Rohstoffen wie Erdöl schlägt sich nieder in höheren Preisen. Der steigende Bedarf an solchen Rohstoffen in Schwellenländern wie China und Indien, die mit zweistelligen jährlichen Wachstumsraten auf den Weltmarkt drängen, trägt zu einer weiteren Verschärfung der Situation bei.

Unter diesen Gesichtspunkten braucht man kein Prophet zu sein, um zu erkennen, dass unser gegenwärtiges globales Wirtschaftssystem vor einem Kollaps steht, mit ernsten und in ihrer Gesamtheit unabsehbaren Folgen für den einzelnen Menschen. Auch der Klimawandel mit steigendem Meeresspiegel und der Häufung von schweren Unwettern wie Orkanen und tropischen Wirbelstürmen führt zu einer weiteren Einengung der Lebensräume.

Eine einfache Grafik, die den nichtlinearen exponentiellen Anstieg der Bevölkerung, des Rohstoffverbrauchs, der Geldmenge und der Preisentwicklungen demonstriert, macht deutlich, dass der gesamte Planet vor einem harten Phasenübergang steht und es nur noch eine Frage von einigen Jahren ist, bis dieses ökologisch-ökonomische System kollabiert.

Mit meiner These, dass der Menschheit in naher Zukunft ein harter Phasenübergang bevorsteht, möchte ich niemandem Angst machen, denn wie jeder Einzelne ihn erleben wird, ist seine individuelle Entscheidung.

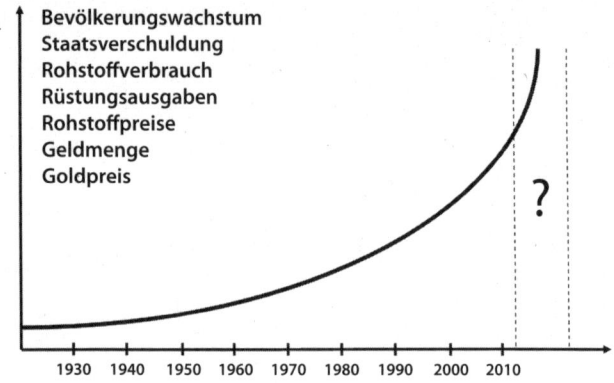

Bevölkerungswachstum
Staatsverschuldung
Rohstoffverbrauch
Rüstungsausgaben
Rohstoffpreise
Geldmenge
Goldpreis

Exponentieller Anstieg führt zum Kollaps

Man kann einfach den Kopf in den Sand stecken und sich nicht damit auseinandersetzen, dann wird man von den Ereignissen unvorbereitet überrascht. Man kann sich diesen Phasenübergang als seinen persönlichen Weltuntergang vorstellen – dann wird es auch so sein. Wir können ihn uns aber auch als einen globalen Transformationsprozess vorstellen, dessen Ende für uns der Anfang eines unvorstellbar schönen und glücklichen Lebens sein wird, in dem alle Belastungen von uns abgefallen sein werden – dann wird es so sein, und in dieser Gewissheit lebe ich.

Dennoch ist es von Bedeutung, sich mit der Frage auseinanderzusetzen, wie der Weg dahin aussehen wird. Es ist eine navigatorische Aufgabe, als ob man die Überfahrt über ein stürmisches Meer plant. Es braucht dabei viel Erfahrung, um zum Beispiel bestimmte Meeresgebiete zu umfahren, von denen man weiß, dass dort mit hoher Wahrscheinlichkeit Stürme auftreten können.

Und es erfordert die richtige materielle und geistige Ausrüstung für eine solche Unternehmung.

In der Physik kann man das künftige Verhalten eines Systems umso besser vorhersagen, je mehr Eigenschaften und Daten des Systems aus der Vergangenheit bekannt sind. Jedes System hat eine ihm innewohnende Trägheit oder Wucht, mit der es sich bewegt und entwickelt. So verhält es sich auch mit den globalen Ereignissen, die uns bevorstehen.

Es wäre naiv zu glauben, dass der bevorstehende Prozess friedlich und ohne Widerstände verläuft. Aufgrund des gesamten globalen Karmas muss man leider davon ausgehen, dass sich nicht alle Menschen diesem Transformationsprozess stellen wollen.

Mit dem Lauf der Dinge ist es wie mit einem Strom. Es ist klar, dass der größte Teil des Wassers, den der Strom transportiert, der Flussrichtung des Stromes folgt. Aber das Schicksal eines einzelnen Wassertropfens im Strom ist nicht vorherbestimmt. Der Tropfen kann verdunsten, oder er kann am Ufer des Stroms von jemandem aus dem Fluss geschöpft werden usw.

Ein Mensch ist mehr als nur ein willenloser Wassertropfen. Wir können uns, wenn wir wollen, bewusst werden über das, was wir bereits in der Vergangenheit erlebt haben, und je mehr wir in das Dickicht unseres Unterbewusstseins vorstoßen und altes erfahrenes Leid transformieren, umso mehr können wir unsere Gegenwart und Zukunft frei gestalten.

Im Folgenden sollen die einzelnen möglichen Phasen dieses globalen Transformationsprozesses skizziert werden, soweit sie sich aus den bekannten ökonomischen und sozialen Fakten, überlieferten prophetischen Visionen und den in diesem Buch vorgestellten physikalischen Modellen über die kausalen Zusammenhänge individueller seelischer Entwicklungen ergeben.

1. Zusammenbruch

Wir stehen in dieser Zeit und in den kommenden Jahren vor dem Zusammenbruch der gegenwärtigen Weltordnung. Die begrenzte Verfügbarkeit von Rohstoffen führt zu einem Kampf um die Vorherrschaft auf diesem Planeten. Die militärischen Konflikte im Irak und in Afghanistan stehen damit im Zusammenhang. Es geht primär um Rohstoffe und territorialen Einfluss. Noch nie in der Geschichte der Menschheit wurde so viel Geld für Rüstung ausgegeben wie heute. Diese Ausgaben steigen weiter.

Finanz- und Wirtschaftskrisen zeigen zudem, dass die Gier nach noch mehr Profit größer ist als alle Vernunft und dass die Geldmenge schneller wächst als die Wertschöpfung durch Produktion von Handelsgütern. Die physische Ausbeutung von Arbeitskräften auf der Erde hat ein Ausmaß erreicht, wie es nie zuvor dagewesen ist. Mit Hilfe dieser Ausbeutung, die sich in Niedriglöhnen niederschlägt, gelingt es, die Preise für Handelsgüter und Lebensmittel noch eine Weile niedrig zu halten.

Irgendwann ist auch diese Option ausgereizt, dann wird extreme Teuerung zum Zusammenbruch des gegenwärtigen Weltwirtschaftssystems führen, begleitet von Unruhen und bürgerkriegsähnlichen Zuständen. Die allgemeine Versorgung der Bevölkerungen mit Lebensmitteln und Energie wird ins Stocken geraten und die Krise weiter anfachen. Dies wird nicht in allen Ländern gleichzeitig passieren, sondern nach und nach immer mehr Länder erfassen.

Der Zusammenbruch wird dann von heftigen, zeitlich begrenzten militärischen Auseinandersetzungen globalen Ausmaßes begleitet. Menschen, die über eine gewisse Gabe der Präkognition verfügen, berichten übereinstimmend, dass dieser Dritte Weltkrieg nur von sehr kurzer Dauer sein wird, begrenzt atomar geführt wird und durch Naturkatastrophen größeren Ausmaßes beendet werden wird (vgl. Berndt, 2001).

2. Polarisation und Transformation

Nach diesem Zusammenbruch werden die meisten Überlebenden zunächst darauf angewiesen sein, sich ihre Nahrungsmittel selbst anzubauen. Viele werden die Städte verlassen, um sich durch Landarbeit das tägliche Brot zu sichern. Diese Notzeit wird einige Jahre andauern, vergleichbar mit den Verhältnissen in Deutschland nach dem Ende des Zweiten Weltkriegs. Auch die politische und administrative Reorganisation wird einige Jahre in Anspruch nehmen.

Die Globalisierung wird, wirtschaftlich betrachtet, beendet sein. Dezentrale und regionale Wirtschaftskreisläufe werden größere Bedeutung haben als heute. Die Staaten werden erst einmal weitgehend auf sich selbst gestellt sein. Transportkapazitäten wie Flugzeuge, Containerschiffe und Öltanker wird es nur noch in deutlich reduzierter Zahl geben. Die globale Kommunikation wird wieder auf gewohnt hohem technischem Niveau in Gang kommen. Der Individualverkehr wird aufgrund der knapp gewordenen Treibstoffe drastisch eingeschränkt werden zugunsten regionaler Verkehrssysteme.

Allmählich werden sich die Verhältnisse normalisieren, wenn auch auf deutlich niedrigerem wirtschaftlichem Niveau als zuvor. Dem Zusammenbruch und Krieg folgt eine längere Friedensphase, die einige Jahrzehnte dauern wird. Viele Menschen werden sich nicht nur um ihr Überleben bemühen, sondern auch um ihre spirituelle Vollendung, und alle dafür erforderliche Infrastruktur und Lebensenergiequellen werden bereitgestellt.

Infolge der Auswirkungen des Zusammenbruchs und der damit verbundenen militärischen Auseinandersetzungen und Naturkatastrophen kommt es nicht nur zu Zerstörungen, sondern auch zu Befreiungen. Der Assuan-Staudamm in Ägypten wird brechen und das Niltal und Nildelta so stark erodieren, dass alle dort vor Jahrtausenden weggesperrten, im Boden vergrabenen Seelenessenzen freigesetzt werden. So werden sich viele Menschen, die Verkörperungen alter Seelen sind, bereits auf den Übergang in die physische Unsterblichkeit vorbereiten können, da sie wieder in den Vollbesitz ihrer individuellen seelischen Essenzelektronen gelangen werden.

In dieser Phase werden die älteren und spirituell höher entwickelten Seelen beschleunigt ausheilen. Es vollzieht sich dann eine weitere Polarisation zwischen den Menschen, die ihr Leben auf ELI ausrichten, und denen, die die Existenz ELIs leugnen. Die lichte und die dunkle Seite stellen sich auf. Es erfolgt die ultimative Aufstellung der Situation des überlieferten Engelsturzes – alle damaligen Protagonisten werden in physischer menschlicher Gestalt auftreten.

Einer ersten größeren Anzahl von Menschen gelingt dann die Verwirklichung der physischen Unsterblichkeit – in der Offenbarung wird eine Zahl von 144 000 Menschen genannt. Dabei handelt es sich um diejenigen Menschen, die sich entschlossen und am intensivsten um die persönliche Erlösung gekümmert haben und alle dazu erforderlichen Hilfsmittel auch in Anspruch genommen haben und dadurch zu einem reinen Leben in Liebe, Frieden und Harmonie gelangt sind. Es sind die Erstlinge, die dann einen Zustand der physischen Unsterblichkeit erreicht haben, wie sie Jesus in seiner Auferstehung verwirklicht hat. Diese Erstlinge werden wegen ihrer geistigen, seelischen und physischen Reinheit auch als seine Braut bezeichnet.

Es vollziehen sich dann die Ereignisse, wie sie in verschiedenen Präkognitionen wie der Offenbarung des Neuen Testaments und anderen Überlieferungen beschrieben werden.

3. Hinwegnahme

Diese zuerst unsterblich gewordenen Menschen, die Erstlinge, werden sich mit ihren unsterblichen Körpern von der Erde für eine kurze Zeit in einen nahen Hyperraumbereich zurückziehen. An verschiedenen Stellen der Bibel ist von einem Zeitraum von dreieinhalb Jahren dieser Hinwegnahme die Rede. In dieser Zeit gewinnen der verkörperte Widersacher, der Antichrist, und seine Anhänger die Oberhand auf der Erde.

Die Menschen, die zwar das volle Hilfsprogramm für die Erlangung der Unsterblichkeit in Anspruch genommen haben, aber denen es aus mangelndem Überwindungswillen (noch) nicht gelungen ist, eine genügend hohe Bioplasma-Konzentration in ihrem Körper zu erzielen, werden in dieser Zeit der Abwesenheit der Erstlinge in bestimmten Schutzzonen auf der Erde vor den Übergriffen des Antichristen und seines Anhangs geschützt sein.

4. Drangsal und Versuchung

Für alle diejenigen Menschen, die zwar an Gott glauben, aber in alten Irrtümern verharrten, wie sie typisch für die derzeit meist traditionellen Kirchen sind, wird die Sache nicht so gut aussehen. Unter der Herrschaft des Antichristen werden sie verfolgt und getötet, wo man ihrer habhaft wird. Wenn sie wegen ihres Bekenntnisses und Glaubens an Gott getötet werden, können sie ihre seelische Weiterentwicklung und Hei-

lung auf der Erde fortsetzen und werden sich in der tausend-
jährigen Friedenszeit wieder verkörpern, befreit von allen stö-
renden Einflüssen des Antichristen.

Diejenigen Menschen, die in dieser Zeit der größten Versuchung in das Lager des Antichristen überlaufen und dessen
Malzeichen, wahrscheinlich ein individueller Identifikations-
chip, annehmen, haben damit auch das Ticket für weitere
sterbliche Verkörperungen auf einem anderen Planeten gelöst,
wohin der Antichrist und sein Anhang verfrachtet werden,
sobald über die karmischen Altlasten auf diesem Planeten von
ELI abschließend Gericht gehalten wurde.

Die Verwüstungen und Gräueltaten, die der Antichrist in
der kurzen Zeit seiner Herrschaft auf der Erde anrichten wird,
sind ohne jedes geschichtliche Beispiel, und sie werden
von ihrem Ausmaß die Summe aller Genozide, die in der
Geschichte der Menschheit auf der Erde stattgefunden haben,
übertreffen. In dieser Phase wird jeder physisch verkörper-
ten menschlichen Seele die ultimative Entscheidung für oder
gegen Gott abverlangt.

5. Die Rückkehr des Königs

Die Terrorherrschaft des Antichristen wird durch die Rückkehr
des Königs Jesus Christus, der mit seinem Gefolge, den Erstlingen, auf die Erde zurückkehrt, beendet werden. Jesus wird auf
der Erde ein tausendjähriges Friedensreich errichten, in dem
er mit den Erstlingen die weitere Ausheilung der Menschheit
vorantreiben wird. In diesem Friedensreich werden der verstorbene Antichrist und sein verstorbener Anhang in einem
Jenseitsbereich unter der Erdoberfläche gebunden sein, nicht
inkarnieren und keinen Einfluss auf das Geschehen auf der
Erde nehmen können.

Alle Menschen, welche die Drangsalszeit des Antichristen
überlebt haben, können ihre Ausheilung nun ungehindert
fortsetzen. Diejenigen, die wegen ihrer Bekenntnisse zu Gott
während der Schreckensherrschaft des Antichristen getötet
wurden, werden in dieses Friedensreich hineingeboren und
können sich auch zur Unsterblichkeit hin entwickeln. Die
Offenbarung nennt dies die erste Auferstehung.

Die noch nicht unsterblich gewordenen Menschen werden in jener Zeit schon ein deutlich höheres Alter erreichen als heutzutage üblich. Die Bibel spricht von neunzigjährigen Jünglingen.

Jesus regiert in diesem Friedensreich mit den Erstlingen als Priestern und Königen. Die Menschheit wird den Vollbesitz der ganzen universellen Wahrheit erlangen und sich erinnern oder erfahren, wie der Planet Erde in der intergalaktischen Gemeinschaft eingebettet ist.

6. Letztes Aufgebot und Gericht

Für eine kurze Zeit wird der Antichrist noch einmal losgelassen werden. Dann müssen er und sein Anhang die Erde endgültig verlassen. Die weitere Entwicklung dieser Seelen wird auf einem anderen Planeten fortgesetzt, wo sie den Frieden der bei ELI verbliebenen Menschen nicht mehr stören können.

7. Die neue Erde

Die künftige geistige Entwicklung auf dem Planeten Erde wurde hier kurz im Kontext christlich-abendländischer Überlieferung und neuzeitlicher Prophetie skizziert. Andere Kulturkreise verfügen über einen ähnlichen Schatz überlieferter Zukunftsvisionen. Aus den hinduistischen Mythen und in den Veden finden sich ebenfalls Hinweise über äonische Zyklen und den Auf- und Niedergang der Kulturen, ja selbst Hinweise auf Exoplaneten, die von geistig hochentwickelten Lebewesen bewohnt werden.

Die Astrophysiker haben seit Mitte der Neunzigerjahre mehrere hundert Exoplaneten außerhalb des Sonnensystems entdeckt, deren Existenz zuvor nur als hypothetisch angesehen wurde.

Die meisten der bisher entdeckten Exoplaneten sind zwar nicht erdähnlich und verfügen über keine Biosphäre wie die Erde, aber es steht angesichts der vielen Milliarden sonnenähnlichen Sterne allein in unserer Galaxis außer Zweifel, dass die meisten dieser Sterne von Planeten umkreist werden und es hier Tausende von erdähnlichen Planeten geben muss, die potenziell für die Besiedelung mit biologischen Organismen geeignet sind.

Es wäre auch vom naturwissenschaftlichen Standpunkt aus borniert anzunehmen, dass der derzeitige Entwicklungsstand der Menschheit bereits den Gipfel des Möglichen darstellte. Das ist nicht mehr als ein letztes Residuum des geozentrischen Weltbildes, das sich in die Denkweise der modernen Naturwissenschaft hinübergerettet hat.

In der hinduistischen Überlieferung gibt es Brahma Lokas, Planeten, auf denen alles lebendig ist, keine krankhaften oder andere degenerativen Prozesse stattfinden und auf dem alle Lebewesen von der Gegenwart und Liebe Gottes durchdrungen sind. Orte, an denen sich dauerhaft ein Zustand ewiger Stabilität im zeitlichen Sinne manifestiert hat.

Das ist die Zukunft der Erde – die Erde wird ein solcher Brahma Loka werden, ein Ort, an dem der Himmel offensteht, ein Ort des ewigen glücklichen Lebens, an dem ein immerwährendes goldenes Zeitalter vorherrscht und das Licht und die Liebe Gottes alle Lebewesen ungehindert durchflutet. Diese Bestimmung hat der Planet Erde, und er wird diese Bestimmung in einem relativ kurzen Zeitraum erreichen.

Diese Sicht deckt sich mit den Verheißungen der prophetischen Bücher der Bibel, wenn auch die in der Bibel geschilderten Ereignisse nur von lokaler Bedeutung für den Planeten Erde sind – für uns Menschen auf der Erde sind sie aber entscheidend, denn wir leben hier.

Es wäre zu simpel, die Zukunft der Menschheit nur auf der Basis technologischer Utopien und Science-Fiction-Visionen zu zeichnen. Viele Traditionen sehen einen finalen Entwicklungsprozess auf unseren Planeten zukommen. Es ist ein Transformationsprozess, in dem das Karma, das sich auf diesem Planeten in den Seelen der Menschen angesammelt hat, verarbeitet wird, damit der Planet wieder aufatmen und lebendig werden kann. Die ganze Erde wird als Gaia, ein großes und komplexes makroskopisches Quantensystem und Lebewesen, zu neuem ewigem Leben wiedererwachen.

Diesen Zustand werden die Menschen, die es wollen, nicht aus eigener Kraft erreichen, obgleich auch das individuelle

Bemühen um spirituelle Transformation – der Überwindungs-
wille – eine Grundvoraussetzung für die Wiedererlangung
eines erlösten und unsterblichen Zustandes darstellt. Von entscheidender Bedeutung wird sein, ob das einzelne Indivi-
duum das Hilfsangebot Gottes annimmt und dadurch in die
Lage versetzt wird, einen beschleunigten Transformationsprozess zu durchlaufen.

Nur mit Meditations- und Transformationsmethoden und
optimaler Lebensführung allein, wie in spirituellen Kreisen
praktiziert, kann der Übergang zu einem erlösten unsterblichen Zustand ebenso wenig erreicht werden wie nur mit
dem Konsum von Gottesdienstbesuchen, religiösen Ritualen
und dem Genuss von Sakramenten.

Um das ultimative Ziel der physischen Unsterblichkeit zu
erreichen, ist der ganze Einsatz gefordert. Es geht ums Ganze,
und daher ist auch eine Integration und Kombination aller
sinnvollen spirituellen Transformationsmethoden einerseits
und die Annahme des göttlichen Gnadenangebots andererseits erforderlich.

Ohne eigene Anstrengung wird niemand zum Erstling, wie
uns die Offenbarung am Ende des Neuen Testaments zuruft:

»Wer überwindet, der soll mit weißen Kleidern angetan
werden …«

»Wer überwindet, den will ich machen zum Pfeiler in dem
Tempel meines Gottes …«

»Wer überwindet, dem will ich geben, mit mir auf meinem
Stuhl zu sitzen …«

»Ich will dem Durstigen geben von dem Brunnen des lebendigen Wassers umsonst. Wer überwindet, der wird es alles
ererben, und ich werde sein Gott sein, und er wird mein Sohn
sein.«

Kapitel 7

Wo, bitte, geht's hier zum Himmel?

Alles Gute kommt von oben

Die Frage nach der Existenz eines persönlichen Gottes wird beantwortet. Die Synthese aus spirituellen Transformationsmethoden und religiöser Hinwendung zum persönlichen Gott weist den Weg zur Vollendung und zum ewigen Leben. In einem anbrechenden goldenen Zeitalter werden Tod und Trennung von Gott überwunden. Auch die Theologie bekommt auf diese Weise ein naturwissenschaftliches Fundament in Form der Erkenntnisse der neuen Physik. Aus der geistigen Physik entwickelt sich konsequent eine heilige Physik.

7.1 Gottes Nähe auf der Erde = Gnade

Die zurückliegenden Kapitel haben gezeigt, dass es möglich ist, geistige Phänomene wie das Bewusstsein, die Organisation und Steuerung biologischer Prozesse, die Struktur der menschlichen Seele und die materielle Reorganisation durch Wiederverkörperung mit physikalischen Modellen zu beschreiben, mit konkretem Bezug zu den physikalischen Eigenschaften von Elementarteilchen. Auch diesseitige und jenseitige Bereiche, die dem Menschen durch spirituelle Erfahrungen zugänglich sind, im Wachzustand, beim Träumen, in der Meditation, in einer Nahtoderfahrung, lassen sich mit diesen Modellen abbilden. Selbst transzendentale bewusstseins-erweiternde Erfahrungen wie die Erleuchtung und die Erlösung sind einer physikalischen Beschreibung zugänglich.

Dies habe ich mit einer ganzheitlichen Betrachtung auf der Basis der Theorien von Charon und Heim gezeigt. Geist und Materie sind eine Einheit. Die daraus hergeleiteten Modelle fasse ich unter dem Begriff *geistige Physik* zusammen.

Die Wechselwirkungsmöglichkeiten mit dem Hyperraum sind in Form der hier vorgestellten Urwort-Theorie ebenfalls beschreibbar geworden. Das zentrale Ergebnis der Urwort-Theorie ist, dass es eine Quelle im Hyperraum gibt, aus deren Energieabstrahlung alle weiteren raumzeitlichen Partialstrukturen hervorgegangen sind. Die physikalischen Eigenschaften, die diese Quelle aufgrund physikalischer Betrachtungen haben muss, decken sich mit den Gottesvorstellungen, die von den Religionen und Weisheitslehren seit Jahrtausenden als Gott oder zumindest als höheres göttliches Bewusstsein bezeichnet werden.

Nicht nur die Genese, also die Entstehung aller belebten und unbelebten Strukturen, lässt sich mit der Urwort-Theorie beschreiben, sondern auch die Interaktion und Kommunikation zwischen Gott und seinen Geschöpfen. Dies führt in einem wissenschaftlichen Kontext zu einer *heiligen Physik*.

Religion will dem Menschen zeigen, wie er mit Gott verbunden ist und wie seine persönlichen Handlungen dazu beitragen, diese Verbindung zu stärken oder zu schwächen (lateinisch religere: zurück verbinden). Jede Religion vermittelt dem Menschen Anweisungen, wie er sein Verhalten und sein Handeln optimieren kann, um die Beziehung zu Gott intensiv zu gestalten und die von Gott abgestrahlten Lebenskräfte ungehindert zu empfangen.

Dazu bietet jede Religion ein Regelwerk von Gesetzen oder Geboten an, die es einzuhalten gilt. Die Befolgung dieses Verhaltenscodex kommt nicht nur den einzelnen Individuen einer Gemeinschaft zugute, sondern fördert auch eine segensreiche Beziehung zu Gott, was sich wiederum auf die ganze Schöpfung positiv auswirkt.

Jede Religion differenziert zwischen guten und bösen Taten, die entweder dazu beitragen, dass der Mensch sich von Gott absondert, in der Sünde, oder dass er sich durch gute Werke der Liebe als Segensinstrument Gottes bewährt und dadurch noch mehr Kräfte von Gott empfängt, weil Gott grundsätzlich alles Gute und Lebenserhaltende fördert und sich von Bösem und Tötendem distanziert.

Dieser gesetzmäßige Zusammenhang lässt sich auch physikalisch begründen. Gute Werke der Liebe führen immer zu einer Bündelung und Ordnung der Energien, zu einer Fokussierung der Energie der Photonengase in den inneren Raumzeiten der Elektronen. Dies bedeutet eine höhere Konzentration von Bioplasma, mehr Vitalität und Bewusstsein in biologischen Organismen. Böse Werke des Hasses führen zu einer Zersplitterung und Chaotisierung der Energien, zu einer Zerstreuung der Energie der Photonengase in den inneren Raumzeiten der Elektronen, folglich zu Zerstörung, Desorganisation und Unbewusstheit und zum Tod von biologischen Organismen.

Die Morallehren der Religionen lassen sich daher grundsätzlich auch auf physikalische Eigenschaften der naturgesetzlichen Einheit von Geist und Materie zurückführen.

An der großen Frage, ob es einen persönlichen Gott gibt, mit dem wir kommunizieren und dem wir begegnen können, scheiden sich die Geister der Anhänger verschiedener Religionen und Weisheitslehren.

Die monotheistischen Religionen des Judentums, des Christentums und des Islams gehen von einem einzigen und persönlichen Gott aus. Sie nennen ihn zum Beispiel Jahwe, Zebaoth, Allah oder ELI. Im indianischen Schamanismus heißt er Manitu. Dies deckt sich mit dem Ergebnis der Urwort-Theorie, dass im Mittelpunkt des Hyperraums die Quelle ELI existiert, die im physikalischen Kontext alle Eigenschaften aufweist, die dem Einen und Ewigen Gott zuzeigen sind.

Buddhismus und Taoismus hingegen benennen keine Gottheiten, sie beschreiben nur Wege, um in der Erleuchtung Anschluss an das göttliche Bewusstsein zu erlangen. Dies leisten auch die verschiedenen Varianten des indisch-hinduistisch geprägten Yoga. Die Frage nach der Existenz eines persönlichen Gottes wird hier aber nicht beantwortet, sie bleibt offen. Das Erreichen des Zustands der Erleuchtung wird als ultimatives Ziel spiritueller Entwicklung betrachtet.

Dabei geht es danach erst richtig los, vorausgesetzt, man verfügt über eine stabile Körper- und Nervenstruktur. Die Erleuchtung markiert nur den Beginn eines starken energetischen Anschlusses an den Hyperraum und den Kontakt mit dem göttlichen Bewusstsein. Es ist die Erfahrung des Einsseins mit dem göttlichen Bewusstsein und des Zündens einer starken Bioplasma-Lichtflamme. Wenn diese Flamme durch Hinwendung zu einem persönlichen Gott, der über einen unsterblichen Lichtkörper verfügt, zum Feuersturm wird, dann wird der Körper des Erleuchteten durchlichtet und kann unsterblich werden.

In den antiken Theologien der alten Ägypter, der Griechen und der Römer begegnet uns Gott in Form eines Pantheons, einer ganzen Genealogie der Götter mit Verwandtschafts- und Abstammungslinien. Ähnlich ist die Situation im indischen Hinduismus, der auch einen Pantheon von Gottheiten benennt. Setzt man voraus, dass diese antiken Gottheiten tatsächlich als solche in Menschengestalt inkarniert waren und über höhere spirituelle Kräfte verfügten, so sind sie wohl dem Gottesvolk zuzuordnen, das vor etlichen zehntausend Jahren aus dem Hyperraum kommend die Erde besiedelte und sich in eine lichte und dunkle Seite aufteilte.

Zumindest gibt es interessante Parallelen zu der ägyptischen Mythologie und zu dem aus der jüdisch-christlichen Überlieferung bekannten Engelsturz. Bei den Göttern der ägyptischen Mythologie ging es jedenfalls nicht besonders friedlich zu, wie u. a. bei Veronica Ions (1968) nachzulesen ist. Seth ermordete seinen Bruder Osiris, und Horus, der Sohn von Isis und Osiris, tötete seine Mutter Isis, weil sie Horus daran hindern wollte, Seth zu töten. Isis wollte verhindern, dass Horus sich noch weiter mit Seth verstrickt. Dafür musste sie sterben. Der Hass und die Zerstörungswut von Horus verfolgen Isis bis heute.

Zu Beginn des ägyptischen Äons, der mit dem Auftritt der ägyptischen Götter vor etwa 5000 Jahren begann, hatten sich alte Konflikte, die seit dem Engelsturz bis zum Untergang der Insel Atlantis fortbestanden, wieder manifestiert. Der griechische Pantheon kann leicht aus dem ägyptischen Pantheon hergeleitet werden und bekanntermaßen auch der römische Pantheon aus dem griechischen Pantheon. Römische und griechische Gottheiten sind Blaupausen der ägyptischen Götter.

Auch die indischen Gottheiten des Hinduismus und die mittelamerikanischen Gottheiten der Inka, Maya und Azteken können als Repräsentanten dieses ursprünglichen Gottesvolkes zugeordnet werden, die sich im Verlaufe der gewaltsamen Auseinandersetzungen untereinander mit dem irdischen Menschenvolk vermischten und ihre seelische Kontinuität als Inkarnationen von Menschen fortgesetzt haben.

Die Genesis des Alten Testaments berichtet von den Kindern Gottes, die sich mit den Menschen auf der Erde vermischten. Ähnliche Berichte kennen wir aus der griechischen Mythologie und den Mythologien anderer Hochkulturen.

Dies legt den Verdacht nahe, dass es sich bei den Gottheiten der Pantheons verschiedener Kulturen um hochgestellte Abkömmlinge eines Gottesvolkes handelt, das zumindest teilweise seinen Lebensraum auf die Erde ausgedehnt hat. Bei den Auseinandersetzungen haben diese Söhne und Töchter Gottes so schwere seelische Verletzungen erlitten, dass sie ihre Existenz nun in menschlichen Verkörperungen innerhalb der Menschheit fortsetzen.

Gibt es aber auch Repräsentanten dieses Gottesvolkes, die sich nicht in die Auseinandersetzungen auf der Erde verwickelt haben, immer noch in unsterblicher Form in Hyperraumbereichen existieren und die Vorgänge auf der Erde beobachten oder mehr oder weniger indirekt manchmal in das Geschehen auf der Erde eingreifen?

Aus Sicht der vorgestellten physikalischen Urwort-Theorie kann hierzu eine klare Antwort gegeben werden: Es besteht nicht nur die grundsätzliche Möglichkeit der Existenz eines persönlichen Gottes, vielmehr ist seine Existenz auch sehr wahrscheinlich. Die Struktur des Hyperraums lässt ohne weiteres die Annahme zu, dass sich in Bereichen des Hyperraums, die einer bestimmten Lokalität der vierdimensionalen äußeren Raumzeit nahe sind, Lebewesen aufhalten, die im Besitz eines vollständig durchlichteten ewig lebenden physischen Körpers sind und dadurch über gewaltige Kräfte verfügen, mit denen sie auf die Materie der äußeren Raumzeit einen starken Einfluss nehmen können – wenn sie wollen. Sie verfügen über die geistige Fähigkeit und Macht, Materie nach Belieben zu formen und dieser Materie Leben und Bewusstsein einzuhauchen.

Deshalb kann es auch in unserer Lokalität des Sonnensystems einen uns nahe stehenden Bereich des Hyperraums geben, der von unsterblichen Wesen bewohnt wird, die ein besonderes Verhältnis zur Erde haben. Hier kann sich der liebe Gott in Form eines persönlichen Wesens aufhalten, das an der Spitze der geistigen Hierarchie aller auf der Erde beheimateten Lebewesen steht. Der Chef vom Ganzen hier. Vielleicht ist dieser liebe Gott nicht nur der Chef in diesem Sonnensystem, sondern ist auch noch für andere Planetensysteme zuständig.

Der liebe Gott ist ein persönlicher Gott, mit dem jeder Mensch eine direkte und persönliche Beziehung haben kann.

Diese Beziehung gestaltet sich nach dem Willen jedes einzelnen Menschen. Jeder Mensch gestaltet diese Beziehung durch seine eigene Hinwendung zu Gott. Wenn wir meditieren, gewinnen wir Anschluss an den Liebes- und Lebensstrom, den Gott unentwegt in Form von Eta-Teilchen ausströmt. Dieser Strom ist reines Bewusstsein, frei von Form und Gestalt, pure Kraft.

Durch die Entfaltung des menschlichen Energiesystems mit spirituellen Transformationsmethoden erhalten wir Zugang zu diesem Quantenfeld. Es ist ein Geschenk Gottes. Diese Energie ist immer da und für jeden frei verfügbar.

Durch Ausheilung der innerseelischen Verletzungen kann die Aufnahme dieser Energie optimiert werden. Dies führt zur Erleuchtung, aber noch nicht zur Erlösung. Diese erreichen wir nur, wenn wir zusätzlich die persönliche Beziehung zu Gott gestalten, denn damit nehmen wir Kontakt auf zu einem persönlichen Wesen, das unsterblich ist. Die Wechselwirkung mit einem Wesen, das unsterblich ist, ist die optimale Voraussetzung für ein noch sterbliches Wesen, um die Unsterblichkeit zu verwirklichen.

Die meisten Menschen, die eine Beziehung zu Gott pflegen, beten zu ihm. Die Frage stellt sich dann, wie bewusst ein Mensch ist, wenn er zu Gott betet. Das Beten kann ein rituelles Plappern von auswendig gelernten Sätzen sein, ohne dass sich der Betende tatsächlich an Gott wendet. Das Beten kann auch von einem starken Glauben, dass es Gott gibt, getragen sein und wird dann von dem Betenden als kräftigend und stärkend empfunden. Auf jeden Fall eine gute Methode, um viel Energie von dem Quantenfeld aufzunehmen.

Wenn ein Mensch, dessen Energiesystem bereits gut entfaltet ist, betet, dann wird Gott im Gebet spürbar. Beim derart Betenden besteht schon eher eine Gewissheit, dass Gott da ist, auch wenn er noch nicht sichtbar oder hörbar ist. Zu solchen Menschen kann Gott, wenn er will, aber auch direkt sprechen. Dann entsteht aus dem Gebet ein Gespräch.

Wenn ein Mensch, der erleuchtet ist, betet, dann ist das eigentlich immer ein Gespräch. Hier besteht ein direkter persönlicher Dialog zwischen Gott und dem Erleuchteten.

Dieser persönliche Gott hat sich bisher immer nur sporadisch einzelnen Menschen zu erkennen gegeben und sich weitgehend aus dem Getümmel auf Erden herausgehalten, aber er steht mit allen Kulturen und Religionen auf der Erde in Beziehung und ist sozusagen das geistige Oberhaupt der planetaren Biosphäre.

Für uns Menschen hier auf Erden ist es völlig unerheblich, ob dieser liebe Gott nur ein lokaler Gott ist, der über dieses oder noch einige andere Planetensysteme gebietet, oder ob er die einzige personifizierte Form des universellen ELI ist, den die Urwort-Theorie im Zentrum des hochsymmetrischen Hyperraums verortet hat. Jedenfalls ist er für uns Menschen die höchste geistige Instanz und der richtige Ansprechpartner für ganz oben.

Jesus hat sich als Sohn dieses Gottes verstanden. Aus christlicher Sicht ist Jesus nach Gott der höchste Repräsentant göttlicher Herkunft, der erste und der älteste Bruder unter den Kindern Gottes. Aus dieser innigen Beziehung konnte sich Jesus in einem erlösten unsterblichen Zustand offenbaren, und schließlich ist er zu diesem Gott im Himmel, im Hyperraum, mit seinem unsterblichen Leib zurückgekehrt.

Offensichtlich war Jesus auch nicht mit starken karmischen Belastungen inkarniert. Er war nicht, wie viele andere seiner jüngeren Gottesgeschwister, durch schwere seelische Verletzungen in schwarzmagische Ketten gelegt, sondern konnte in seinem Körper das volle Bioplasma-Niveau entfalten, das ihm ermöglichte, andere Menschen von schweren Krankheiten zu heilen und nach seiner Auferstehung seinen Körper in einen vollständig durchlichteten, unsterblichen Zustand zu transformieren. Dies resultierte natürlich aus dem innigen Verhältnis zu seinem himmlischen Vater. Er war mit dem Gott im Himmel, zu dem er betete und mit dem er kommunizierte, in unmittelbarem Kontakt, und er kehrte bei seiner Himmelfahrt zu ihm zurück.

Um allen Menschen, die sich auch in diesen Zustand der physischen Unsterblichkeit und Erlösung hinein entwickeln wollen, geeignete Hilfsmittel zur Verfügung zu stellen, hinterließ ihnen Jesus das Sakrament des heiligen Abendmahls, das er noch vor seiner Gefangennahme, Kreuzigung, Auferstehung und Rückkehr in den Hyperraum einsetzte.

In diesem Sinne hat Jesus, auch durch das Zeugnis seines Lebens, das von seiner Liebe zu seinen Mitmenschen und seiner Hingabe gekennzeichnet ist, einen Weg gelegt, auf dem alle Menschen, wenn sie es wollen, auch einen unsterblichen Zustand anstreben können.

Als ich in den Neunzigerjahren von einer Indienreise nach Europa zurückkehrte, unterhielt ich mich auf dem Rückflug mit einem Holländer über das Sakrament des heiligen Abendmahls. Der Mann, ein Kenner der indischen Veden und Weisheitslehren, war begeistert und kommentierte: »Das ist pure vedische Lehre: Du isst die Lebensfrucht deines Meisters, ohne ihn zu töten.«

Durch die Feier des heiligen Abendmahls nehmen wir den Leib und das Blut von Jesus in uns auf, Materie auf höchstem Schwingungsniveau, die auf diese Weise verhilft, das eigene Energiesystem auf den energetisch höchsten Zustand zu transformieren. Aus physikalischer Sicht ist völlig klar, dass durch den Kontakt eines Systems geringeren Energieniveaus mit einem System höheren Energieniveaus Energie vom höheren zum niedrigeren Niveau fließt. Der Mensch wäre also dumm, wenn er die Möglichkeit, von der Fülle der Energie Gottes zu profitieren, nicht nutzen würde.

Von Kindern wissen wir, wie wichtig der Kontakt zu den Eltern für ihre gesamte Entwicklung ist. Wir lernen unser ganzes Leben lang. Auf sich allein gestellt, würde der Mensch innerhalb seiner Lebensspanne nur sehr begrenzte Fortschritte in seiner persönlichen Entwicklung machen.

In den zurückliegenden Jahren konnte ich durch Vorher-Nachher-Messungen der Bioplasma-Konzentration mit dem Kirlian-Videografie-Verfahren nachweisen, dass die Vitalität der Testpersonen durch den Genuss des heiligen Abendmahls eine deutliche Steigerung erfuhr. Ähnlich positive Einflüsse, wenn auch nicht so stark, konnte ich nachweisen, wenn Menschen nur beten oder nur meditieren.

Der Mensch kann also durch geeignete Meditations- und Transformationsmethoden aus sich heraus seine Bioplasma-

Konzentration steigern und damit seine Bewusstseinsentwicklung voranbringen. Wenn er dies auch noch kombiniert mit geeigneten Ritualen, die ihn mit der Lebensquelle des persönlichen Gottes verbinden, wenn er also die Gnade Gottes in der Fülle erbittet und annimmt, dann sind alle Kräfte vorhanden, um den Sprung in die Unsterblichkeit zu schaffen.

Damit diese erlösenden Kräfte aber auch die hintersten Winkel und Tiefen der menschlichen Seele erreichen können, sollte der Mensch auch bereit sein, sich allen Erlebnissen, die er im Laufe seiner Seelengeschichte erfahren hat, zu stellen und diese bewusst zu verarbeiten. Es nutzt nichts, wenn man sich unter die Dusche stellt, aber von einer dicken wasserundurchlässigen Schicht umgeben ist, die den reinigenden Strom abweist und nichts nach innen lässt.

Das größte Problem auf dem Weg zur Erlösung sind die hartnäckigen Verdrängungsmechanismen, derer sich die meisten Menschen häufig genug bedienen, um unangenehme Erfahrungen, die sie in diesem oder in zurückliegenden Leben gemacht haben, aus ihrem Bewusstsein zu verdrängen. So kann ein gläubiger Christ oder ein Muslim oder ein Jude oder wer auch immer sein Leben lang in die Kirche, die Moschee, die Synagoge oder in den Tempel gehen, um dort in frommer und Gott zugewandter Form seine Gebete und Rituale verrichten, ohne dass er auch nur eine einzige seiner seelischen Altlasten bewältigt.

Natürlich macht fast jeder Mensch, der einen Gottesdienst besucht, die Erfahrung, dass er seelisch und geistig gestärkt wird, aber wenn diese Stärkung nur die Oberfläche des Bewusstseins erreicht, dann wird sie ihn auf seinem Weg zur Erlösung nicht einen Schritt weiterbringen. Sie bewahrt ihn bestenfalls davor, noch weiter verstrickt zu werden. Zusammen mit leibfeindlichen Heilsvorstellungen, die die Erlösung auf das Jenseits nach dem physischen Tod verschieben, kommt dabei eben nicht mehr heraus.

Menschen, die entschlossen sind, den Weg zur physischen Unsterblichkeit zu gehen und als Erstlinge nicht nur mit dem Bewusstsein, sondern auch mit dem gesamten Körper Zugang zum Hyperraum zu bekommen, benötigen zunächst eine optimale Ernährung und geeignete Meditations- und Transformationsmethoden, um das eigene Energie- und Chakrensystem zu entfalten. Und sie benötigen die volle Gnade Gottes, die er in Form bestimmter Sakramente anbietet.

Ein Mensch mit hoher spiritueller Zielvorgabe wird nicht umhinkommen, seine gesamte Seelengeschichte aufzuarbeiten, denn es sind die noch unbewussten, zeitlich weit zurückliegenden Ereignisse in der eigenen Seelengeschichte, welche den individuellen Lebensstrom begrenzen und den Durchbruch zur Unsterblichkeit verhindern.

Wer anfängt, einen solchen Weg zu gehen, kann nicht erwarten, dass er in kurzer Zeit dieses Ziel erreicht. Oft sind viele einzelne Schritte erforderlich. Ein wichtiger Aspekt ist die Achtung vor sich selbst und dem Nächsten und die äußere und innere Reinigung.

Durch falsche Ernährung ist der Körper vielleicht noch verstopft mit Schlacken und Stoffwechselgiften. Hier gibt es eine ganze Palette von Möglichkeiten, wie etwa das Fasten, um den Körper von solchen Altlasten zu befreien. Ein Nikotinkonsument kann nicht erwarten, dass er tieferen Zugang zu innerseelischen Bereichen bekommt. Nikotin und auch übermäßiger Alkoholgenuss gehören zu den Verdrängungshilfen, mit denen man unangenehme Gefühle wegdämpfen kann. Die Kriegs- und Nachkriegsgeneration unserer Eltern, eine Verdrängergeneration, war gezeichnet von Traumata, und viele von ihnen haben sich einem übermäßigen Nikotinkonsum hingegeben.

Auch eine dumpfe Ernährung mit viel Fleisch und stark verarbeiteter, totgekochter Materie behindert eine spirituelle Entwicklung. Der Weg zur eigenen Unsterblichkeit führt nicht über das Verspeisen von getöteten Tieren. Wer Getötetes isst, der isst den Tod. Ohne hier dogmatisch zu werden, sollte die eigene Ernährung schwerpunktmäßig aus Produkten bestehen, die nicht die Tötung eines anderen Lebewesens bedingen.

Wer anderen Lebewesen Leid zufügt, erntet Leid. Wer andere tötet, wird getötet. Der Tod ist der Sünde Sold. Jeder erntet, was er gesät hat. Hier sind sich Jesus, Buddha und alle anderen

Weisheitslehrer einig. Elektromagnetische Felder erzeugen Affinitäten, welche die Essenzelektronen aus ihrem Erlebnisfundus aufspannen, so sagt der Physiker.

Auch die mentale und emotionale Hygiene ist von großer Bedeutung. Wer sich ständig mit negativen Gedanken und Gefühlen einnebelt, kann nicht erwarten, irgendein spirituelles Ziel zu erreichen. Durch Meditationsübungen ist es möglich, die Position eines unbeteiligten Beobachters einzunehmen und Herr über den eigenen Gedanken- und Gefühlsstrom zu werden. Und zwischen den Gedankenlücken wartet die ewige gleißende Flamme des Glücksstroms darauf, entzündet zu werden.

Die aufrichtige und wahrhaftige Auseinandersetzung mit sich selbst und seinen eigenen Verhaltensweisen ist eine weitere Grundvoraussetzung für eine spirituelle Weiterentwicklung. Wer immer nur andere für sein eigenes Schicksal verantwortlich macht und nicht die Verantwortung für sein Leben übernimmt, hat keine Chance, sich geistig oder sonst wie weiterzuentwickeln. Es sind die eigenen Lebenslügen, die einen Menschen zum Vollopfer machen und von einer Enttäuschung zur nächsten führen, und nicht die anderen.

In der Verarbeitung von traumatischen Erlebnissen aus diesem Leben bekommt ein Mensch häufig auch den roten Faden und den Zugang zu noch älteren, weiter zurückliegenden Konflikten, mit denen er in früheren Leben konfrontiert wurde. Nach und nach wird das eigene soziale Umfeld transparenter, und der Mensch wird immer von den Menschen umgeben sein, die er jetzt anzieht, aufgrund der Signale, die er jetzt aussendet.

Es ist nicht verkehrt, den Weg mit Gleichgesinnten zu gehen. Aber wenn man sich auf eine bestimmte Gemeinschaft einlässt, sollte man beachten, dass in Gruppen oder Glaubensgemeinschaften durch Betriebsblindheit auch Irrtümer weitertransportiert werden. Dies kann vor allem dann geschehen, wenn man in einer Gemeinschaft ist, in der es am offenen und aufrichtigen Dialog fehlt. Es ist also sehr zu empfehlen, immer wieder über den eigenen geistigen Tellerrand hinauszuschauen, um nicht in den Irrtümern einer in ihrem Erkenntniswillen beschränkten Glaubensgemeinschaft verhaftet zu bleiben.

Diejenigen, die in ihrer eigenen Seelengeschichte etwas zu verbergen haben, werden sich natürlich vorzugsweise in eine Gemeinschaft begeben, die bestimmte Bereiche des menschlichen Bewusstseins ausklammert. So ist das vehemente Festhalten an der Vorstellung, dass der Mensch nur einmal lebt, ein klares Indiz dafür, dass hier Kräfte am Werke sind, die möglichst viel im Dunkeln halten wollen.

Viele Probleme der traditionellen Glaubensgemeinschaften resultieren aus der mangelnden Bereitschaft, sich mit eigenem Fehlverhalten auseinanderzusetzen, getreu dem Motto: vergeben und vergessen. So funktioniert Transformation nicht. Besser wäre es, zu vergeben und nicht zu vergessen, immer wieder zu erinnern, was man vergessen hat, um die gleichen Fehler nicht zu wiederholen.

Der Tod ist der große Vergesser, ein Freund all derer, die Dunkles in sich tragen. Solange der Mensch noch physisch stirbt, trägt er Dunkles in sich, da er den größten Teil seiner Lebens- und Lichtkraft dafür vergeudet, seine Schattenseiten zu verdrängen und zu verbergen.

Bei vielen Christen wird das göttliche Geschenk der Vergebung und Gnade missverstanden und als Freibrief für laue und lasche Lebensführung missbraucht: Wenn ich etwas Böses tue, werden mir beim nächsten Gottesdienst ohnehin alle Sünden wieder vergeben. Solche Lauheit führt zu einer Degeneration, Verfinsterung und Einengung des eigenen geistigen Lebensraumes und zu einem Kompetenzverlust in Sachen Körper, Seele und Geist.

Die jüngsten Skandale um Kindesmissbrauch in kirchlichen Organisationen zeigen, dass dort immer noch ein eklatanter Mangel an Kommunikations- und Transformationsstrukturen besteht. Verdrängerkirchgänger, nehmt euch in Acht, mit der Haltung kommt ihr in die Gewalt des Antichristen.

Daher sollte es ein freier und selbstverantwortlicher Christenmensch auch nicht hinnehmen, dass finstere Machtstrukturen für sich das Monopol in Anspruch nehmen, ausschließlich die heiligen Sakramente spenden zu können. Jeder

Mensch hat das Recht auf freien und ungehinderten Zugang zu den Gnadenströmen Gottes. Man braucht kein Theologiestudium absolviert zu haben, um die heiligen Sakramente selbst zu feiern, denn sonst hätte Jesus in seiner Gefolgschaft nur Schriftgelehrte zugelassen, um sie mit der Verbreitung seiner Heilslehre zu beauftragen. Etliche Seelen der Pharisäer von damals sind heute in hohem kirchlichen Amt und Würden wieder verkörpert. Hier besteht also ein erheblicher Befreiungsbedarf in den einschlägigen christlichen Glaubensgemeinschaften.

Wie erbärmlich mutet von außen betrachtet das Verbot der gemeinsamen Feier des Abendmahls in ökumenischer Gemeinschaft an, das ein Kirchenboss seinen Untertanen erteilt. Hier geht es doch nur um Machterhalt, gegen Gemeinschaft und Brüderlichkeit.

Die Zersplitterung in einzelne Konfessionen und Glaubensgemeinschaften allein innerhalb des Christentums ist ein Beleg für die Irrtümer, die von jeder Teilmenge hartnäckig kolportiert werden. Wenn sich naturwissenschaftliche Erkenntnisse über die Zusammenhänge und Wirkmechanismen zwischen Gott und seinen Geschöpfen durchsetzen, besteht die Möglichkeit, diese Klüfte zu überwinden.

Kirchen und Tempel haben die Aufgabe, jedem Menschen alle Entfaltungsmöglichkeiten bereitzustellen, die er benötigt, um den Übergang in ein erlöstes und befreites Dasein zu bewältigen. Diese Aufgabe kann nur geleistet werden, wenn die volle Erkenntnis und das Bewusstsein über die Zusammenhänge von Gott und seiner evolutionären Schöpfung zum Durchbruch kommt.

7.2 Himmelfahrt – der Aufstieg in den Hyperraum

Als russische Kosmonauten in den Sechzigerjahren von ihren Missionen im erdnahen Weltraum zurückkehrten, berichteten sie ganz nüchtern, sie hätten dort oben keinen Gott gesehen. Das war ideologisch ganz auf der materialistisch-atheistischen

Linie, die im damaligen System des Marxismus sowjetischer Prägung vorgegeben war. Nun, die Kosmonauten suchten Gott am falschen Ort.

In unserer deutschen Sprache ist das ja auch nicht so einfach, denn sprachlich differenzieren wir mit dem Wort *Himmel* nicht zwischen dem profanen blauen Himmel über unseren Köpfen und dem geistlichen Himmel als Wohnstätte Gottes. Im angelsächsischen ist die Differenzierung schon klarer – »sky« für den profanen Himmel, »heaven« für die geistliche Dimension.

Wie die Betrachtung des Konzeptes der Druckgravitation am Ende des dritten Kapitels ergab, existiert für jeden Ort in unserer äußeren Raumzeit eine Vorzugsrichtung, aus der die meisten Eta-Teilchen vom Hyperraum aus in die äußere Raumzeit einstrahlen. Dies ist immer genau die Gegenrichtung der Richtung des lokalen Gravitationskraftfeldes.

Auf der Erdoberfläche zeigt der örtliche Vektor des Gravitationsfeldes immer nach unten in Richtung des Erdmittelpunktes – nicht weil wir von der Erde angezogen werden, sondern weil die aus dem Hyperraum kommenden Eta-Teilchen aus der Gegenrichtung, also von oben, auf uns einprasseln und uns je nach unserem Gewicht mehr oder weniger stark in Richtung des Erdmittelpunkts hindrücken. Die Vorzugsrichtung zum Hyperraum ist also immer *oben*.

Die meisten dieser Eta-Teilchen werden, wenn sie auf gewöhnliche Materie aus Atomen oder dunkler Materie in Form von Raumtaschen treffen, elastisch gestreut. Dabei wechseln sie ihre Bewegungsrichtung und fliegen nach dem Impulsübertrag an der Materie wieder in den Hyperraum zurück. Diese Eta-Teilchen, die also die gravitative Wechselwirkung zwischen zwei Massen vermitteln, stellen einen großen Teil der freien Energie dar, die in unserer äußeren Raumzeit vorhanden ist.

Bei der Besprechung biologischer Organismen habe ich bereits erläutert, dass sich Eta-Teilchen an ringförmigen molekularen Strukturen, wie sie in jedem Nukleinbasenpaar der DNS vorkommen, verwirbeln können. Dadurch wird aus der freien Energie in Form der Eta-Teilchen elektromagnetische

Energie in Form von Photonenringen in die biologische Struktur eingekoppelt. In biologischen Organismen gibt es daher eine große Zahl von kleinen Theta-Generatoren in molekularer Größe.

Solche Theta-Generatoren lassen sich auch im makroskopischen Maßstab darstellen. Dies wird zur Entwicklung von Theta-Technologie führen, die in Form geeigneter Anordnungen den aus dem Hyperraum kommenden Eta-Teilchen-Strom verwirbelt und die Konstruktion von »freien Energie-Maschinen« prinzipiell ermöglicht.

Eine geeignete Anordnung stellt ein hohler Torus aus Gold dar. Gold ist besonders geeignet, weil es über eine sehr hohe Dichte verfügt – etwa zwanzig Gramm pro Kubikzentimeter. Daher können die Eta-Teilchen besonders effektiv an Gold gestreut werden. Der Wirkungsquerschnitt für die Streuung von Eta-Teilchen ist hier um ein Vielfaches größer als bei anderen Materialien.

Diese Theta-Generatoren können nicht nur zur Energieerzeugung verwendet werden, sondern auch zur Konstruktion von Feldantrieben. Aus den Theta-Wirbel-Gleichungen der Urwort-Theorie lässt sich die Eigenfrequenz bzw. Wellenlänge des stehenden elektromagnetischen Photonenrings im inneren Hohlraum des Goldtorus berechnen, in Abhängigkeit von den Maßen des Goldtorus.

Je stärker die Strahlungsenergie der stehenden elektromagnetischen Wellen im Inneren des Goldtorus ist, umso stärker wird der Wirbel aus Eta-Teilchen, der den Goldtorus von außen umströmt. Wenn dieser Wirbel eine bestimmte Stärke erreicht, werden deutlich mehr Eta-Teilchen aus dem Hyperraum durch das Loch im Torus eingesaugt, als von oben auf die Querschnittsfläche des Torus aufprallen und elastisch in den Hyperraum zurückgestreut werden.

Dadurch entsteht eine Auftriebskraft, eine Levitationskraft, die der Gravitation entgegengesetzt ist und ab einer bestimmten Wirbelstärke dem Goldtorus eine stärkere Beschleunigung nach oben verleiht als die nach unten gerichtete Beschleunigung der Gravitationskraft. Bei ortsfestem Torus erzeugen die am Torus verwirbelten Eta-Teilchen im Inneren des Torus eine elektromagnetische Strahlungsdichte. Wird in dem Torus eine geeignete elektromagnetische Strahlungsdichte erzeugt, entsteht ein Auftrieb. Ein Theta-Generator lässt sich also entweder zur Energieerzeugung oder als Feldantrieb verwenden.

Wenn die Photonengase in den Elektronen der Goldatome des Torus und in den Elektronen der kristallinen Materie im Inneren des Torus auf höchsten Ordnungsgrad gebündelt werden, kann der Goldtorus in einen an die äußere Raumzeit angrenzenden Bereich des Hyperraums übergehen.

Ein technischer Theta-Generator zur Energieerzeugung oder als Feldantrieb

Eta-Teilchen aus dem Hyperraum

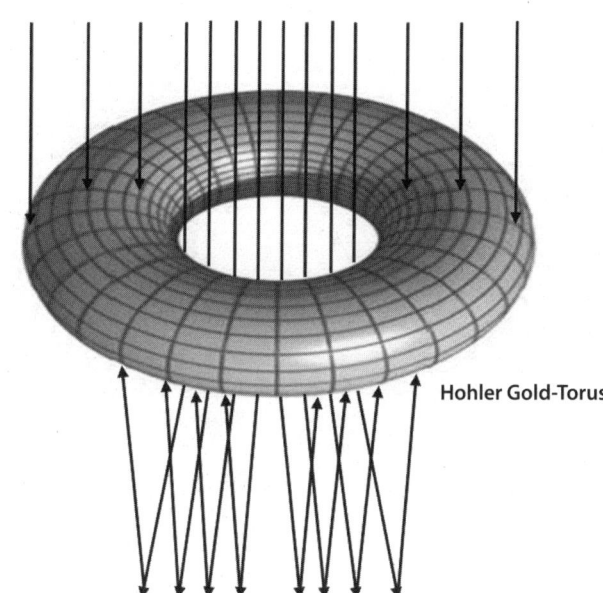

Hohler Gold-Torus

Masse, zum Beispiel Erdoberfläche

Ein Goldtorus kann in einen Flugkörper integriert werden, mit dem Flüge durch Hyperraumbereiche möglich werden. Solche Technologie stand dem Gottesvolk bereits zur Verfügung und ist im Zuge der gewaltsamen Konflikte in der Vergangenheit auf der Erde verlorengegangen.

Nach wie vor unsterbliche Bewohner des Hyperraums, die nicht in die gewaltsamen Auseinandersetzungen auf der Erde karmisch verwickelt waren, können durchaus noch über diese Technologie verfügen und auf diese Weise der Erde einen Besuch abstatten – wenn sie wollen. Vielleicht liegt hier auch die Lösung für so manche ungeklärte Beobachtung von unbekannten Flugobjekten, den Ufos.

Die Nutzung einer solchen Technologie setzt jedoch voraus, dass ihre Benutzer über einen unsterblichen durchlichteten Körper verfügen, denn nur mit einer geordneten Materie, in deren Elektronen die Photonengase den höchsten Ordnungsgrad erreicht haben, kann auch unbelebte Materie auf das erforderliche Ordnungsniveau angehoben werden.

Im goldenen Zeitalter der Zukunft werden die Menschen ihre Goldvorräte nicht mehr in Barren hinter dicken Tresoren horten, sondern sie werden damit eine Technologie begründen, mit der sich alle Energie- und Transportprobleme der Menschheit lösen lassen. Gold wird zum Baumaterial für Dimensionstore, Himmelstore.

Tempel werden zu Himmelstoren, in denen Unsterbliche in Hyperraumbereiche aufsteigen und aus diesen zurückkehren können. Schon in der Bibel wird von Leitern berichtet, auf denen die Engel zwischen Himmel und Erde auf- und absteigen.

Die klassische Form des Monopteros ist eine geeignete Bauform für ein solches Himmelstor. Auf einer kreisförmig angeordneten Säulenreihe ruht ein Goldtorus, der mit einer halbkugelförmigen Kuppel abgedeckt ist. Durch geeignete rituelle Handlungen und Gebete, die unterhalb des Goldtorus zelebriert werden, entsteht durch die Verwirbelung der Eta-Teilchen am Goldtorus ein starker Theta-Wirbel. Die zentrale Öffnung des Goldtorus bildet dann eine Himmelspforte – eine Dimensionspforte zum Hyperraum.

In dem künftigen goldenen Zeitalter können unsterbliche Gotteskinder auch Reisen in ferne Planetensysteme und Galaxien unternehmen. Dabei wird niemand auf die absurde Idee kommen, durch die Weiten der äußeren Raumzeit zu reisen, um Entfernungen von vielen Lichtjahren zurückzulegen. Man nimmt vielmehr eine Abkürzung durch den Hyperraum.

Wie die Urwort-Theorie zeigt, entstehen im Hyperraum durch die Abstoßung der Eta-Teilchen Theta-Wirbel. Viele solcher Verwirbelungen der Eta-Teilchen sind im Hyperraum hintereinander geschachtelt. Die Eta-Teilchen, die von ELI abgestrahlt werden, fließen in Form einer Trompete auseinander. An jedem Punkt des äußeren Randes der Trompete fächern die Eta-Teilchen wieder in einzelne Trompeten auf und so weiter.

Eine Reise durch den Hyperraum kann man sich anschaulich so vorstellen: Angenommen, in jeder größeren Stadt auf Erden steht ein Monopteros, der ein Himmelstor enthält. Wir gehen in den Englischen Garten in München zum Monopteros und tauchen von dort in den Hyperraum ein. Nun kommen wir in einen Raum, von dem viele Türen abzweigen. Auf jeder Tür steht der Name einer deutschen Stadt, und in der Mitte des Raumes ist eine Treppe mit der Aufschrift »Europa«. Gehen wir durch die Tür mit der Aufschrift »Berlin«, so sind wir im nächsten Augenblick in Berlin. Steigen wir aber die Treppe hinauf, auf der »Europa« steht, so kommen wir in einen Raum, von dem wieder viele Türen abzweigen. Auf jeder Tür steht der Name eines europäischen Landes, und in der Mitte des Raumes befindet sich wiederum eine Treppe mit der Aufschrift »Erde«. Gehen wir durch die Tür mit der Aufschrift »Frankreich«, so kommen wir in einen Raum, von dem wieder Türen abzweigen mit den Namen französischer Städte. Gehen wir die Treppe hinauf, auf der »Erde« steht, kommen wir in einen Raum, von dem Türen mit der Aufschrift der Erdteile abzweigen. Wir sind durch die Tür mit der Aufschrift »Europa« in diesen Raum gekommen. So geht das Spielchen immer weiter. Auf der nächsten Ebene können wir uns aussuchen, ob wir zur Venus, zum Mars oder zum Jupiter wollen, und ein paar Räume weiter haben wir dann die Wahl, zum Sonnensystem des Sirius, zum Alpha Centauri, zur Wega oder zum Deneb zu gelangen.

Mit jeder Ebene, die wir höher in den Hyperraum in Richtung ELI hinaufsteigen, können wir – auf die äußere Raumzeit bezogen – in weiter entfernte Regionen abbiegen. Um zu einem Ort zu gelangen, der durch die äußere Raumzeit gemessen etliche Lichtjahre von uns entfernt ist, brauchen wir über den Hyperraum nur eine vergleichsweise kurze Wegstrecke zurückzulegen, um zu diesem entfernten Ort, der auch eine andere Galaxie oder sogar ein anderes Universum ist, zu gelangen.

Diese Eigenschaft des Hyperraums, wonach sich durch eine kleine Reise durch den Hyperraum eine große Reise durch das Universum abkürzen lässt, folgt aus der in der Urwort-Theorie beschriebenen Quantenstruktur des Hyperraums und der anderen Partialstrukturen.

Eine erfolgreiche Wiedereinführung der Hyperraumtechnologie wird auf der persönlichen Kommunikation mit Gott basieren, dem Gott, der sich als der Regent und Gestalter des irdischen Lebensraumes auf der Erde den Menschen offenbart hat. Gott hat den Menschen, denen er sich in unmittelbarer verbaler Kommunikation nähern wollte, immer Ratschläge und Anweisungen gegeben, wie sie ihre Verbindung zu ihm entwickeln und intensivieren können.

Den Israeliten zeigte er, wie sie eine mit Gold ausgekleidete Bundeslade bauen sollten, damit er dort sein gleißendes geistiges Licht einstrahlen konnte. Als die Philister einmal die Bundeslade von den Israeliten erbeuteten und in ihre Stadt brachten, erkrankten viele von ihnen. Manche bekamen heftige beulenartige Ausschläge.

Dies kann damit erklärt werden, dass sie die sehr hohe Frequenz des Strahlungsfeldes der Bundeslade nicht verkrafteten. Sie holten sich einen regelrechten Strahlenkater. Schließlich brachten sie die Bundeslade wieder an die Grenze zu den Israeliten und überließen sie ihnen, denn sie befürchteten, dass ihnen die Bundeslade noch weiteren Fluch bereiten würde. Ein israelitischer Träger der Bundeslade, der die Warnung, die Bundeslade nicht direkt anzufassen, nicht befolgte, fiel wie vom Blitz erschlagen tot um. Er hat den unmittelbaren Kontakt mit dem hochenergetischen Strahlungsfeld nicht verkraftet.

So wird sich ein Mensch, der sich Gott nähern und transparenter und empfänglicher für seine gewaltigen Kräfte werden will, zunächst einem physischen, seelischen und geistigen Reinigungsprozess zu stellen haben – er wird einen Transformationsprozess durchlaufen. Diese Transformation ist erst vollendet, wenn der Mensch erleuchtet und dann schließlich erlöst wird, wenn er also seine physische Unsterblichkeit (wieder-)erlangt hat.

Die Menschen werden diesen Transformationsprozess mit unterschiedlicher Geschwindigkeit durchlaufen, je nachdem, wie intensiv sie sich dieser Transformation in ihrem Leben stellen wollen. Ohne die Artikulation von Entwicklungszielen wird eine Entwicklung auch nicht stattfinden. Es ist eine sportliche Veranstaltung. Wer hier etwas erreichen will, dem empfiehlt es sich, es von ganzem Herzen zu wollen.

Wie in allen Bereichen des menschlichen Fortschritts wird es auch hier Pioniere geben, jene, die den Zustand physischer Unsterblichkeit zuerst für sich persönlich verwirklichen werden. Ihre Gegenwart wird andere inspirieren und anspornen, beleben und heilen. Die Gerechten werden leuchten.

Je mehr Menschen den erlösten Zustand erreicht haben werden, umso leichter wird es für Nachzügler, die einen schwächeren Willen haben und mehr Anschub benötigen. Und so wird das alte, neue Gottesvolk auferstehen, befreit von den Ketten des Todes, und sich allmählich zum Himmel erheben.

Und sie werden die unsterblichen Lande, aufgestiegene Inseln des ewigen Lebens, und jene, die darin wandeln, wiedersehen, und der Himmel wird auf der Erde sein, und die ganze Erde wird im Himmel sein, eine neue Erde, geheilt von ihren Wunden und befreit von allen Schatten. Und das Licht Gottes wird durch sie fluten, durch jeden Körper und jeden Baum, durch jeden Berg und jedes Wasser, durch jeden Stein und jeden Bach, und alle darin werden sich lieben, sie werden lachen und glücklich sein.

$$\Chi \: \Alpha \: \Theta \: \Omega \: \Phi$$
$$\Alpha \: \Phi \: \Eta \: \Chi \: \Omega$$
$$\Theta \: \Eta \: \Alpha \: \Eta \: \Theta$$
$$\Omega \: \Chi \: \Eta \: \Phi \: \Alpha$$
$$\Phi \: \Omega \: \Theta \: \Alpha \: \Chi$$

Ich schaue auf zu Gott als sein Kind, vertraue und spüre seine Liebe in mir. Die ewige und lebendige Flamme seines Geistes brennt in mir und verströmt Glückseligkeit – für immer und ewig.

Nachwort

Zwischen der Welt der Naturwissenschaft und der Welt des Geistes war über Jahrhunderte hinweg eine schier undurchdringliche Mauer errichtet. Eine geistlose Naturwissenschaft, die nichts über die Wirkmechanismen des Geistes in der Materie weiß und auch nicht wissen will, obwohl diese Wirkmechanismen mit jeder unserer willentlichen Handlungen in Erscheinung treten, wird sich lediglich der Erforschung des Unlebendigen zuwenden, um dort erfolgreich zu sein.

So brachte das alte Paradigma des Newtonschen Weltbildes Maschinen und Technik hervor, aber das Geheimnis des Lebendigen blieb ihm verborgen. Menschen und Gesellschaften, die über einen längeren Zeitraum in einem solchen eingeschränkten Weltbild leben, werden krank an Leib, Seele und Geist. Dies zeigen uns die Auswüchse unserer modernen Zivilisation.

Mit der Quantenphysik wurde die harte Mauer der Trennung von Geist und Materie in der Naturwissenschaft schließlich wieder aufgeweicht. Ansätze, die dennoch weiterhin versuchen, den Geist aus der Physik herauszuhalten, werden zu Sackgassen – wie der Flickenteppich des Standardmodells der Elementarteilchenphysik.

Die Geometrisierung von Teilchenstrukturen bringt den Durchbruch, wenn zu ihrer Beschreibung in sinnvoller Weise Transdimensionen eingeführt werden. Experimentelle Befunde drängen die Existenz solcher Transdimensionen geradezu auf. Damit gelingt nicht nur die exakte Berechnung von bisher nur messbaren physikalischen Größen wie Teilchenmassen und Ladungen, was für die Grundlagenphysik einen bedeutenden Fortschritt darstellt, sondern damit lässt sich auch der Geist in all seinen Ausprägungen naturwissenschaftlich verorten und beschreiben.

Die konsequente Ausdeutung experimenteller Befunde und die Quantisierung von Raum und Zeit führen zur Urwort-Theorie, einem Entstehungsmodell des Hyperraums, in dem Gott als Urheber und Quelle alles Seienden in Erscheinung tritt. Auch die Entstehung und die Evolution aller weiteren Daseinsbereiche wie Diesseits und Jenseits sind nun ableitbar aus den quantenphysikalischen Eigenschaften des Hyperraums. Es entstehen Theta-Wirbel – es entstehen Leben und Lebensraum.

Nun können die Entwicklungs- und Steuerungsprozesse des Lebens von den Elementarteilchen bis zu atomaren, molekularen und zellulären Strukturen hin beschrieben und verstanden werden. Bioplasma und Biophotonen – das Licht des Lebens leuchtet in allem, was lebt. Dies führt zur Entwicklung einer neuen Heilkunde – der Quantenmedizin, die den Menschen in seiner Ganzheit von Körper, Seele und Geist aus naturwissenschaftlicher Sicht betrachtet.

Und alles, was lebt, besitzt einen unsterblichen persönlichen Wesenskern, eine unsterbliche Seele – ob mit oder ohne Leib, denn Elektronen sind unsterblich. All die Schicksalskräfte können auf quantenphysikalische Wechselwirkungen und Feldwirkungen zurückgeführt werden. Damit ist auch die Brücke zwischen Naturwissenschaft, Spiritualität und Religion errichtet.

Die Hinwendung zu Gott, durch Gebet, Meditation und Transformation, die Erfahrung der Erleuchtung und Erlösung sind nun keine Themen mehr, die ausschließlich über die traditionellen Formen der Religionen und Weisheitslehren zugänglich sind, sondern sie erschließen sich dem Menschen nun auch über eine naturwissenschaftliche Betrachtung. Das ist die große Chance für jeden Menschen in unserer Zeit – egal in welcher weltanschaulichen Tradition er beheimatet ist.

Bei den großen Umwälzungen, auf die sich die Menschheit zubewegt, werden diese neuen Erkenntnisse sich als sehr hilfreich erweisen, um die Transformation sowohl auf individueller als auch auf gesellschaftlicher Ebene voranzubringen.

Anhang

Glossar

Absorption

Die Aufnahme bzw. der Empfang eines →Quants durch ein anderes Quant. Z. B. kann ein →Elektron ein →Photon absorbieren. Dabei gehen die Energie und der →Spin des Photons auf das Elektron über (siehe auch →Emission).

Angeregter Zustand

Ein Zustand mit höherer Energie als der →Grundzustand. In einem →Atom spricht man von einem angeregten Zustand, wenn ein oder mehrere →Elektronen in der Atomhülle auf einem höheren Orbital um den Atomkern kreisen. Atome können z. B. durch →Absorption von →Photonen angeregt werden.

Antiteilchen

In der Elementarteilchenphysik wurde erkannt, dass zu jedem Teilchen auch ein Antiteilchen gehört. Das Antiteilchen hat dann inverse Eigenschaften wie das Teilchen. Z. B. ist das →Positron das Antiteilchen des →Elektrons. Elektronen haben eine negative elektrische →Ladung, Positronen hingegen eine positive elektrische Ladung.

Atom

Die in der Natur vorkommende gewöhnliche Materie, aus der alles besteht, was wir sehen und anfassen können, ist aus 92 verschiedenen chemischen Elementen – von Wasserstoff bis Uran – aufgebaut. Die kleinsten Bausteine der chemischen Elemente mit gleichen chemischen Eigenschaften sind die Atome.

Der Begriff des Atoms kommt vom griechischen *atomos* (»unteilbar«). Allerdings sind Atome tatsächlich nicht unteilbar, sondern wiederum aus weiteren Teilen bzw. Teilchen aufgebaut.

Jedes Atom hat einen Atomkern aus →Protonen und →Neutronen und eine Atomhülle aus →Elektronen. Atome unterscheiden sich nur in der Anzahl der Protonen und Neutronen im Atomkern und in der Anzahl der Elektronen in der Atomhülle.

Ausschließungsprinzip von Pauli

Für →Fermionen im gleichen Quantenzustand ist es nicht möglich, zur gleichen Zeit am gleichen Ort zu sein. Dieses Verhalten ist als Ausschließungsprinzip, Pauli-Abstoßung oder Pauli-Verbot bekannt (nach dem österreichischen Physiker Wolfgang Pauli). Es führt zur Abstoßung der beiden Fermionen voneinander.

Bioplasma

In der Biophysik wird die in einem biologischen Organismus gespeicherte elektromagnetische Energie als Bioplasma bezeichnet. Dabei können sich einzelne →Elektronen von den →Atomen lösen, und es entsteht so ein Gemisch von freien elektrisch negativ geladenen Elektronen und elektrisch positiv geladenen Restatomen.

Allgemein versteht man in der Physik unter einem Plasma ein Gas, dessen Moleküle oder Atome zum Teil in Elektronen und geladene Restatome aufgespalten sind. Ein Plasma stellt daher einen angeregten Zustand dar, in dem mehr Energie vorhanden ist als in gewöhnlicher Materie.

Bosonen

In der Quantenphysik werden →Quanten mit ganzzahligem →Spin als Bosonen bezeichnet (nach dem indischen Physiker Satyendranath Bose). Z. B. sind die als →Photonen bezeichneten Quanten der elektromagnetischen Strahlung Bosonen. Bosonen haben die Eigenschaft, dass sich viele von ihnen am gleichen Ort zur gleichen Zeit aufhalten können (siehe auch →Fermionen, →Spin).

Chi

In der Urwort-Theorie werden radialsymmetrische Strukturflüsse als Chi bezeichnet. (siehe auch →Phi).
Sie lassen sich durch Kombination von →Eta-Teilchen bilden.

Dimension

In der Physik wird als Dimension im Allgemeinen eine Richtung im →Raum verstanden, die endlich oder unendlich ausgedehnt ist. Eine endlich große Fläche ist z. B. zweidimensional und hat als Richtungen Länge und Breite. Ein endlicher Raum ist dreidimensional und hat als Richtungen Länge, Breite und Höhe. In der Relativitätstheorie wird auch die Zeit als Dimension aufgefasst, wobei in der Zeit aber keine Bewegungsfreiheit herrscht. Wir sind immer in der Gegenwart, und die Zeit »vergeht«. Mathematisch kann man die Welt, in der wir leben, also als vierdimensionalen »Raum« auffassen. In der Relativitätstheorie ist dies das vierdimensionale Raum-Zeit-Kontinuum. Zur Beschreibung von Teilcheneigenschaften werden in allen vorliegenden Modellen und Theorien der modernen Physik weitere Dimensionen eingeführt.

DNS

Die DNS (Desoxyribonukleinsäure) ist ein sehr großes Molekül und in jeder biologischen Zelle vorhanden. Sie besteht aus zwei zopfartig verdrillten Strängen, die durch vier verschiedene Molekülbrücken, den Nukleinbasen, miteinander verbunden sind. Die DNS ist der Träger der Erbinformation, denn über die Molekülbrücken bzw. deren Abfolge ist die Erbinformation codiert. Eine biologische Zelle kann sich mit Hilfe der DNS reproduzieren und während ihres Lebens aus DNS-Sequenzen die unterschiedlichsten molekularen Zellbausteine, z. B. Proteine, herstellen.
Biophysikalische Bedeutung hat die DNS auch als ideale Sende- und Empfangsantenne und Speicher für elektromagnetische Strahlung.

Dunkle Energie

In der Astrophysik ist die dunkle Energie die Bezeichnung für die →Quanten, die nicht über die elektromagnetische Wechselwirkung beobachtet werden können. Aktuelle Schätzungen gehen davon aus, dass die gewöhnliche Materie – also →Atome – nur etwa 4 % der Gesamtenergie des Universums ausmacht. Die restlichen 96 % sind dunkle Energie bzw. →dunkle Materie.

Dunkle Materie

Die dunkle Materie ist ein Teil der →dunklen Energie und trägt zur Gesamtmasse des Universums bei. Das Vorhandensein von dunkler Materie muss angenommen werden, da sonst die Bewegungen großer astronomischer Systeme wie Galaxien und Galaxienhaufen nicht erklärt werden könnten. Die gewöhnliche Materie, die aus →Atomen besteht und über elektromagnetische Strahlung beobachtet werden kann, bildet nur einen kleinen Teil der Gesamtmasse des Universums.
Bezüglich der physikalischen Natur und Beschaffenheit der dunklen Materie und dunklen Energie tappt die Mainstream-Physik buchstäblich im Dunkeln. Die in diesem Buch vorgestellte Urwort-Theorie liefert Modelle zur Beschreibung dieser dunklen Materie und Energie (siehe auch →Eta-Teilchen, →Raumstrukturquanten).

Einstein-Podolski-Rosen-Paradoxon

Dies bezeichnet das beobachtbare Verhalten von verschränkten →Quanten. Zwei verschränkte →Photonen, die auseinanderfliegen, zeigen gleichartiges Verhalten, z. B. in Bezug auf ihre Polarisation, also ihre Schwingungsrichtung. Erst durch eine Messung wird z. B. der Quantenzustand eines →Photons bekannt und festgelegt. Das andere Photon nimmt dann gleichzeitig den gleichen Quantenzustand ein. Die Photonen scheinen irgendwie untereinander mitzubekommen, welchen Zustand das jeweils andere Teilchen eingenommen hat.

In einer vierdimensionalen Welt ist dieses Verhalten von verschränkten Quanten nicht erklärbar, daher handelt es sich um ein Paradoxon.

In einer streng logischen Betrachtung kann gezeigt werden, dass zur Lösung dieses Paradoxons angenommen werden muss, dass es einen mehrdimensionalen →Hyperraum gibt, in den unser Universum eingebettet ist.

Elektrische Elementarladung

Die elektrische →Ladung kann nicht in beliebigen Portionen auftreten, sondern es gibt eine elementare Ladungsmenge, die durch die elektrische Ladung des →Elektrons definiert wird. Die elektrische Ladung des Elektrons *ist* die elektrische Elementarladung (siehe auch →Ladung).

Elektrisches Feld

Eine elektrische →Ladung erzeugt um sich herum radialsymmetrische elektrische Kraftfelder. Diese Kraftfelder vermitteln die elektrische Anziehung zwischen positiven und negativen Ladungen oder die Abstoßung zwischen gleichpoligen (negativ-negativ, positiv-positiv) Ladungen. In der modernen Quantenphysik wurde der Feldbegriff ersetzt durch den Austausch von Wechselwirkungsquanten, welche die Anziehung oder Abstoßung zwischen den beiden Ladungen vermitteln.

Elektromagnetische Wellen

Intensitätsschwankungen von elektrischen und magnetischen Feldern breiten sich mit →Lichtgeschwindigkeit wellenförmig aus – die elektromagnetischen Wellen. Auf diese Weise wird Energie transportiert. Sichtbares Licht gehört auch zu den elektromagnetischen Wellen, ebenso wie die langwelligere Infrarotstrahlung, Mikrowellen, Kurz-, Mittel- und Langwellen. Zu den elektromagnetischen Wellen mit kürzerer Wellenlänge als der des sichtbaren Lichts gehören die ultraviolette Strahlung, die Röntgen- und die Gamma-Strahlung.

Max Planck zeigte, dass die von elektromagnetischen Wellen transportierte Energie quantisiert ist. Die →Quanten der elektro-

magnetischen Strahlung sind
die →Photonen.

Je kürzer die Wellenlänge der
elektromagnetischen Strahlung
ist, umso energiereicher sind die
entsprechenden Photonen.

Elektron

Das Elektron ist das erste →Ele-
mentarteilchen, das entdeckt
wurde. In den Theorien der Mainstream-Physik ist das Elektron
ein strukturloses punkt- oder
strichförmiges Teilchen mit messbaren Eigenschaften. Es hat eine
negative elektrische →Ladung
und eine →Masse, einen →Spin
und ein magnetisches Moment.
Das →Antiteilchen des Elektrons
ist das →Positron. Es hat eine
positive elektrische Ladung und
ebenfalls Masse, Spin und magnetisches Moment.

Elektronen und Positronen können →Photonen abstrahlen und
empfangen. Sie sind also die
Sender und Empfänger von
elektromagnetischer Strahlung
(siehe auch →Absorption und
→Emission).

In der komplexen Relativitätstheorie wird das Elektron als
achtdimensionales Teilchen
beschrieben. Dadurch werden
seine messbaren Eigenschaften
auf seine geometrische Struktur
zurückgeführt. Außerdem zeigt
die Charonsche Theorie, dass
das Elektron daher Eigenschaften hat, mit denen sich der
geistige Aspekt der Natur –

z. B. das menschliche Bewusstsein – beschreiben lässt.

Eine andere Theorie, die die Geometrisierung von Teilchenstrukturen durch Einführung weiterer
Dimensionen ermöglicht, ist die
Quantenfeldtheorie von Burkhard Heim. In der Urwort-Theorie
wird das Elektron als →Theta-
Wirbel beschrieben, wodurch
auch die Absorption und die
Emission von Photonen
beschrieben werden können.

Elementarteilchen

Die Materie – insbesondere ein
→Atom – ist aus Elementarteilchen zusammengesetzt. Zu den
stabilen Elementarteilchen gehören das →Proton, das →Neu-
tron und das →Elektron, aus
denen alle Atome aufgebaut
sind. Protonen und Neutronen
sind wiederum aus →Quarks
aufgebaut, und Charon zeigte,
dass Quarks wiederum aus
→Elektronen und →Positronen
zusammengesetzt sind.

Zu den Elementarteilchen zählen
auch die →Neutrinos, die in
großer Zahl bei Kernfusionsreak-
tionen im Inneren von Sternen
entstehen, und viele instabile
Teilchen, die nur eine geringe
Lebensdauer haben und letztlich immer in stabile Elementarteilchen zerfallen.

ELI

In der Urwort-Theorie eine
Bezeichnung für Gott: Energie,

Liebe und Information.
Die Urwort-Theorie zeigt, dass alle Energie und Materie im Universum aus ELI hervorgegangen ist. Zunächst entstand aus ELI der →Hyperraum, und aus diesem entwickelten sich aus →Theta-Wirbeln alle →Partialstrukturen, also das →Diesseits, das →Jenseits und die inneren →Raumzeiten der →Leptonen.

Emission
Ein anderes Wort für Abstrahlung. Ein Elektron kann ein Lichtteilchen – ein →Photon – emittieren.

Entladung
Treten zwei ungleichnamige Ladungskonzentrationen (positiv und negativ) auf, so kommt es zu einer Entladung, bei der sich die Ladungspotenziale ausgleichen. Elektrischer Strom ist daher ein Entladungsprozess. Auch die elektrische Ladung einer Gewitterwolke gegenüber dem Erdboden wird in Form von Gasentladungen – den Blitzen – ausgeglichen.

Entropie
In der Physik ist die Entropie ein Maß für die Unordnung. In der äußeren Raumzeit verlaufen physikalische Prozesse normalerweise immer mit einer Entropieerhöhung, z. B. zerfließt eine auf einen kleinen Raumbereich gebündelte Wärmemenge (heiße Tasse Kaffee kühlt ab) und ver-

teilt sich im umgebenden Raum, bis ein Temperaturgleichgewicht hergestellt ist (siehe auch →Negentropie).

Essenzelektronen
Eine Modellvorstellung für die →Seele eines biologischen Lebewesens. Es sind jene Elektronen (und Positronen), zwischen denen der größte organisatorische Zusammenhalt innerhalb eines biologischen Organismus besteht. Zwischen den Essenzelektronen werden Photonen mit höherer →Frequenz ausgetauscht als zwischen Elektronen in gewöhnlicher anorganischer Materie. Es kann angenommen werden, dass die Essenzelektronen nach dem physischen Tod eines Organismus zusammenbleiben und alle gemeinsamen Lichtmuster, also die Gedächtnisinhalte und den Bewusstsein tragenden Persönlichkeitskern eines Individuums, transportieren. Sie können den Kristallisationskeim für die morphogenetische Entwicklung eines neuen biologischen Organismus bilden, wodurch sie nicht nur ein Modell für die Seele, sondern auch eine Beschreibungsmöglichkeit für die Wiederverkörperung bzw. Reinkarnation darstellen.

Eta-Teilchen
In der Urwort-Theorie sind es die elementarsten Teilchen überhaupt. Eta-Teilchen werden von

→ELI in alle Richtungen des vierdimensionalen →Hyperraums abgestrahlt und bilden in der Folge die →Raumstrukturquanten, die Strukturflüsse →Chi und →Phi sowie die →Theta-Wirbel, aus denen sich die verschiedenen →Partialstrukturen bilden. Im Universum lassen sich freie Eta-Teilchen auch als →Neutrinos interpretieren.

Expansion

Ein anderes Wort für Ausdehnung. In der Astrophysik beobachtet man eine Expansion des Universums – also eine Volumenzunahme. In der Mainstream-Physik wird die Expansion des Universums durch den Urknall – eine gigantische Explosion zu Beginn der Expansion – erklärt.

In der Quantenfeldtheorie Burkhard Heims wird die Expansion des Universums durch stetige Zunahme von →Metronen erklärt und in der in diesem Buch erstmals vorgestellten Urwort-Theorie durch stetige Zunahme von →Raumstrukturquanten, die aus dem →Hyperraum kommen und über →Theta-Wirbel in unser Universum – die äußere Raumzeit – einstrahlen.

Feldemission

Wenn ein lokales elektrisches Feld eine bestimmte Feldstärke erreicht, durch eine starke elektrische Spannung, können →Elektronen aus ihrer Bindung

an einen Festkörper befreit werden und aus diesem austreten.

Fermionen

In der Quantenphysik werden →Quanten mit halbzahligem Spin als Fermionen bezeichnet (nach dem italienischen Physiker Enrico Fermi). Z. B. gehören die →Elektronen zu den Fermionen. Sie haben die Eigenschaft, dass sich mehrere von ihnen im gleichen Quantenzustand nicht zur gleichen Zeit am gleichen Ort aufhalten können (siehe auch →Bosonen, →Spin). Diese Eigenschaft hat zur Folge, dass bestimmte Quantenzustände in einem →Atom nur jeweils von einem Elektron besetzt werden können. Erreicht die Dichte von Fermionen im gleichen Quantenzustand einen kritischen Wert, so kommt es zur Abstoßung der Fermionen untereinander (siehe auch →Ausschließungsprinzip von Pauli).

Graviton

Ein hypothetisches Teilchen, das die gravitative Anziehung zwischen →Massen (Schwerkraft) vermitteln soll. Analog zu den anderen Wechselwirkungen, bei denen die Wechselwirkungskräfte auch durch Teilchen vermittelt werden, wird das Vorhandensein von Gravitonen für die Gravitations-Wechselwirkung angenommen. Die Urwort-Theorie hingegen zeigt, dass die Gravitation nicht durch Kräfte zwischen den Massen hervorgerufen wird, sondern durch den Strahlungsdruck von →Eta-Teilchen, die aus dem →Hyperraum auf alle Massen im Universum zuströmen und dadurch eine Druckgravitation bewirken.

Gravitation

Ein anderes Wort für Schwerkraft. Zwischen zwei →Massen kann eine Anziehungskraft gemessen werden, welche die beiden Massen aufeinander zu bewegt. Dies wurde erstmals für den speziellen Fall der Erdanziehung durch Galileis Fallgesetz und für den allgemeinen Fall durch Newtons Gravitationsgesetz mathematisch formuliert. Einstein zeigte dann in seiner allgemeinen Relativitätstheorie, dass eine Masse den sie umgebenden →Raum krümmt.
In der Mainstream-Physik gibt es bisher keine quantisierte Theorie für die Gravitation. In der Urwort-Theorie wird die Gravitation durch elastische und inelastische Stoßprozesse von →Eta-Teilchen mit Materieteilchen beschrieben (siehe auch →Graviton).

Gravitationskonstante

Im Newtonschen Gravitationsgesetz tritt erstmals die Gravitationskonstante auf. Die Schwerkraft, die zwischen zwei Massen mit bestimmtem Abstand wirkt,

lässt sich mit der Gravitationskonstante berechnen.

Grundzustand

Ein Quantensystem – z. B. ein →Atom – befindet sich vorzugsweise im Grundzustand. Dies ist der energetisch niedrigste Zustand, den das Quantensystem einnehmen kann. Durch Zufuhr von Energie kann ein Quantensystem in einen angeregten →Zustand überführt werden. Angeregte Zustände werden für gewöhnlich nur für kurze Zeit eingenommen. Danach kehrt das Quantensystem durch →Emission von Energie wieder in den Grundzustand zurück.

Hyperraum

Zur Lösung des →Einstein-Podolski-Rosen-Paradoxons ist die Annahme der Existenz eines Hyperraums erforderlich. Aus der Charonschen komplexen Relativitätstheorie und aus der erweiterten Heimschen Quantenfeldtheorie lässt sich herleiten, dass dieser Hyperraum vierdimensional ist.
In der Urwort-Theorie wird gezeigt, dass der hochsymmetrische Hyperraum aus →ELI hervorgegangen ist und alle anderen →Partialstrukturen aus dem Hyperraum hervorgehen.

Ionisation

Werden aus einem Atom ein oder mehrere Elektronen entfernt, so ist das Atom ionisiert. Es ist dann ein Ion – ein elektrisch geladenes Teilchen. Zur Ionisation eines Atoms muss von außen mindestens so viel Energie zugeführt werden, wie der Bindungsenergie eines Elektrons im Atom entspricht.

Kohärenz
Wellen gleicher Wellenlänge, die sich phasengetreu überlagern, nennt man kohärent – Wellenberg auf Wellenberg und Wellental auf Wellental. Das Gegenteil von Kohärenz ist Inkohärenz. Dabei überlagern sich Wellen gleicher Wellenlänge nicht phasengetreu.

Kristallgitter
Die regelmäßige Anordnung von Atomen oder Atomgruppen in einem Festkörper wird als Kristallgitter bezeichnet.

Ladung
Eine Eigenschaft der geladenen →Leptonen ist die elektrische Ladung. Sie tritt polar auf – elektrisch positiv und elektrisch negativ. In der Mainstream-Physik gibt es kein Modell zur Erklärung der elektrischen Ladung.
In der komplexen Relativitätstheorie wird die elektrische Ladung des Elektrons durch das in der inneren Raumzeit vorhandene Photonengas beschrieben. Dadurch ist es möglich, auch die elektrostatische Wechselwirkung zwischen zwei geladenen Teilchen zu beschreiben.

Leptonen
Eine Klasse von Elementarteilchen mit geringer →Masse bzw. keiner Masse. Zu den stabilen Leptonen gehören das →Elektron, das →Positron und das →Neutrino.

Lichtgeschwindigkeit
Die Lichtgeschwindigkeit ist die Ausbreitungsgeschwindigkeit von elektromagnetischen Wellen und damit auch von Licht. Nach Einsteins Relativitätstheorie ist die Lichtgeschwindigkeit die prinzipiell größte Geschwindigkeit, mit der sich Energie und Information in unserem Universum ausbreiten kann. Die Lichtgeschwindigkeit beträgt ca. 300 000 km/sec.

Lichtmuster
Nach der komplexen Relativitätstheorie Charons kann das Photonengas im Inneren des →Elektrons und des →Positrons verschiedene Anordnungen einnehmen. Jedes Erlebnis, z. B. der Zusammenstoß mit einem anderen Teilchen, wird in dem Photonengas in Form einer bestimmten Anordnung der Photonen – einem Lichtmuster – abgespeichert. Damit verfügt ein Elektron über ein individuelles Teilchengedächtnis.

Makroskopisch

Dieser Begriff wird hier im Sinne von »sehr groß« verwendet, die Abmessungen von Gegenständen des täglichen Lebens betreffend – im Gegensatz zu →mikroskopisch, »sehr klein«.

Magnetfeld

Eine elektrische →Ladung, die sich bewegt, erzeugt senkrecht zu ihrer Bewegungsrichtung ein Magnetfeld. Auch rotierende Ladungen erzeugen ein Magnetfeld. Aus diesem Grund haben geladene Teilchen wegen ihres →Spins ein magnetisches Moment.

Mainstream-Physik

Die von der Mehrzahl der Physiker vertretenen Theorien und Modelle zur Beschreibung der wahrnehmbaren und messtechnisch zugänglichen Welt. Aktuell wird Forschungsförderung und Veröffentlichung in anerkannten Fachzeitschriften nur solchen Theorien und Modellen gewährt, die zuvor von Vertretern der Mainstream-Physik als förder- und veröffentlichungswürdig erachtet worden sind.

Dies führt zwangsläufig zu einer Einengung und Einschränkung der freien Forschung und Lehre, wodurch nur solche theoretischen Ansätze weiterverfolgt werden, die von den Befürwortern der vorherrschenden Modelle akzeptiert werden.

Neue Ansätze zur Theoriebildung und Modelle zur Beschreibung von physikalischen Systemen wie zum Beispiel der Elementarteilchen können daher meist nur außerhalb des normalen Wissenschaftsbetriebs weiterverfolgt werden – also in Form der Privatforschung einzelner Wissenschaftler, insbesondere nicht an öffentlichen Forschungsinstituten und Hochschulen.

Masse

Kernteilchen wie das →Proton und das →Neutron haben eine etwa gleich große Masse. Die Masse eines →Elektrons beträgt nur etwa ein Zweitausendstel der Masse eines Protons oder Neutrons.

Die Mainstream-Physik kann nicht erklären, warum bestimmte Teilchen eine Masse haben und andere nicht und warum die Massen von Teilchen einen bestimmten Betrag haben.

Die Charonsche komplexe Relativitätstheorie und die Heimsche Quantenfeldtheorie sind in der Lage, die Massen der Teilchen zu berechnen, und zwar nur unter Verwendung der →Naturkonstanten. Dies liegt daran, dass in diesen beiden Theorien durch die Einführung von →Transdimensionen die geometrische Struktur der Teilchen beschrieben wird.

Ganz konkret wird in der komplexen Relativitätstheorie die

Masse eines Teilchens auf die →Raumkrümmung in seiner Umgebung zurückgeführt – in logischer Konsequenz zu den Ergebnissen der Einsteinschen allgemeinen Relativitätstheorie.

Materie

Die Materie, aus der wir biologischen Lebewesen und alle anderen Gegenstände aufgebaut sind, besteht aus →Atomen, und Atome sind aus →Protonen, →Neutronen und →Elektronen aufgebaut.

Prinzipiell besteht auch die Möglichkeit für die Existenz von Antimaterie, die aus den →Antiteilchen Antiproton, Antineutron und →Positronen aufgebaut ist. Solche Antimaterie wird jedoch nicht in unserem Universum beobachtet, was in der Physik als Symmetriebruch bezeichnet wird.

Metronen

In der Quantenfeldtheorie Burkhard Heims ist ein Metron eine kleinste elementare Fläche von der Größe des Quadrats der →Plancklänge. Nach Heim sind alle raumzeitlichen Strukturen durch diese Metronen quantisiert, also auch unser Universum einschließlich der Zeit.

Mikroskopisch

Dieser Begriff wird hier im Sinne von »sehr klein« verwendet, die Abmessungen von →Elementarteilchen und atomaren Strukturen betreffend.

Moleküle

→Atome können durch Überlappung ihrer Elektronenhüllen Verbindungen eingehen. Dadurch entstehen Moleküle. Die einfachsten Moleküle bestehen aus zwei Atomen.

Die komplexesten Moleküle, die in biologischen Strukturen bekannt sind, bestehen aus vielen Millionen Atomen, z. B. die →DNS.

Morphogenetische Felder

Nach einer Hypothese des englischen Biologen Rupert Sheldrake existieren in biologischen Organismen und über ihre physische Begrenzung hinaus morphogenetische Felder, die nicht nur die Formgestaltung von biologischen Organismen bestimmen, sondern auch als mentale Felder das Verhalten einzelner Spezies einer Art auf andere Spezies der gleichen Art übertragen können.

Die Erkenntnisse der modernen Biophysik legen nahe, dass es sich bei den von Sheldrake postulierten morphogenetischen Feldern um elektromagnetische Felder handelt, da elektromagnetische Felder auch biochemische und bewusstseinsrelevante Prozesse von Organismen steuern.

Naturkonstanten

Zu den wichtigsten Naturkonstanten gehören die →Lichtgeschwindigkeit, die →Gravitationskonstante, die →Planckkonstante und die elektrische Elementarladung. Wie »konstant« im zeitlichen Sinne die Naturkonstanten tatsächlich sind, ist noch nicht abschließend geklärt.

Negentropie

Das Gegenteil von →Entropie. Negentropie beobachtet man in biologischen Strukturen. Dort wirkt ein Ordnungssog, der dazu führt, dass biologische Systeme – anders als unbelebte Materie – vorzugsweise einen thermischen Ungleichgewichtszustand einnehmen. Negentropische Eigenschaften in elementarer Form findet man in der metrischen Struktur der inneren →Raumzeiten von →Elektronen und →Positronen vor. Charon benutzte den Begriff Negentropie, Heim sprach von negativer Entropie, was das Gleiche meint.

Neutrino

Ein sehr kleines, nahezu masseloses Teilchen, das außer Energie nur →Spin besitzt und sich annähernd mit →Lichtgeschwindigkeit bewegt. Neutrinos entstehen in großer Zahl bei Kernfusionsprozessen im Inneren von Sternen. Sie wechselwirken nur sehr schwach mit gewöhnlicher Materie in Form von →Atomen

und durchdringen daher fast ungehindert die Erde.
In der Urwort-Theorie bilden die Neutrinos einen Teil des Energiespektrums der →Eta-Teilchen.

Neutron

Jeder Atomkern ist aus →Protonen und Neutronen aufgebaut. Neutronen haben etwa die gleiche →Masse wie Protonen, sind jedoch elektrisch neutral. Neutronen besitzen allerdings ein magnetisches →Moment, was auf das Vorhandensein von inneren elektrischen Ladungskomponenten im Neutron hinweist. In den Sechzigerjahren wurde entdeckt, dass sich Neutronen und Protonen aus den elektrisch geladenen →Quarks zusammensetzen.

Partialstruktur

In der Heimschen Quantenfeldtheorie bezeichnet der Begriff Partialstruktur diejenigen →Dimensionen, über die sich ein zyklischer Strukturfluss, z. B. der eines Teilchens, erstreckt. Darüber hinaus können auch die Teilräume →Hyperraum, →Diesseits und →Jenseits, als Partialstrukturen eines zwölfdimensionalen Gesamtraums aufgefasst werden.

Phi

In der Urwort-Theorie werden zirkulare – im Allgemeinen in sich geschlossene – Strukturflüsse als Phi bezeichnet (siehe auch →Chi). Sie lassen sich durch Kombination von →Eta-Teilchen bilden.

Photon

Die →Quanten der elektromagnetischen Strahlung werden als Photonen bezeichnet. Je höher die Frequenz bzw. je kleiner die Wellenlänge der Strahlung ist, umso größer ist die von dem →Photon transportierte Energie. Photonen transportieren Energie und →Spin.

Die →Absorption und →Emission von Photonen erfolgt insbesondere durch →Elektronen.

Planckkonstante

Max Planck entdeckte, dass elektromagnetische Strahlung nur in bestimmten kleinsten Energieportionen transportiert werden kann. Dabei hängt diese Energieportion nur von der Frequenz f der Strahlung ab. Der Proportionalitätsfaktor h in der einfachen Formel

$E = h \cdot f$ ist die Planckkonstante.

Plancklänge

Die Plancklänge ist die kleinste Länge, für die der Begriff der Länge noch einen Sinn macht. Aus der Heisenbergschen Unschärferelation lässt sich die Plancklänge herleiten. Sie beträgt ca. 10^{-35} Meter (eine Eins geteilt durch eine Eins mit 35 Nullen).

Planckmasse

Die Planckmasse definiert den Betrag einer →Masse, deren →Schwarzschildradius gleich der →Plancklänge ist. Die Planckmasse berechnet sich zu ca. 22 Mikrogramm.

Positron

Das Positron ist das Antiteilchen des →Elektrons. In den Theorien der Mainstream-Physik ist das Positron ein strukturloses punkt- oder strichförmiges Teilchen mit messbaren Eigenschaften. Es hat eine positive elektrische →Ladung und eine →Masse, einen →Spin und ein →magnetisches Moment.

Elektronen und Positronen können →Photonen abstrahlen und empfangen. Sie sind also die Sender und Empfänger von elektromagnetischer Strahlung (siehe auch →Absorption und →Emission).

Wie das Elektron wird auch das Positron in der komplexen Relativitätstheorie als achtdimensionales Teilchen beschrieben. Dadurch werden seine messbaren Eigenschaften auf seine geometrische Struktur zurückgeführt.

Proton

Jeder Atomkern ist aus Protonen und →Neutronen aufgebaut. Protonen haben etwa die gleiche →Masse wie Neutronen, sind jedoch elektrisch positiv geladen und besitzen ein magnetisches Moment. In den Sechzigerjahren wurde entdeckt, dass sich Neutronen und Protonen aus den elektrisch geladenen →Quarks zusammensetzen.

Quanten

Im →mikroskopischen Bereich der →Elementarteilchen und →Atome sind alle Strukturen quantisiert. Energie kann nur in bestimmten Portionen – den Quanten – übertragen werden. Max Planck entdeckte, dass die Energie, die von →elektromagnetischen Wellen transportiert wird, in kleinste, nicht weiter unterteilbare Portionen aufgeteilt ist. Für die Quanten des Lichts bzw. der elektromagnetischen Strahlung hat sich der Begriff der →Photonen etabliert. Grundsätzlich müssen alle Elementarteilchen als Quanten bzw. Quantensysteme betrachtet werden. Quanten zeigen ein sehr merkwürdiges Verhalten. Sie können sowohl als Wellen und auch als Teilchen betrachtet werden. In der Quantenphysik ist es von der Art der Beobachtung bzw. des Experiments abhängig, ob ein Quant sich wie ein Teilchen oder wie eine Welle verhält.

Quarks

In den Sechzigerjahren entdeckten die Elementarteilchenphysiker, dass die Kernteilchen →Proton und →Neutron wiederum aus je drei anderen Teilchen zusammengesetzt sind – den sogenannten Quarks. In der Mainstream-Physik bilden die Quarks eine eigene Gattung von Teilchen, deren weiterer innerer Aufbau unbekannt ist. Charon zeigt in seiner komplexen Relativitätstheorie, dass diese Quarks wiederum aus Gruppen von →Elektronen und →Positronen aufgebaut sind. Er kann damit auch zeigen, warum Quarks die gemessenen elektrischen →Ladungen besitzen.

Raum

In unserer Alltagswelt hat ein Raum drei →Dimensionen, deren Ausdehnung durch Länge, Breite und Höhe gegeben ist. In der Mathematik und auch in der Physik wird der Raumbegriff verallgemeinert. Es können auch Räume mit mehr als drei Dimensionen mathematisch konstruiert werden, z. B. hat der →Hyperraum vier Dimensionen.
Man unterscheidet glatte und gekrümmte Räume. In einem glatten Raum ist die kürzeste Verbindung zwischen zwei Punkten eine Gerade – wie bei einer glatten Fläche. In einem gekrümmten Raum ist die kürzeste Verbindung im Allgemeinen eine Kurve, wie bei einer gekrümmten Fläche – z. B. einer Kugeloberfläche.
Gekrümmte Räume spielen in

der modernen Physik eine wichtige Rolle – insbesondere in der allgemeinen Relativitätstheorie.

Raumkrümmung

Die Raumkrümmung gibt an, wie stark ein →Raum gekrümmt ist. Nach der allgemeinen Relativitätstheorie hängt die Stärke der Raumkrümmung in einem Raumbereich von der Größe der →Massen ab, die sich in dem Raumbereich befinden.

Raumstrukturquanten

In der Urwort-Theorie bauen Raumstrukturquanten Räume auf. Sie werden aus →Eta-Teilchen mit entgegengesetzt großer Bewegungsrichtung und →Spin gebildet. Solche Paare aus fermionischen Eta-Teilchen verhalten sich wie →Bosonen. Sie dulden also die Anwesenheit weiterer Energiedichten. Dadurch können sich andere Quanten ungehindert durch den Raum ausbreiten (siehe auch →Bosonen und →Fermionen).

Raumtaschen

In der Urwort-Theorie können sich Raumtaschen durch inelastische Streuung an stark gekrümmten Raumbereichen (Teilchen mit →Masse) bilden. Dabei werden ein oder mehrere Raumstrukturquanten an der Verbindungsstelle zweier regulärer Raumstrukturquanten weggefaltet.

Raumtaschen bilden die →dunkle Materie und tragen daher in erheblichem Maße zur Gesamtmasse des Universums bei. Raumtaschen sind instabil. Sie können in die reguläre Raumstruktur integriert werden, was zur →Expansion des Raumes beiträgt, oder unter bestimmten Voraussetzungen zerstrahlen sie bei Kollision mit einer anderen Raumtasche zu Gamma-Strahlung (siehe auch →dunkle Materie).

Raumzeit

In der allgemeinen Relativitätstheorie werden die drei Raumdimensionen und die Zeit zu einem vierdimensionalen Raum-Zeit-Kontinuum zusammengefasst. In moderneren Quantenfeldtheorien wie der Theorie von Burkhard Heim oder der hier vorgestellten Urwort-Theorie wird die raumzeitliche Struktur quantisiert, was zu kleinsten Flächen, den sogenannten →Metronen, oder zu kleinsten Strecken, den sogenannten →Raumstrukturquanten, führt (siehe auch →Plancklänge).

Resonanz

Zwei Systeme sind in Resonanz, wenn sie auf gleicher Frequenz bzw. Energie senden und empfangen, wie z. B. ein Radiogerät, das auf den Empfang eines bestimmten Radiosenders eingestellt ist.

Resonanzphänomene spielen in vielen Bereichen der Physik eine große Rolle.

Schwarzes Loch

Ein schwarzes Loch stellt eine →Masse von extremer Dichte dar, die die Raumstruktur in ihrer Umgebung so stark krümmt, dass sich ein Teil dieser Raumstruktur aus der Umgebung herauskrümmt. Weder Materie noch Strahlung können aus dem schwarzen Loch entweichen. Es ist daher dunkel und macht sich nur durch seine gravitative Wirkung auf seine Umgebung bemerkbar.

Die theoretische Möglichkeit der Existenz von schwarzen Löchern wurde aus der allgemeinen Relativitätstheorie gefolgert. Schließlich wurden in den letzten Jahrzehnten durch astrophysikalische Beobachtungen real existierende schwarze Löcher entdeckt. Sie können aus kollabierenden Sternen entstehen, falls diese eine genügend große Ausgangsmasse haben. Auch sehr große schwarze Löcher mit einer Masse von mehreren Millionen Sonnenmassen wurden in den Zentren der meisten Galaxien entdeckt.

Schwarzschildradius

Der Schwarzschildradius ist ein bestimmter Abstand vom Zentrum eines →schwarzen Lochs, ab dem es kein Entrinnen mehr aus dem schwarzen Loch gibt.

Masseteilchen und auch masselose Teilchen wie →Photonen, die sich innerhalb des Schwarzschildradius eines schwarzen Lochs befinden, können nicht mehr aus dem schwarzen Loch entweichen. Je größer die →Masse eines schwarzen Lochs ist, umso größer ist sein Schwarzschildradius.

Spin

Eine physikalische Eigenschaft von Teilchen. Den Spin von Elementarteilchen kann man sich als deren Drall oder Eigenrotation vorstellen. So wie die Erde sich einmal in 24 Stunden um ihre Nord-Süd-Achse dreht, so rotieren auch →Elementarteilchen. Diese Rotation von Teilchen ist quantisiert. Das heißt, jedes Teilchen kann nur bestimmte Rotationsgeschwindigkeiten besitzen, z. B. so als ob ein Erdentag nur 6, 12, 18 oder 24 Stunden lang sein könnte.

Bei einem Zusammenstoß von zwei Teilchen können die beiden Teilchen Spin miteinander austauschen. Nach dem Zusammenstoß rotiert dann ein Teilchen schneller und das andere Teilchen langsamer. Der Gesamtspin beider Teilchen bleibt dabei konstant.

Spukhafte Fernwirkung

Dies ist nicht etwa ein Begriff aus der Parapsychologie, sondern aus der modernen Physik. Er geht zurück auf eine Bemerkung

Albert Einsteins. Gemeint ist
damit das sonderbare Verhalten
verschränkter →Quanten, z. B.
→Photonen, wie sie das →Ein-
stein-Podolski-Rosen-Paradoxon
beschreibt.
Die spukhafte Fernwirkung als
Quanteneffekt wird bereits in
der modernen Computertech-
nologie angewendet bei der
kryptografischen Datenver-
schlüsselung.

Strahlenkorona
Bezeichnung für die mehr oder
weniger radialsymmetrischen
Abstrahlungen an Fingerspitzen,
die beim Kirlian-Effekt beobachtet werden können. Beim Kirlian-
Effekt kommt es aufgrund eines
Hochspannungs-Hochfrequenz-
feldes zu elektrischen →Entla-
dungen, welche fotografisch
oder videografisch aufgezeichnet
werden können.

Strukturfluss
In der Heimschen Quantenfeldtheorie und der Charonschen
komplexen Relativitätstheorie
werden zyklische Strukturflüsse
beschrieben, die sich über raumzeitliche →Dimensionen und
→Transdimensionen erstrecken
und mit denen die Eigenschaften von →Elementarteilchen
modelliert werden können
(z. B. das →Elektron mit pulsie-
render vierdimensionaler innerer
→Raumzeit).
In der Urwort-Theorie werden

mit den durch die →Eta-Teilchen
verursachten Strukturflüssen die
Entstehung von →Theta-Wirbeln
und damit aller →Partialstruk-
turen beschrieben.

Theta-Wirbel
In der Urwort-Theorie wird die
Bildung von Theta-Wirbeln
beschrieben, die aufgrund des
→Ausschließungsprinzips von
Pauli aus den →Eta-Teilchen
hervorgehen können. Theta-
Wirbel bilden die Verbindungs-
pforten vom →Hyperraum zu
den →Partialstrukturen →Dies-
seits und →Jenseits, sowie die
inneren →Raumzeiten der
geladenen →Leptonen, den
→Elektronen und →Positronen.
Durch sekundäre Theta-Wirbel
entstehen vierdimensionale
Partialstrukturen, die eine zeitartige Dimension enthalten.

Transdimensionen
Bezeichnung für die →Dimen-
sionen, die zusätzlich zu den vier
Dimensionen Länge, Breite,
Höhe, Zeit des Raum-Zeit-Kontinuums existieren. Vom Standpunkt der →Raumzeit aus sind
alle weiteren Dimensionen also
Transdimensionen.
Die Existenz weiterer Dimensionen – der Transdimensionen –
kann durch logische Auswertung
des →Einstein-Podolski-Rosen-
Paradoxons stringent gefordert
werden. Außerdem lassen sich
sowohl aus Heims erweiterter

Quantenfeldtheorie als auch aus Charons komplexer Relativitätstheorie acht weitere Transdimensionen herleiten, die den →Hyperraum und das →Jenseits bilden.

Unschärferelation

Die von dem deutschen Physiker Werner Heisenberg formulierte Unschärferelation besagt, dass z. B. Impuls und Ort eines →Quants nicht mit beliebiger Genauigkeit gemessen werden können. Je genauer man den Ort eines Quants bestimmt, umso weniger weiß man über seine Geschwindigkeit und umgekehrt. In der Unschärferelation kommt zum Ausdruck, dass jede Messung eines Quantensystems seinen Zustand beeinflusst. Beobachtungsobjekt und Beobachter lassen sich nicht – wie in der klassischen Physik – getrennt betrachten, sondern bilden ein gekoppeltes Quantensystem.

Vakuum

Als Vakuum bezeichnet man in der Physik einen →Raum, in dem sich keine Materie mehr befindet. Dennoch ist ein solches Vakuum nicht völlig leer, sondern es können sich darin noch Strahlung (Photonen) und Kraftfelder bzw. Wechselwirkungsteilchen aufhalten. Außerdem gibt es dort noch Fluktuationen, denn es gibt an jedem Ort im Vakuum noch eine von Null verschiedene Wahrscheinlichkeit, dass sich dort Teilchen aufhalten können. Die Quintessenz des Vakuums lautet also: Es gibt kein Nichts – irgendetwas ist überall immer noch vorhanden. Heute wissen wir, dass auch selbst ein feldfreier Raum immer noch etwas enthalten würde, nämlich die Raumenergie in Form von Raumstrukturquanten (siehe auch →dunkle Energie, →dunkle Materie).

Wechselwirkung

Die Anziehungs- oder Abstoßungskräfte zwischen Teilchen werden in der Quantenphysik als Wechselwirkungen betrachtet. Die Kräfte zwischen den wechselwirkenden Teilchen werden dabei durch Wechselwirkungsteilchen, den sogenannten Eichbosonen, vermittelt. Die moderne Physik kennt vier verschiedene Wechselwirkungen, die zwischen Teilchen auftreten können: starke, schwache, elektromagnetische und gravitative Wechselwirkung.

Zeit

Seit der Formulierung der allgemeinen Relativitätstheorie durch Albert Einstein wird die Zeit als →Dimension betrachtet, so wie die drei Dimensionen des →Raums. Allerdings können wir uns in der Zeit nicht beliebig vorwärts und rückwärts bewegen, sondern wir werden von der Zeit »mitgerissen«.

In der Urwort-Theorie wird das dadurch beschrieben, dass raumzeitliche →Partialstrukturen durch →Theta-Wirbel entstehen, wobei jeweils eine Dimension eines vierdimensionalen Theta-Wirbels die Eigenschaft aufweist zu vergehen – wie in der äußeren Raumzeit die Zeit vergeht.

Spirituelle Begriffe

Akasha-Chronik

Bezeichnung für das Weltgedächtnis. Alle Ereignisse und alle kollektiven und subjektiven Erlebnisse sind in der Akasha-Chronik gespeichert. In den physikalischen Strukturtheorien von Charon und Heim werden Erlebnisqualitäten in den →Transdimensionen abgespeichert.

Auferstehung

In der christlichen Erlösungslehre bildet die Auferstehung den Abschluss des Erlösungsprozesses, der in der Überwindung der physischen Sterblichkeit gipfelt. Alle schicksalsbedingten Verstrickungen sind dann unwirksam und können die weitere Existenz nicht mehr negativ beeinflussen.

Atlantis

Nach dem Bericht Platons eine Insel im Atlantik, die vor etwa 10 000 Jahren unterging und eine spirituell hochentwickelte Zivilisation beherbergte. Der Geologe Otto Muck vermutet, dass Atlantis im Gebiet der Azoren lag und sein Untergang durch einen Impakt verursacht wurde.

Bewusstsein

Die Fähigkeit eines Lebewesens, sich selbst und seine Umgebung wahrzunehmen und Informationen auszutauschen. Das Bewusstsein eines Lebewesens hängt stark davon ab, wie viel →Bioplasma es in seinem Körper speichern kann, da die →Photonen des Bioplasmas und die freien →Eta-Teilchen den Informationsaustausch bewirken.

Chakra

Aus der indischen Yogalehre stammende Bezeichnung für ein Energiezentrum im Energiesystem des Menschen. Das Chakrensystem umfasst sieben Hauptenergiezentren – Wurzel, Nabel, Solarplexus, Herz, Hals, Stirn und Scheitel – und einige Nebenzentren.

Diesseits

Der dem Menschen vertraute Lebensraum. Das Diesseits umfasst die vier →Dimensionen Länge, Breite, Höhe und Zeit der äußeren →Raumzeit, also des Universums, in dem wir leben. In der erweiterten Quantenfeldtheorie Heims und in der Urwort-Theorie wird das Diesseits als

→Partialstruktur eines zwölfdimensionalen Gesamtuniversums aufgefasst.

Erleuchtung

In östlichen spirituellen Weisheitslehren die Bezeichnung für den Beginn eines unumkehrbaren Entfaltungsprozesses des menschlichen Energiesystems. In der Erleuchtung öffnet sich das Scheitelchakra, wodurch die Bioplasma-Konzentration im Körper stark ansteigt. Dadurch werden vermehrt Endomorphine – Glückshormone – im Gehirn produziert, was zu einem leidfreien Zustand der Glückseligkeit führt. Die Erleuchtung geht einher mit einem Bewusstseinssprung, bei dem ein starkes Gefühl des Einsseins mit allem Seienden entsteht.

Viele traditionelle Transformationsmethoden wie das Kundalini-Yoga zielen darauf ab, das menschliche Energiesystem zu entfalten, bis zur Öffnung des Scheitelchakras, womit sich der Bewusstseinszustand der Erleuchtung manifestiert.

Aus biophysikalischer Sicht der Urwort-Theorie ist die Erleuchtung eine Vorstufe zur →Erlösung, eine notwendige Voraussetzung dafür.

Erlösung

In der christlichen Heilslehre der vollständig befreite Zustand, in dem der Mensch von allen Gebrechen seelischer und physischer Art befreit wird und den Zustand unbeschwerter Glückseligkeit erreicht.

Heiliger Geist

In der christlichen Heilslehre der allgegenwärtige Geist Gottes, der alles durchdringt. Wenn ein Mensch eine persönliche Beziehung zu Gott entwickelt und die Gnadengaben Gottes annimmt, z. B. das heilige Abendmahl feiert, kann er den Heiligen Geist verstärkt in sich aufnehmen. Dies führt zu einem Anstieg der Bioplasma-Konzentration im Körper. Ein Meditierer oder Betender erfährt auch einen Anstieg der Bioplasma-Konzentration, wird dadurch lebendiger und heiler und glücklicher.

Heilung

Wiedererlangung eines Zustands körperlicher, seelischer und geistiger Gesundheit, frei von Schmerzen und Leid. Im spirituellen und religiösen Sinne ist die Heilung vollständig, wenn der Mensch seine physische Unsterblichkeit (wieder)erlangt hat und von allen karmischen Belastungen befreit ist. Dies ist der Zustand der →Erlösung, der durch die →Erleuchtung eingeleitet wird.

Himmel

In den Religionen ist der Himmel die Wohnstätte Gottes oder der Götter (Engel). In physikalischen

Strukturtheorien wie der Heimschen Quantenfeldtheorie und der hier vorgestellten Urwort-Theorie ist der Himmel ein hochsymmetrischer vierdimensionaler →Hyperraum, aus dem alle anderen raumzeitlichen →Partialstrukturen entstanden sind. Aus der Urwort-Theorie folgt, dass im Zustand der →Erlösung der Zugang zum Himmel, quasi die Himmelfahrt, möglich wird.

Hölle

Ein Teilbereich des →Jenseits, in dem sich aufgrund ihrer karmischen Belastung erdgebundene Seelen aufhalten. Eine Befreiung aus diesem gebundenen Zustand ist ohne Hilfe (Energiezufuhr) von außen nicht möglich. Aufgrund der Zersplitterung der Lichtmuster in den inneren Raumzeiten der Essenzelektronen können die Essenzelektronen einer erdgebundenen Seele aus sich heraus nicht genügend energiereiche Photonen untereinander austauschen, um die Austrittsarbeit aus dem erdgebundenen Zustand zu leisten. Sie kleben sozusagen an materiellen Strukturen fest.

Jenseits

Das Jenseits umfasst nach der Charonschen komplexen Relativitätstheorie die vier →Transdimensionen der inneren →Raumzeiten der Elektronen und Positronen. Das Jenseits enthält damit alle Informationen, Ideen und Erfahrungen. In Weisheitslehren bieten sich als Begriffe mit gleicher Bedeutung die →Akasha-Chronik und das Weltgedächtnis an. In der erweiterten Quantenfeldtheorie Heims entspricht das Jenseits vier Transdimensionen von Teilräumen, dem sogenannten Struktur- und Informationsraum. Das Jenseits kann als →Partialstruktur eines zwölfdimensionalen Gesamtuniversums aufgefasst werden.

Karma

Ein anderes Wort für →Schicksal.

Liebe

Die Liebe lässt sich als Photonenaustausch zwischen Elektronen definieren. Lieben bedeutet also, Lichtenergie auszutauschen. Werden hochfrequente Photonen ausgetauscht, so kann →Heilung geschehen. Jede Heilung basiert auf dem Austausch von Lichtquanten – den →Photonen.

Präkognition

Die Fähigkeit des menschlichen Bewusstseins, unter bestimmten Bedingungen vorausschauende Kenntnis über zukünftige Ereignisse zu erlangen. Dies kann im Wachzustand, im Traum oder in einer Nahtoderfahrung geschehen.
Zu unterscheiden sind präkognitive Wahrnehmungsfähigkeiten, die bei Menschen permanent

vorhanden sind, und solche, die sporadisch auftreten. Bei letzteren besteht eine bewusstseinsmäßige Verbindung an Hyperraumstrukturen, da vom Hyperraum aus auf alle raumzeitlichen Bereiche der äußeren Raumzeit zugegriffen werden kann. Präkognitive Fähigkeiten bilden sich verstärkt bei erleuchteten Menschen aus, bei Menschen mit gewöhnlicher Bewusstseinsstruktur können sie sporadisch auftreten.

Reinkarnation

Die Wiederverkörperung der Seele eines Verstorbenen wird als Reinkarnation bezeichnet. Dabei werden die Gedächtnisinhalte aus vorangegangenen Verkörperungen in das neue Leben mitgenommen. Durch geeignete spirituelle Transformationsmethoden kann sich ein Mensch bewusst an Erlebnisse aus früheren Verkörperungen erinnern. Die vorangegangenen Verkörperungen stehen in einem kausalen Zusammenhang mit einer individuellen Seele. Es handelt sich also um individuelle Seelenerfahrungen.

Ein Mensch wird so lange reinkarnieren, bis er in der Erlösung die physische Unsterblichkeit erlangt hat und ewig weiterlebt.

Schicksal

Die aufgrund seiner Taten und Werke einem Menschen anhaf-

tenden Affinitäten, die ihn immer wieder in ähnliche Situationen führen, werden als Schicksal bezeichnet. Ein anderes Wort für Schicksal ist Karma. Physikalisch kann Schicksal dadurch erklärt werden, dass die in Form von →Lichtmustern in den inneren Raumzeiten der →Elektronen gespeicherten Gedächtnisinhalte →elektromagnetische Felder im Außen erzeugen, die dazu führen, dass sich ähnliche Erlebnispotenziale wieder manifestieren wollen.

Schutzengel

Seelen, die zurzeit nicht verkörpert sind, können für lebende Menschen Schutzengelfunktionen übernehmen. Voraussetzung dafür ist eine seelische Vertrautheit zwischen den Beteiligten. Schutzengel können sich durch mentale Impulse einem lebenden Menschen bemerkbar machen.

Seele

Die Seele eines Menschen stellt seinen Persönlichkeitskern dar, mit allen individuellen Fähigkeiten, Charaktereigenschaften und Gedächtnisinhalten. Physikalisch kann die Seele als eine Gemeinschaft von →Essenzelektronen aufgefasst werden, die bereits seit riesigen Zeiträumen miteinander vertraut sind und immer wieder neue physische Körper organisieren, um ihre Entwicklung gemeinsam fortzusetzen.

Da Elektronen eine unendliche Lebensdauer haben, ist die Lebensdauer einer Seele praktisch auch unbegrenzt. Diese Vorstellung deckt sich mit den Aussagen der Religionen und Weisheitslehren.

Seelenlandschaft

Wenn ein Mensch stirbt, findet er im →Jenseits Strukturen vor, die seine →Essenzelektronen dort elektromagnetisch abgebildet haben – Seelenlandschaften, die als Gedächtnisinhalte all das enthalten, was ein Mensch im Laufe seiner Inkarnation erlebt hat. Umgekehrt versucht ein Mensch im Laufe seiner Inkarnation, die Struktur seiner Seelenlandschaft auf die äußere →Raumzeit abzubilden und dort zu manifestieren. In der Umgebung der Seelenlandschaft einer Seele befinden sich auch die Seelenlandschaften der ihr vertrauten anderen Seelen. Die Seelenlandschaften verschiedener vertrauter Seelen überlappen sich daher als kollektives Quantenfeld.

Spirituelles Wachstum

Die gesamte evolutionäre physisch-seelisch-geistige Weiterentwicklung eines Lebewesens zu höherem Bewusstsein kann als spirituelles Wachstum bezeichnet werden. Dazu gehört, dass ein Mensch seine Erlebnisse und Erfahrungen, insbesondere auch

traumatische Erfahrungen, verarbeitet und reflektiert. Mit geeigneten Transformationsmethoden kann ein Mensch sein spirituelles Wachstum beschleunigen und in Gang setzen. Dabei befreit er sich von Konditionierungen, die sein Bewusstsein einengen.

Transformationsmethoden

Alle Praktiken, die dazu dienen, das menschliche Energiesystem zu entfalten und die Energiezentren, die Chakren, zu öffnen. Zu den traditionellen Methoden gehören z. B. Yoga und Meditationstechniken.

In den zurückliegenden Jahrzehnten sind auch zeitgemäße Methoden entwickelt oder aus verschiedenen Traditionen wieder aufgegriffen worden. Körperorientierte bioenergetische Methoden wie Dehnungsübungen, Massagetechniken, Lithotherapie – Heilen mit Kristallen und Edelsteinen, Rückführungstechniken und Spiegelmeditation zur bewussten Verarbeitung und Erinnerung an frühere Verkörperungen.

Transkommunikation

Die Kommunikation zwischen lebenden und verstorbenen Menschen wird als Transkommunikation bezeichnet. Diese kann unmittelbar durch Photonenaustausch zwischen einer lebenden und verstorbenen Person erfolgen, wobei mentale und emotionale Informationen ausgetauscht werden. Die instrumentelle Transkommunikation bedient sich geeigneter technischer Hilfsmittel, um sprachliche Mitteilungen Verstorbener aufzuzeichnen.

Unsterblichkeit

Alle Menschen verfügen über eine unsterbliche →Seele, eine →Essenzelektronengemeinschaft, die alle personenbezogenen Gedächtnisinhalte, Fähigkeiten und Charaktereigenschaften enthält und die durch den physischen Tod nicht verlorengehen. Prinzipiell ist es für einen Menschen auch möglich, in der →Erlösung den Zustand der physischen Unsterblichkeit zu erlangen. Dies wird er jedoch nicht ohne Hilfe von außen erreichen können. Dazu ist die Entwicklung einer intensiven Beziehung mit Gott erforderlich.

Literaturverzeichnis

Berndt, Stefan: *Prophezeiungen: Alte Nachricht in neuer Zeit. Untersuchungen*, Reichel-Verlag, Weilersbach 2001

Binnig, Gerd: *Interview mit dem Physiknobelpreisträger 1986*, in: »Bild der Wissenschaft«, Ausgabe 12, 1986

Bittscheidt, Wolfgang: *Vom Geist des Heilens – Die Rückkehr der Ganzheit*, Scorpio-Verlag, München 2010

Bohm, David: *Wholeness and the Implicate Order*, London 1980

Broers, Dieter, alias Morpheus: *Die Realitätenmacher, Physik des Bewusstseins*, Trinity-Verlag, Wien 2005

Broers, Dieter: *(R)evolution 2012, Warum die Menschheit vor einem Evolutionssprung steht*, Scorpio-Verlag, München 2009

Büttrich, Sebastian et al.: *Kirlianfotografie – Projektwerkstatt Physik*, TU Berlin, 1989/90

Charon, Jean Émile: *Der Geist der Materie*, Ullstein, Frankfurt/M., Berlin, Wien 1982 (franz. Original unter dem Titel *L´Esprit, cet inconnu*, Albin Michel, Paris 1977)

Charon, Jean Émile: *L´Esprit et la Relativité complexe*, Albin Michel, Paris 1983

Charon, Jean Émile: *La Relativité complexe – et l´unification de l´ensemble des quatre inter-actions physiques*, Albin Michel, Paris 1987

Costa de Beauregard, O.: *Le Second Principe de la science du Temps*, Paris 1963

de Broglie, Louis: *Théorie générale des particules à spin (method de fusion)*, Gauthier-Villars, Paris 1954

Dröscher, W., Burkhard Heim: *Strukturen der physikalischen Welt und ihrer nichtmateriellen Seite*, Andreas Resch Verlag, Innsbruck 1996

Feuerbach, Paul Johann Anselm von: *Kaspar Hauser – Beispiel eines Verbrechens am Seelenleben des Menschen*, Ansbach 1832

Fritzsch, Harald: *Elementarteil-chen – Bausteine der Materie*, Beck-Verlag, München 2004

Gross, L. et al., in: »Science«, Bd. 325, Nr. 5944, (28. August 2009), S. 1110–1114

Gurwitsch, Alexander G.: *Die mitogenetische Strahlung*, J. Springer, Berlin 1932

Heim, Burkhard: *Elementar-strukturen der Materie*, Bd. 1, Andreas Resch Verlag, Innsbruck 1979

Heim, Burkhard: *Elementarstruktu-ren der Materie*, Bd. 2, Andreas Resch Verlag, Innsbruck 1984

Ions, Veronica: *Ägyptische Mythologie*, Emil Vollmer Verlag, Wiesbaden 1968

König, Michael: *Patentschrift DE 3707338C2, Verfahren zur Bestimmung der Verteilung und gegenseitigen Beeinflussung von positiven und negativen Ladungen in biologischen Organismen*, Deutsches Patentamt, 1987

König, Michael: *Transdimensionen in physikalischen Theorien – Die Bedeutung in Natur- und Geisteswissenschaften*, Vorle-sung auf DVD, Braunschwei-ger Schriften zur Mechanik, Nr. 65/2010, Technische Universität Braunschweig, 2010

Lipton, Bruce: *Intelligente Zellen*, Koha-Verlag, 8. Auflage, 2009

Lommel, Pim von: *Endloses Bewusstsein, Neue medizini-sche Fakten zur Nahtod-Erfah-rung*, Patmos-Verlag, Düssel-dorf 2009

Ludwiger, Illobrand von: *Das neue Weltbild des Physikers Burkhard Heim, Hörbuch und Formelsammlung*, Komplett Media Verlag, Grünwald 2006

Ludwiger, Illobrand von: *Burghard Heim – Das Leben eines vergessenen Genies*, Scorpio Verlag, München 2010

Mandel, Peter: *Die energetische Terminalpunkt-Diagnose*, Synthesis-Verlag 1983

Martin, Charles-Noël: *Les Vingt Sens de l´Homme*, Paris 1958

Meyl, Konstantin, Johannes von Butlar: *Neutrinopower*, Argo Verlag 2007

Misner, Charles W., Kip S. Thorne, John Archibald Wheeler: *Gravitation*, Freeman and Company, New York 1973

Muck, Otto: *Alles über Atlantis*, Econ Verlag, Düsseldorf 1976

Obst, Helmut, Udo Schnelle: *»Reformation und Neuzeit – 300 Jahre Theologie in Halle*, Walter de Gruyter Verlag, Berlin 1994

Popp, Fritz-Albert: *Biologie des Lichts, Grundlagen der ultra-schwachen Zellstrahlung*, Paul Parey Verlag, Berlin, Hamburg 1984

Popp, Fritz-Albert: *MO-Rechnun-gen an 3,4-Benzopyren und 1,2-Benzpyren legen ein Modell zur Deutung der chemischen Karzinogenese nahe*, in: »Zeit-schrift f. Naturforschung«, 27, 1972, S. 731

Sandage, A.: *Astrophysical Journal, vol. 178, 1972, 1–24*

Sedlacek, Klaus-Dieter: *Unsterb-liches Bewusstsein*, 2008

Senkowski, Ernst: *Instrumentelle Transkommunikation*, R. G. Fischer Verlag, Frankfurt 2001

Sheldrake, Rupert: *Das schöpfe-rische Universum (Die Theorie des morphogenetischen Feldes)*, München 1983

Sigl, Bernd, Thomas Kasan-mascheff: *Diagnostische Untersuchungen mit einem diagnostischen Kirlian-videografie-Messplatz nach Dr. Michael König*, Hans-Sauer-Stiftung, Deisenhofen 2002

Thirring, Walter: *Introduction to Kaluza-Klein Theory*, in: *Selected papers of W. Thirring*, American Mathematical Soc., Providence 1998

Treugut, Hendrik et al.: *Kirlian-Fotografie: Reliabilität der energetischen Terminalpunkt-diagnose (ETD) nach Mandel bei gesunden Probanden*, Forsch. Komplementarmed., 1997, 4, 201–207

Volkhamer, Klaus: *Feinstoffliche Erweiterung unseres Weltbildes*, Weißensee Verlag, Berlin 2008

»Aus Feuer und Eis – die Erde«, Dokumentarfilm, Phoenix, 2009

»Durch Welt und Himmel«, Dokumentarfilm, arte, 2009

»(R)evolution-2012«, Dokumen-tarfilm von Dieter Broers, 2009

Namensregister

Sachregister

Griechisches Alphabet

A	α	**Alpha**	a	N	ν	Ny	n
B	β	Beta	b	Ξ	ξ	Xi	x
Γ	γ	Gamma	g	O	ο	Omikron	o
Δ	δ	**Delta**	**d**	Π	π	Pi	p
E	ε	Epsilon	e	P	ϱ	Rho	r
Z	ζ	Zeta	z	Σ	σ	Sigma	s
H	η	**Eta**	**e, i**	T	τ	Tau	t
Θ	θ	**Theta**	**th**	Y	υ	Ypsilon	u,ü
I	ι	Jota	i, j	**Φ**	φ	**Phi**	**ph**
K	ϰ	Kappa	k	**X**	χ	**Chi**	**ch**
Λ	λ	**Lambda**	**l**	Ψ	ψ	Psi	ps
M	μ	My	m	**Ω**	ω	**Omega**	**o**

Bildnachweis:

S. 150, *Aufnahme eines Pentazen-Moleküls mit dem Rasterkraftmikroskop (IBM Research, Zürich, und Science, 2009)*
Bild 1C aus »The Chemical Structure of a Molecule Resolved by Atomic Force Microscopy« von L. Gross, F. Mohn, N. Moll, P. Liljeroth und G. Meyer, erschienen in »Science«, Band 325, Nr. 5944, S. 1110–1114 (28. August 2009). Nachdruck mit freundlicher Genehmigung der AAAS (The American Association for the Advancement of Science License Terms and Conditions)